经济法视角下的公司制度研究

—— 以劳动能力权为内核

主　编　陈乃新　姜剑峰

撰稿人　（按章节顺序）

陈乃新　贺代贵　刘　俊

刘　漪　姜剑峰　邓毅沣

中国检察出版社

图书在版编目（CIP）数据

经济法视角下的公司制度研究：以劳动能力权为内核/
陈乃新，姜剑峰主编 . —北京：中国检察出版社，2007.3
ISBN 978－7－80185－717－0

Ⅰ. 经… Ⅱ.①陈… ②姜… Ⅲ. 公司法—研究—中国
Ⅳ. D922. 291. 914

中国版本图书馆 CIP 数据核字（2007）第 031047 号

经济法视角下的公司制度研究
——以劳动能力权为内核
陈乃新　　姜剑峰　主编

出 版 人：袁其国
出版发行：中国检察出版社
社　　　址：北京市石景山区鲁谷西路 5 号 （100040）
网　　　址：中国检察出版社（www. zgjccbs. com）
电子邮箱：zgjccbs@ vip. sina. com
电　　　话：(010)68630385(编辑) 68650015(发行) 68650029(邮购)
经　　　销：新华书店
印　　　刷：河北省三河市燕山印刷有限公司
开　　　本：A5
印　　　张：9. 25 印张
字　　　数：258 千字
版　　　次：2007 年 5 月第一版　　2007 年 5 月第一次印刷
书　　　号：ISBN 978－7－80185－717－0/D・1693
定　　　价：20. 00 元

序　言

当前中国正处在全球市场经济化的浪潮之中，进行改革开放成为人们的共识。而随着中国加入 WTO，经济发展问题成为当前党和政府的工作重点，中国要想在世界经济发展中扮演重要角色，甚至在全球化进程中、在国与国的竞争中获得优势地位，发展问题更是中国社会的首要问题。正是在这个背景下，党提出了"可持续发展"和科学发展观的发展理念，这是对邓小平同志提出的"发展才是硬道理"的进一步深化。

国与国的竞争是综合国力的竞争，其中经济力又是综合国力各项指标中的首要指标，经济力体现了一个国家发展过程中的物质基础，是国家发展的"命脉"。目前世界上的发达国家以经济发达为其核心内容，而经济发达又以企业的强大实力为其"表象"。跨国公司的迅猛发展，对别国经济发展所产生的重要影响，甚至掌握某些弱小国家的国民经济发展的命运，已成为无可争议的事实。发达资本主义国家在当前的世界经济秩序中，已把跨国公司作为经济竞争中的"前锋部队"，成为经济进攻的"桥头堡"。美国、日本、德国等老牌资本主义发达国家的强大经济地位，是与其国内的如沃尔玛、通用等世界 500 强公司在世界经济中的强大地位密不可分的。中国加入世贸组织对我国的企业发展产生最为重要的影响，国内企业曾惊呼"狼来了"。因此，中国要想在国民经济发展过程中保持独立地位，积极参与国际竞争，提高国家的经济竞争实力，在国际事务中发挥更为重要的作用，提高国内企业的竞争力便成为经济发展工作中的重中之重和当务之急。

市场经济是一种经济机制或者经济体制，意味着市场在资源配置中起主要作用和基础作用。市场经济是法治化经济，即是以法律为主要规范的经济。中国社会主义市场经济建立和健全的过程，实际上就是经济法治化的过程。市场经济越发展，越需要完备的法治，法治是市场经济的内在要求，也就是说，企业（公司是其中最重要的组织形式）作为市场经济中的主体和基本单位，其内、外部社会关系的调整始终离不开法律的参与，法律规范不但直接调整和规范公司的经营活动，而且已成为公司管理制度的一个重要组成部分。同时，不论是公司内部关系的构成，还是公司作为一个独立法人对外开展活动，又或是政府对公司的监管，在市场经济这个大背景下都需要依靠法治。因此，经济关系的研究与法学理论研究之间有着较强的逻辑联系。具体对于公司来说，把公司的经济关系放到法律关系的维度中进行探索，实行公司的法治，是市场经济的客观要求，也符合研究的逻辑性。

由于市场经济发展的需要，为了更好地推动我国公司制度的提升，全国人大对《中华人民共和国公司法》进行了大幅度的修改，并于 2006 年 1 月颁布施行。综观新修订的《公司法》，在很多方面有了重大的改进，立法水平更高，更加符合现实经济生活的需要，也必将对公司制度的完善起到非常好的作用。但任何事物都不可能尽善尽美，新的《公司法》还是存在某些缺陷，其中比较典型的就是新《公司法》还是较多受到传统民法、商法理论的影响，把重点放在了对民事主体组织的构建，而相对较少关注了公司在其他法律关系中的表现，也就是说，主要把公司放在了民商事法律关系中进行构建，这显然不符合公司在实际经济生活中的全部状况，因此，还需对其作出进一步改进。

对于市场经济而言，以商品生产为主要内容的经济竞争和以商品交换为主要内容的市场交易是不可或缺的两个基本点。经济竞争本质上是人们创造财富的竞争，是追求增量利益和发展权的竞争，它深刻地体现着市场经济的优越性。笔者认为，作为经济法体系中的微观经济法，是调整人们在以社会化生产为基础的市场经济中的财富创造关系、财富实现关系和财富分享关系的法律规范的总称。它主要有财富创造的组织法（以公司法等企业法为表现形式）、财富创造力的竞争法（以反不正当竞争法、反垄断法等为表现形式）和财富分配与享用法（以企业法中的利润分配制度和消费者权益保护法为表现形式）。其中，企业法（以公司法为典型形式）不仅仅是民法主体的组织法，而且是财富创造的组织法或经济法主体的组织法。作为企业的主要形式，公司是由许多人结合起来进行财富创造的社会化生产经营组织，公司法就必有调整其内部的人与人之间的分工合作关系（该组织形成市场竞争力的关系）的内容。在公司法中，其主体主要有公司的投资者、投劳者（包括公司经营管理者）和公司。因此，公司法主体的基本权利包括个人的劳动能力权和公司的经济竞争力权（也是公司的全体人员的结合劳动力权）。经济法是第一次把人的劳动能力权提到了人们的面前，并以此重建劳动力个人所有制。在社会化生产中，人们首先共同创造财富，并通过竞争性交易实现他们所创造的财富和最终按照人们创造财富各自所作出的贡献享有相应收益。这里，经济法起着规范人们经济竞争行为的作用，本质上是对人们劳动能力权的保护，是对人所应享有发展的自由、利益、安全和共同发展的权利的保护，因而是对人权的深入关怀。

公司作为市场经济的主体，公司法就不仅仅是民商法主体的组织法，也是经济法主体的组织法，所以，在经济法视角下研究公司制度，并以劳动能力权为内核是一个崭新的研究理路。本书共分为六章：第一章是总论部分，以全民所有制企业法为导引，提出了本书所要探讨的问题；第二章进行了劳动能力权的理论探讨，包括劳动能力权的产生、原理及比较分析等，同时以"二次契约"论为中心，从整体上设计了劳动能力权的制度化；第三章从股权的角度入手，分析了如何将劳动能力权的外在表象——人力资本入股的经济法学问题，并就如何对其进行法律规制提出建议；第四章开始进入公司的内部，从经济法学角度对公司章程进行研究；第五章讨论了公司治理结构中的"内部人"控制问题，研究了"内部人"控制行为，是劳动能力权在公司治理过程中的具体应用；第六章分析了一人公司的债权人利益保护。

公司是社会化生产的产物，公司法律制度是公司组织生产经营的法律保障，它确保公司能在正义、秩序的环境中生存和发展，使公司的合作效率能够充分发挥出来，并建立起优良的现代企业制度。作为经济法学浩渺大海中的航行者之一，对公司制度进行关注，倾吾能、尽吾心，为中国企业的发展与腾飞尽一份绵薄之力，将是吾辈之责任，亦是吾辈之追求。

陈乃新　姜剑峰

2007 年 4 月

目录
Contents

第一章
经济法学视域中的我国公司法

公司法是企业法的重要组成部分。这是因为公司已经成为现代企业的主要形式，而且世界上许多国家尤其是西方发达资本主义国家的经济社会的发展，事实上是以庞大公司群的发展为依托的。因此，制定与完善公司法，规范公司的组织和行为，增强公司的活力，促进经济社会的发展，已日益为世界各国所关注。在公司法中一般都通过保护公司、股东和债权人的合法权益来达到公司法之目的。我们则提出，公司法首先应当保护公司资产增值利益创造者的权益，这才能真正实现公司法之目的。因为只有这样，才能使公司充满活力，也才能使公司的资产不断增值，从而也有利于股东和债权人的利益得到保障。我们党把发展作为执政兴国的第一要务，因此，用法治来保障公司普遍和持续地充满活力，促进经济发展正是我们的要务。由此，我们中国就不仅能在物质文明的创造上走向世界和赶超西方发达国家，而且还能在法治文明上勇于创新，为人类作出自己的贡献。

第一节　总结我国全民所有制
企业法所引出的话题

我国的改革从农村开始后不久就转向城市，于是出现了中国经济体制全面改革的情形。其中，最重要的改革内容之一是全民所有制企业的改革。这个改革实际上关系到业已在我国形成的社会主义全民所有制的命运。对此，我国一直都有人认为公有制企业不适于市场经济体制，或者认为只有恢复私有制才适于市场经济，才能融入经济全球化社会。但这既存在着对西方发达国家情形的简单类比问题，又并非对我们运用企业法解决全民所有制企业的活力问题作出有成效的回应。应当说，我国的全民所有制企业法确实没有从根本上解决增强企业活力问题，而且许多全民所有制企业自改革开放以来，国有资产流失、浪费相当严重，造成许多职工下岗待业。因此，在以经济法学的眼光分析中国公司法之前，我们首先应当回答一下这些问题，并总结一下其中的经验教训。

应当说，全民所有制企业并非天然不适于市场经济，究竟何种所有制企业更适于市场经济，要靠市场竞争的实践来证明。因而，究竟是私有制企业还是公有制企业更适于市场经济，这不仅仅是一个理论的问题，更重要的是一个实践的问题。如果说私有制一定好，公有制一定不好，那么我们曾经实行了几千年私有制，为什么我们没有在现代化方面走到世界前列呢？而且，现在世界上许多国家也都实行私有制，为什么也并不是实行私有制的国家都比中国要更现代化呢？再说，即便在西方发达国家，私有制企业也是有破产倒闭的情况。显然，如何适于市场经济，更取决于我们如何经营公有制企业的思路与做法，这其中重要的一环就是如何采用适当的法制，使之适合公有制的本性，使它与市场经济较好地链接起来。我国的全民所有制企业从城市经济体制改革以来，始终没有能够普遍地、持续地解决好增强企业活力问题，这关键还在于我们没有真正掌握全民所有制企业的本性，从而我们所制定的企业法作为法律、作为上层建筑，就不能适应这种需要，最终也就不能保障全民所有制企业充满活力和促进生产力发展。现在，人们认真总结经验教训并非为时已晚，因为中国还有很多全民所有制企业，而且在全民所有制大中型企业中也不乏充满活力的企业。另外，在中国全面复辟私有制也不得人心，我国宪法仍主张以公有制为主体，多种所有制经济共同发展，只是，如何使社会主义公有制企业在市场经济中增强活力和获得普遍的、持久的市场竞争优势，这才是大问题。对此，我们研究认为，全民所有制企业法仍是不可或缺的，但是它必须对内容作重大的修订。

一、实行谁经营谁担保制度，防范国有资产的流失与浪费

我国全民所有制企业法，狭义上是指 1988 年 8 月 1 日起施行的《中华人民共和国全民所有制工业企业法》（以下简称《国有企业法》）。这部法律的第 2 条第 2 款规定：企业的财产属于全民所有，国家依照所有权与经营权分离的原则授予企业经营管理。这一法律规定存在着一个缺陷：即把经营权当做是从财产所有权中分离出来的一种权利，而没有认识到经营权是与财产所有权不相同的劳动能力权。

企业的财产属于全民所有，这一规定是合宪的。但是，这项规定首先有个重要瑕疵，即没有进一步规定社会主义的公共财产神圣不可侵犯。国家保护社会主义的公共财产，禁止任何组织或者个人用任何手段侵占或者破坏国家的财产。国家依照所有权和经营权分离的原则授予企业经营管理的财产不得流失和浪费，企业应当对国家负资产保值的法律责任。显然，这后面的规定，是企业的财产属于全民所有的规定之具体化，没有后面的规定，必会造成抽象肯定，具体可以否定的瑕疵。我们应当确定，从"不管白猫黑猫，捉到老鼠就是好猫"的定理中，完全可以推导出不管白猫黑猫，

放走老鼠就是坏猫的定理。这就是说，国家授予企业经营管理的财产作为社会主义全民所有的财产神圣不可侵犯，不论以何种形式包括采取所谓的合法手段（如通过民事合同）造成财产流失和浪费的，都要追究法律责任。当然，这并不等于全民所有制企业在市场经济中只会胜利，不会失败，而是私有制企业在市场经济中失败了，其财产损失的法律责任只能由私有企业经营者自己承担，为什么公有制的财产损失了，经营管理该财产的法律责任经营管理人却可以不承担呢？我们认为，这种法律责任的缺失，是全民所有制企业在市场经济中财产出现流失、浪费的一个法律原因。

那么为什么经营管理财产的人需要承担财产损失的法律责任呢？这就需要搞清楚经营权本质上是劳动能力权的问题。我们研究认为，全民所有制企业的财产属于国家，这只是表明国家依法授予企业经营管理的财产属于国家，并不等于企业经过生产经营管理后增值部分的财产也归属于国家。因此，对于国家投入企业的财产，为了保障其所有权属于国家的利益，就必须实行担保经营制度。担保是民法中保障合同履行的一项法律制度，在民法中是最令人推崇的制度之一，它反映了民法制度的完善与发展水平。如果对国家授予企业经营管理的财产实行经营担保，所担保的财产就不会流失、不会被浪费，且流失、浪费了也可以被追回。我国全民所有制企业法为什么不实行经营担保制度呢？这肯定是有原因的，但绝不可以成为全民所有制企业不适于市场经济的理由。而谁经营谁担保正是适合于市场经济的一项法律制度。

至于认为全民所有制企业的经营管理人员在经营管理全民所有制的财产时没有财产能力，所以就不实行担保，那么可以断言，这在没法要求经营管理人担保之前，就把全民所有制企业的资产交给企业的实际经营管理人去经营管理，就等于放弃了全民所有制，等于允许企业的实际经营管理人员可以不负相应责任地处分全民所有制的财产。显然，这不如仍保持国有国营制，因为国有国营全民所有制的财产，国家至少还承担着政治责任，而把全民所有制的财产授予不提供担保的企业的实际经营管理人去经营管理，他们既不承担经济上的或民事财产侵权的责任，又不承担政治责任，这样全民所有制企业资产的流失和浪费就很难避免。这是企业法律制度没有体现社会主义全民所有制的本质要求以及不适应市场经济的要求，而不是全民所有制企业不适于市场经济。

由此，国家在依法授予企业经营管理全民所有制的财产的同时，若要保护企业的财产属于全民所有的合宪的权益，就只有实行谁经营谁担保的制度。至于如何担保和担保比重，可以按照企业的具体情况通过谈判达成国有资产经营协议来确定，即可以按照人们对于国家投资于企业中的财产的生产经营性运用的实际控制权的大小，由协议确定人们担保的数额。

二、构建谁创造谁得益的制度，重新建立个人所有制

我国全民所有制企业法在法学理论指导上的一个重大缺陷，是采用了经营权是从财产所有权分离出来的理论。我国的全民所有制企业因为采纳了财产所有权与经营权分离的理论，所以规定企业要"创造财富、增加积累"（《全民所有制工业企业法》第 3 条）；企业要"实现资产增值"，"依法缴纳税金、费用、利润"（《全民所有制工业企业法》第 6 条）；"承包期间的留利，以及用留利投入形成的固定资产和补充的流动资金，列为企业资金"，"企业资金属全民所有制性质"（《全民所有制工业企业承包经营责任制暂行条例》第 34 条）等，这些规定都表现出对经营权和对全民所有制的误解。

社会主义全民所有制是生产资料归属于社会主义全民所有，由全民享有全面的独立的支配权的一种经济制度。公有制不是空想出来的。马克思、恩格斯分析了资产阶级创立了社会化的生产，包括生产资料在使用上的社会化，生产过程的社会化和产品是为满足社会需要而生产等；但是，生产资料和产品还像从前一样被当做个人的东西来处理，生产的社会性与占有的私人性的矛盾就在资本主义社会中展开，以致逐渐造成人与人之间一边是资本、财富的积累，

另一边是贫困的积累。那么，这种财富、资本的积累由于它归根到底是社会的劳动者共同创造的，所以在这两类人之间的冲突（如通过战争等）得到解决时，就应当把这种积累起来的财富、资本推定为属于公有。这不像在资本主义社会之前，土地集中在地主手里，但实际上，土地归农民个人和农户所有是明确的，所以土地改革只能把地主的土地分给农民个人和农户。根据《共产党宣言》的规定："共产主义并不剥夺任何人占有社会产品的权力，它只剥夺利用这种占有去奴役他人劳动的权力。"① 以及马克思的《资本论》认为："从资本主义生产方式产生的资本主义占有方式，从而资本主义的私有制，是对个人的、以自己劳动为基础的私有制的第一个否定。但资本主义生产由于自然过程的必然性，造成了对自己的否定。这是否定的否定。这种否定不是重新建立私有制，而是在资本主义时代成就的基础上，也就是说，在协作和对土地及靠劳动本身生产的生产资料的共同占有的基础上，重新建立个人所有制。"② 从而，可以得出，社会主义全民所有制企业就是生产资料属于共同占有状态（由这个企业的人们实际共同占有），而他们共同占有的则是属于全民所有的财产，因此，由这个企业来经营管理这部分全民所有的财产时，就应当提供担保，这才能防范财产的流失、浪费和被滥用等。

但是，更为重要的是，我们不仅要保护社会主义全民所有的财产所有权，不仅要保护既有或存量的全民所有财产的利益不受损失，而且更要关注这些全民所有的财产在人们对之运用自己的劳动能力进行生产经营性的使用，也就是使这种财产保值增值，创造出更多财富的问题。无疑，这是使全民所有制财产增多的主要的积极的途径。由于财产的增多、财富的增加和资产的增值，是我国经济社会发展的基础，所以，我们必须深入研究全民所有制财产的生产经营性利用问题。在此，我们研究认为，这根本不是经营权从财产

---

① 《马克思恩格斯选集》（第 1 卷），人民出版社 1972 年版，第 267 页。
② 马克思：《资本论》（第 1 卷），人民出版社 1975 年版，第 832 页。

所有权中分离出来的问题，而是经营权就是劳动能力权问题。这种劳动能力权在个体小生产中已经自发存在，现在在以社会化生产为基础的市场经济中，劳动能力权已经有必要通过法律来确认、设定和保护，经营权只是人的劳动能力权的一种表现形式。

我们主张，在谁经营谁担保的制度下，全民所有的财产所有权从法制保障层面说就不会丧失了，因而，接着应当构建的是谁创造谁得益的制度。对全民所有制企业而言，国家授予的财产经过该企业全体人员的生产经营管理，最后减去成本（扣除国家投入的财产、借贷投入的财产和支付劳动者工资等费用）所创造的剩余（其表现形式主要是利润），究竟应当归属于谁？目前，我国的全民所有制企业法规定，这也要归于国家，属于全民所有。这显然与马克思、恩格斯在《共产党宣言》中的思想和马克思《资本论》中提出的重新建立个人所有制是不一致的。先撇开其他因素不说，全民所有制企业之所以能够生产经营性地运用全民所有的财产使之增值，使财富增加，这种结果的来源只能是这个企业全体员工（包括企业直接生产人员管理人员和科技人员以及代表国家对该企业实施投资行为和监管行为的人们）劳动能力的耗费，也是他们的劳动能力权益之所在，而且这是可以通过市场确定或实现的利益，这种利益的界限是清楚的，因此，其归属权应由该企业的全体员工和代表国家对该企业实施投资行为和监管行为的人们享有。

这里，如果还有其他因素，如人民代表大会、国务院及其他管理部门也有某种劳动投入，则可以通过宏观调控法如财政税收法等来排除。但是，企业创造的剩余应当直接归属于上述这些人，这是无疑的。至于在上述这些人员中如何分配（最终必须分配到个人），可另行研究。最后，分配到个人除了直接用于消费之外，他也可能有剩余去投资于企业等，那么，这仍然是财产处在共同占有状态。我们认为，这就是重新建立个人所有制的内容。经过重新建立个人所有制的过程，公有制才能在与私有制的竞争中脱颖而出成为赢家，人类社会才有可能逐步进入共产主义社会。我们由此认为：国家授予企业经营管理全民所有制的财产，根本不是所有权和经营权的分离，而是在存在所有权的同时，还存在着劳动能力权的问题。重新建立个人所有制就是承认这种劳动能力属于个人所有和为个人所用的经济制度。

实际上，这种个人所有制在过去时代，在个人的、以自己劳动为基础的私有制时代中已经存在，即在"用自己所有的、往往是自己生产的原料，用自己的劳动资料，用自己或家属的手工劳动来制造产品"的生产方式中，"这样的产品根本用不着他去占有，它自然是属于他的"。① 在制造出来的产品中，除去维持劳动的费用（他所投入的财产、生产资料和维持生活的消费资料）后，还有剩余。因此，劳动的费用部分属于财产所有权的范围，而剩余部分则属于人的劳动能力权的范围，体现在产品中的这两者的权源是不同的。既然，这时的产品自然是属于他的，那就是他的财产所有权和劳动能力权都同时实现了。当然，现在需要重新建立的个人所有制，也需要使财产所有权与劳动能力权同时实现，只不过现在是在协作和对土地及靠劳动本身生产的生产资料共同占有的基础上来做到这一点而已。一方面，财产所有权通过谁经营谁担保制度来满足；另一方面，劳动能力权通过谁创造谁得益的制度来满足，这绝不是拉萨尔不折不扣的劳动所得，而是重新建立个人所有制。

由以上分析可知，我国全民所有制企业法难以增强企业活力的经验教训主要有两条：一是没有建立谁经营谁担保的制度，因而企业中的国有资产不可避免地要流失、浪费和被滥用；二是没有建立企业的财富谁创造谁得益的制度，因而，企业的全体员工包括厂长等直接经营管理人员在内，不会有真正的保障企业资产增值的积极性和创造性。毕竟处在市场竞争中的人们不能回避市场竞争而成为超现实的人，通过自己的劳动创造财富和获得自己应得的财富，这也是市场经济中的道德。

---

① 《马克思恩格斯选集》（第 3 卷），人民出版社 1972 年版，第 427 页。

第二节　在经济法视野下我国
公司法尚存的缺陷

随着我国建立社会主义市场经济体制的实践深入发展，1994年7月1日《中华人民共和国公司法》开始施行，并且迄今已修订了三次。公司法经过多次修正，现在已经比较完善，但是，我国的公司法仍然存在着类似于全民所有制企业法的主要弊端。这里，我们试作一分析。

一、受传统民商法理论束缚，仍存在着偏重对公司民事主体构建的缺陷

公司法迄今为止最大问题之一是把公司主要当做民事主体的组织法来构建。根据公司法学者的研究，公司最早萌芽于中世纪的意大利和地中海沿岸商业城市中的船舶共有（为避免海上贸易的风险筹措资金和风险共担而设）和康枚达组织（出资者将资金委托给船舶所有人进行海外贸易从而分享盈利而设），后来这种组织形式逐渐在大陆兴起。我国因封建制度延续时间长，直到清朝末年才开始有人办公司。规制公司的法律，最早的如1673年法国路易十四颁布的《商事赦令》中已有"普通公司"（无限责任公司）的规定，而最早的有限责任公司法律是1892年德国颁布的《有限责任公司法》。从公司和公司法的产生来看，公司是与商品经济的发展相关的，而公司法则在历史上首先是商法的一部分，本质上是作为民事特别法出现的，属私法之范畴。所以，我国公司法的制定受传统民商法理论的影响是顺理成章的，但是它应否受民商法理论的束缚呢？这就值得研究。

（一）公司法不仅是民事主体的组织法

从历史上看，公司当然是作为民事主体出现的。那时，社会化

的生产还处在萌芽状态，普遍存在的是个体小生产者。个体小生产者包括小农、自由农和依附农，以及城市的手工业者、小商人等，他们都是在自给自足的自然经济中或者附属这种自然经济而存在的小商品经济中生活。那时，存在的小范围的商品交易，既是为了满足自己的消费需要，又可以比较接近于按照价值规律进行等价交换（由于个体小生产决定了商品生产的规模狭小，以及商品交易范围的狭小，因而对于相交换的产品，人们相互间"能够按照原料、辅助材料、劳动时间而相当精确地互相计算出费用"，① 从而人们"相互交换的商品量趋向于越来越用它们所体现的劳动量来计算"，② 就逐渐形成）。但是，后来在地中海沿岸的一些商业城市开始了海外贸易，商品的稀缺和商品交易范围的扩大，使得商品（海外贸易）交易变得有利可图，这促使商品生产可能因不等价交易而迅速积累起资本，从而使个体小生产方式的商品生产发生了向社会化生产方式的商品生产过渡，公司就在这种历史变迁中产生和发展起来了。当然，这时的公司作为市场交易的主体，完全是要求享有财产所有权的一种主体，而且完全有权自由贸易，并要求保护其等价交换的权利。这很快促进了商品经济的大发展，因为把社会化生产当做商品生产的新形式，当做用来提高和促进商品生产的手段，这很快造成了以社会化生产为基础的市场经济，自给自足的自然经济被排挤到无足轻重的地位，商品经济已占统治地位。这时，商品不只是当做商品来交换，而且是当做资本的产品来交换。这些资本要求从剩余价值的总量中，分到和它们各自的量成比例的一份，或者在它们的量相等时，要求分到相等的一份；商品按照它们的价值或接近于它们的价值进行交换，逐渐被按照它们的生产价格进行交换所代替。于是，公司作为民事主体的地位也发生了变化。

---

① 弗里德里希·恩格斯：《资本论》（第3卷增补），人民出版社1975年版，第1017页。

② 弗里德里希·恩格斯：《资本论》（第3卷增补），人民出版社1975年版，第1016页。

迄今为止，随着以社会化生产为基础的市场经济在全世界的展开，一切公司实际上都处在商品过剩的大环境中，公司的商品按照生产价格交换，等量资本获得等量利润也难以为继，市场竞争日趋激烈。所以，公司更加成为一种市场竞争的主体。人们不再消极地关心公司的财产的归属权和财产的流转权，而是积极关心自己公司财产增值和增值能否实现的权利，因为如果不是这样，公司就谈不上发展，从而在市场竞争中最终会失去生存权，其财产也会丧失殆尽。

那么，我国的公司法正是处在这样一种大环境中制定的，为什么公司法的制定仍然侧重于把公司当做民事主体组织法来制定呢？可见，受民商法理论的影响太大是个重要的原因。实际上，我国的公司虽然是在实行社会主义市场经济体制后才大大发展起来的（我国在解放前的公司并不多，解放后到改革开放前也不多），但是，现在大大增多起来的公司，已处在国内外激烈的市场竞争中是一个事实。因此，中国新近制定的公司法，如果只把公司当做一个民事主体来规范，从而把公司法弄成民事特别法，必然不能适应市场经济的需要，必然无法保障公司充满活力。

（二）公司法正日益成为经济法主体的组织法

如前所述，以社会化生产为基础的市场经济的形成和发展，可以分为两个大的阶段：一是它逐步代替以个体小生产为基础的自给自足的自然经济，逐渐在社会经济生活中占统治地位的时期，在这个时期可以说市场总是在扩大，需求总是在增加，因此，公司法只要规定公司的民事主体资格，保护其民事权益就可以了，例如保护公司的财产权益，保障债权人的利益和公司的出资人股东的利益就可以了。二是以社会化生产为基础的市场经济在确立了自己在社会经济生活中的统治地位之后的时期，迄今为止我们还处在这个时期，这个时期是社会化生产的负面作用显现的时期，即社会化生产也造成了资源的巨大消耗和环境的巨大破坏，社会经济生活遭到资源不可持续滥用和环境不可持续破坏的限制；同时，市场经济占统治地位，一切人都卷入了为争夺利润的市场竞争，这又迫使人与人之间展开了滥用资源（包括物力资源、人力资源）和破坏环境的比赛，这时的公司法就要把重点放到经济法主体的组织法上来。

一般认为公司法首先是组织法，但是由于人们受社会传统力量的影响，历来只把它当成民事主体或民法主体的组织法，强调公司是法人，有独立的法人财产，享有法人财产权，公司以其全部财产对公司的债务承担责任。有限责任公司的股东以其认缴的出资额为限对公司承担责任；股份有限公司的股东以其在该公司的股份为限对公司承担责任等。对于公司的组织结构也以满足股东（股东也只被看做是财产权人，而忽视股东作为劳动力权人，即投入投资决策劳动的劳动力权人这一方面）的利益为依归去设置。随着以社会化生产为基础的市场经济的发展，公司日益陷入优胜劣汰的市场竞争之中，于是，公司的本性即由许多人投入资产和人力结合起来创造财富并在市场上展开财富创造力的竞争的性质强烈地表现出来了，公司法更应当是人们进行财富的创造、实现和分享的组织法的特点凸显出来了，虽然，这还没有得到人们应有的重视。尽管公司的组织结构也已开始从股东会中心向董事会中心转变，但人们并不明白这也是公司法从作为民事主体组织法向经济法主体组织法的转变。我国的公司法就是尚未完成这个转变的典型公司法。所以，它很难保障促进公司在市场竞争中的活力的作用。

二、公司法主要应是经济法主体的组织法

在经济法学视域中，公司不仅是一个投资者投入资产（资本）而组建起来的对外享有财产权和对内保障投资者的财产权的民法主体，更是一个由公司的全体员工各按照其投入物力资本、人力资本等进行合作创造财富（获得资产增值或增量利益）、竞争以实现财富和分享财富的经济法主体。如果，我们以公司的这一本质来审视公司法时，那么，现时的公司法尚需作价值取向上的重大改造。

但是，把公司法改造成为经济法主体组织法首先会遇到的问题有两个：一是公司究竟是什么样的经济组织；二是公司作为一种经

济组织究竟如何实现其目的。一般认为，公司是依法设立的、以盈利为目的的法人。公司有依法设立、法人等含义，前者意味着可能要经过行政审批或行政登记，后者则意味着是民法主体，这已没有太多值得研究的内容，我们不再探讨。关键是以盈利为目的这一点，人们的看法极不相同，而当今中国应采用何种观点，这才是个大问题。第一种观点认为公司是投资者为了保障其所投资产保值增值（盈利）为目的（包括亏损时投资者只负有限责任，即以其出资额为限承担民事责任）而创办的经济组织，因此，公司内部的一切人和公司对外的一切活动行为都要围绕着公司的盈利和股东或投资者能分得红利为依归。这种观点核心的理念是拥有财产所有权的人可以采用公司这种经济组织形式获得红利（民法学中也称孳息或收益）。这一点好像是天经地义、颠扑不破的，但这个理念实际上就是资本主义的理念，就是资本剩余价值的理念。这是经济学上资本稀缺又历史地掌握在少数人手里的必然。这种理论能否用来指导我国公司法呢？有一种强烈的信念支持着人们认同这一理论，即投资者为什么要投资呢？如果投资者不投资还能创造财富吗？应当认为，不投资就不能办公司，不能创造财富，就无所谓资产的保值增值。因为，从事社会财富的创造，不能没有相应的物质条件，劳动没有超自然的创造力。同时，对公司投资要求有回报，这也是必然的要求，就像过去时代，地主出租土地要求收获地租，出借资金要求给付利息一样。我们可以这样认为，借得资金要给付利息，它更早的参照就是租得土地要给付地租，而出租土地要给付地租可参照的就是土地可以产生自然孳息，既然如此，出租土地就有理由要求给付地租。但是，人类的物质生产发展到今天，人们依靠土地的自然孳息，或者仅仅依赖自然界的恩赐生活，早已远远不够，进而转变为主要应依赖人的劳动制造产品来满足人们的生存、发展和享乐的需要。

在人类历史上，首先是资产阶级开始变成不直接依赖财产获得孳息的一个统治阶级。资产阶级把它的财产当做资本投入公司等各种经济组织中以创造和获取财富，求得资产增值或取得剩余价值。

我们从政治经济学的分析中可以知道，资本是能带来剩余价值的价值。但是，创造和实现剩余价值是人的活劳动力作用的结果，或者说现实的剩余价值来源只能是人的活劳动力的使用。资本家把财产当做资本投入公司等各种经济组织，本身也把他的投资决策劳动、对公司进行财富创造过程的管理劳动或指挥劳动等也带进了生产过程（这是资产阶级必然要战胜并代替地主阶级的经济根源），而且公司中的其他人也为公司的资产增值付出了各种形式的劳动，而资产增值从根本上说便是包括投资者在内的一切公司成员的活劳动力的消耗创造的。

因此，公司就其设立、变更和终止等行为，虽然是以民事合同为基础的，公司在存续期间也要购买原材料、机器设备以及对外举债，也要销售自己的产品、服务等，因此，公司是民法主体，这没有什么问题。但是公司不仅是民法主体，在公司存续期间，公司更是公司全体成员各按其投入的资本参与合作创造财富，使资产增值，并有时作为买方（采购原材料等）和有时作为卖方（出售产品等），进行市场竞争，争夺交易机会、市场份额和争夺物质生产的条件等，从而争取减少成本增加并实现利润，以及最终分配、分享盈利的一种主体。这种主体就是经济法主体。公司法更应是公司作为经济法主体之组织法。可惜，我国公司法的制定，对许多学者和立法者来说，仍然存在着学术思想不清晰的问题。

我们认为，公司法应当被改造为既是民法主体的组织法，又是经济法主体的组织法，公司法应当进行法制创新。显然，公司法作为人们投入资本进行合作创造财富、实现和分享财富的组织法，这完全不同于民事主体的组织法。两者的主要区别有两点：一是公司作为民法主体享有财产权（主要是财产所有权），而公司作为经济法主体则享有利润权或盈利权。前者是公司对其既有财产利益或存量利益的权利，后者是对财产进行生产经营性使用时新增利益或增量利益的权利。二是公司作为民事主体对外活动主要是市场交易活动，享有债权并承担债务；公司作为经济法主体对外活动主要是市场竞争活动，享有市场竞争权利，承担市场竞争义务。前者是公司对存量利益流转中的权利义务，后者是公司对增量利益在市场竞争中实现的权利义务。各自目的有不因交易而损失其既有的或存量的利益和不因竞争而损失在生产中创造的增量利益的区别。

显然，我国公司法要增加公司作为经济法主体的组织法的内容，这极为重要。其重要性表现为两点：一是这与马克思主义关于剩余价值只能由活劳动创造的理论是吻合的；二是公司资产增值即公司创造出的财富是公司全体成员合作创造的结果，应当由创造者获得，即由合作创造并实现者分享。只有人们从对自己利益增值的意义上关心公司的发展，才能解决公司活力问题。但是，向公司投资的人对此有什么利害关系，或者说把公司法着重改造为经济法主体之组织法其正当性又如何呢？这就要求我们对公司法原理作更深层次的探讨。

第三节　公司法应当确认劳动能力权
并深入保护人权

无论是工厂法（后来变为劳动法），还是公司法等各种企业法，以及市场竞争法和消费者权益保护法等，都是近现代以社会化生产为基础的市场经济的产物。这些法在古代社会是不存在的。这些法的出现与发展意味着人类社会开始深入关怀人权，即开始深入关怀人天然具有的劳动能力权。当然，首先出现的是工厂法，最早的资本主义工厂法是英国于1802年制定的《学徒健康与道德法》，该法规定了雇主要对学徒健康（极简陋的劳动保护等）负某种法律责任，这虽然是为了资本主义劳动力再生产的正常进行和为了资本家能更多、更好、更长久地获得利润、剩余价值，但它已有关注人的劳动能力权的一面。后来，如反垄断法、反不正当竞争法以及所配套的招标投标法、广告法、产品质量法等组成的市场竞争法，更是体现了企业与企业之间或者说资本家与资本家之间就各自投资所办的企业创造出来的利润或增量利益不能容忍在市场竞争中被垄断者、不正当竞争者以市场支配力的滥用等手段所夺走，这在本质上就是对企业这种由许多人的劳动能力结合起来进行财富创造的结合劳动能力权益的保护。最后，如消费者权益保护法，既是对消费者在市场交易中眼前财产利益的保护，更是对消费者长远的增量利益的保护（该法实际上是惩罚经营者以损害消费者权益来夺取利润，损害市场竞争秩序，以及滥用资源等行为的法，或者说它主要是市场竞争法的特别法），更是保护消费者的劳动能力再生产权利的法。我们研究认为，公司法（企业法的一种形式）、市场竞争法和消费者权益保护法，这实际上是深入保护人权或者说是保护人的劳动能力权的法，是保护人的能力的发展权益的法。总之，在公司中，人们消耗自己的劳动能力进行合作劳动创造财富，这里有人权需要保护；在市场竞争中，人们因自己在公司中创造出来的财富得到社会承认而实现，这里也有人权需要保护；在消费中，人们把共同创造和实现之后的财富，按照自己贡献的大小领得归自己支配的那一部分，通过消费再生产出更多更高质量的劳动能力，这也有人权需要保护。这些法就是关于对人的劳动能力权保护的法，它是使人的劳动能力从消耗、社会承认到补充与增进的循环过程来全程加以保护，这是不同于民法对人的外部的财产归属、流转与继承权益的全程保护的，两者具有重大的区别。民法对人权的保护是浅层次的，随着经济社会的发展，对人的内在劳动能力权益的保护，这是对人权的深层次的保护，是人类法制发展的必然取向。现在本文对此作大概的说明。

一、劳动能力权是第一人权,公司法应着重保护第一人权

不论是外国的公司法还是中国的公司法，通常都有对股东权的规定，至于什么是股东权，为什么要定名为股东权，即为什么要以主体的特征来称公司法中的权利？这是一个值得研究的问题。实际上，以往的法律如民法，在设定权利时，通常是用客体来命名的，例如财产权、人身权，又如财产权中的物权、债权和继承权等，民

法并没有用自然人权、法人权等主体来命名。但是，公司法中出现的股东权却是以主体来命名的。我们研究认为，这是因为公司法既是民事主体的组织法，又是经济法主体的组织法的缘故。首先，作为公司的设立、变更与终止，它是公司的投资者处分自己的财产所有权，并按照民事合同来进行的（至于公司的设立，变更与终止要经过批准和登记，这是所谓的私法公法化问题，这时公司又是行政相对人，是行政法主体）。其次，作为公司中的投资者提供投资决策劳动，而其他人提供经营管理劳动、科技劳动、直接生产劳动和辅助劳动，大家协同劳动合作创造财富，这是人们处分自己的劳动能力权，并按照合作创造财富的需要运用自己劳动能力（劳动能力所用权）来进行的。因此，投资者既是民事权利的享有者，又是经济法权利的享有者，那么，为了涵盖这两个方面的权利，公司法自然而然地称投资入股者为股东，投资者权为股东权。当然，股东权不仅包括这些民法上的权利和经济法上的权利，它还包括民事诉讼、经济诉讼（是现实的而尚缺乏法定）的权利等。由此可见，股东权有很大的弹性，它不像用客体来界定权利那样比较确定。

公司股东在公司法中享有经济法上的权利，一般称为股权。股权并非财产权，这是许多人所认可的，因为它不是物权（所有权），也非债权，更非继承权。此外，还有人认为股权是一种新的财产权，但是却没有论证新在哪里。至于有人说股权是社员权这也不妥，因为它不是社员身份的权利，而是有劳动能力，这种人体内存在的物为客体的一种权利。我们认为，这已不是对存于人体外的物的权利，已不是财产权，而是劳动力权，是人对其体内存在的物的权利。由于公司是一种盈利性的经济组织，而公司绝不只要拥有财产就能盈利，而且财产多也不一定盈利多，财产少就一定盈利少。公司盈利还是亏损，盈利多还是少，亏损多还是少，这必然要在公司具有一定财产的基础上，由公司的投资者、经营管理者、直接生产者、科技人员和辅助劳动提供者等共同协作或协同劳动的数量、质量和协作劳动状况的优劣来决定的。而这首先取决于这些人具有劳动能力和愿意对自己的劳动能力作这样的所用，进一步说，这取决于他们的劳动能力的所用能否取得相应的利益和使其劳动能力得到再生产、再发展的满足。如果有劳动贡献的不能得益，公司的资产增值的利益（增量利益）都只归投资者，那么，要维持公司资产的增值，除了对有劳动贡献的人实行专制、强迫和欺骗等就没有别的办法了，而且用强迫（例如用棍棒、饥饿等）手段迫使人们为公司资产增值劳动，人们也会消极对待和处在被动状态，从而对公司资产增值发生消极影响。

对此，马克思早就有过精辟的分析。我们用恩格斯对马克思的发现所作的总结来说明。恩格斯认为马克思至少有两个发现堪称重大：一是马克思在整个世界史观上实现了变革，"历史破天荒第一次被安置在它的真正基础上；一个很明显而以前完全被人忽略的事实，即人们首先必须吃、喝、住、穿，就是说首先必须劳动，然后才能争取统治，从事政治、宗教和哲学等等，——这一明显的事实在历史上应有的权威此时终于被承认了"。[1] 二是马克思"彻底弄清了资本和劳动的关系，换句话说，就是揭露了在现代社会内，在现存资本主义生产方式下资本家对工人的剥削是怎样进行的"。[2] 马克思发现了剩余价值规律是资本主义社会的绝对规律，说明了在资本主义制度中占支配地位的是公道、正义、权利平等、义务平等和利益普遍协调都不过是虚伪的空话，并预见资本主义社会必然要被社会主义、共产主义社会所代替。马克思的这两大发现，当然必然要影响到法制。资本主义国家的公司立法，现在已经开始承认从股东会中心主义向董事会中心主义转变的取向，这就证明，以公司投资人的财产权中心主义向公司经营管理人的劳动能力权中心主义的转变的不可避免性。在西方发达国家，人们已经证明无论是公司的物力资本的投入者，还是人力资本的投入者，都应当有分享公司盈利的权利。有的国家甚至许可公司员工可以获得股权而参与分享

① 《马克思恩格斯选集》（第3卷），人民出版社1972年版，第41页。
② 《马克思恩格斯选集》（第3卷），人民出版社1972年版，第42页。

盈利等。这都证明公司法的一般取向是更要把它变成为经济法主体的组织法。这是资产阶级不得不部分地承认生产力的社会性的一种表示。

非常明显，股权就是在公司中参与公司财富创造的人们可以分享公司盈利的权利，它是一种劳动能力权，而且是人对其活劳动能力的权利。人们不论是物力资本还是人力资本都可以出资，至于如何确定其出资额的大小，除货币外，其余可用作出资的财产、人力等，在经济上取决于它们的稀缺程度，在法律上取决于它们的谈判和契约（包括协议委托评估）。但是，投入公司的资本，并不是作为民法上的借贷、借用来对待的，如果人们是把物力资本和人力资本当做借贷、借用，是通过债的方式交付公司使用的，那么，这如同人们出租土地得地租一样，人们可以要求公司还本付息，包括采取担保方式来保障自己的民事权益。但是，人们也因此而无权参与公司的生产经营活动，否则，公司就不能保证向他们承担还本付息的责任。换言之，股权不同于债权，而股权不同于债权的根源又在于债权不过是物权在流通中的表现，股权则是劳动能力权在生产经营中的表现。

那么，股权作为人的劳动能力权是否就是人们投入公司资本的权利呢？我们研究认为，投入公司的资本在公司法上是指投入到位的物化劳动的总额（一切货币、物料、土地使用权、知识产权以及人力资本等，都可用它们的价值量之价格来表示，都代表着一定量的物化劳动），而作为物化劳动的权利不过是从价值形态来表示的民事财产权利（物权），所以，股权不是人们投入公司资本的权利。因为投入公司的资本不可能自动增值，它的增值只能通过人的活劳动力的使用即通过劳动来实现，人的劳动一是可以把已投入公司的物化劳动转移到公司所创造的产品（生产出新的使用价值）中去，使民事的财产权（物权）得到保存；二是可以在产品中增加新的价值，这种增量利益（以利润等形式表现出来的剩余）才是人对其劳动能力权的正确行使并得到法律保护时应得的利益。股权，只意味着人们的劳动力权，至于这种劳动力或活劳动力在公司中对资产增值作用的大小，无法精确计算，它只能通过公司章程等有关分工合作的协议来约定，而在约定不能时，也可根据人们投入公司的资本（物化劳动）的比例来推定。

一方面，任何物力资本、人力资本都可以出资，出资额的大小由该种资本的稀缺性和公司成员的契约来决定；另一方面，出资者是为公司提供生产经营的物化劳动的条件，人们只有对此进行生产经营性的利用才能使其得到保存并使资产增值。股权就是以人们投入公司的资本为计量的人的劳动能力权。人们凭股权既可以公平地分享公司盈利，也可以公平地承担亏损和风险的义务。

股权是人的劳动能力权在公司中的表现，而人的劳动能力权乃是第一人权。首先，正如前面引述的马克思的发现，人们首先必须劳动才能从事别的活动，人的一切权利，都要以人的劳动能力权为基础，没有劳动，劳动者没有运用自己劳动能力进行劳动并为自己的利益而劳动的权利，人类社会的一切皆不存在，所谓的公平、正义与自由也都是可笑的空话。其次，人的劳动能力天然属于他自己，它是人从其余动物中提升出来并发展到今天逐渐形成和发展起来的，任何法律都不能改变这种真正的天赋人权。数千年来，劳动的人们不能在法律上享有这种权利，这不过是生产不发达，生产的物质条件还掌握在少数人之手的暂时现象。随着以社会化生产为基础的市场经济的形成与发展，它已在物质可能性上要求把人的劳动能力权从应然权利变为法定权利。否则，在生产与消费已经分裂的现代市场经济中，必然会使过剩的经济金融危机、资源环境危机和两极分化的社会政治危机不断深化。中国作为坚持马克思主义为指导的社会主义国家，在公司法中更应当率先垂范，适度保护人的劳动能力权，这是增强公司活力，使公司资产保值增值的需要，同时也是中国经济可持续发展、社会可持续稳定、中国共产党可持续执政的需要。

二、公司法若能保护劳动能力权，将是超越民法的制度创新

民法是传统私法的一个主要的表现形式。民法保护人的财产权、人身权，也是对人权的保护。在公司法中，当然有民法对人的财产权、人身权的保护内容，这不仅体现在对公司的财产权、人身权（主要是公司的商品权、知识产权中的人身权等）的保护上；而且也体现在对公司的投资者的财产权、人身权的保护上，例如，投资者所投资产在公司中加以生产经营性利用而制造出产品时，公司要扣除成本，使人们所投入的资产以成本形式继续保存下来。同时，公司法还要进一步保护投资者的财产所有权，例如公司法应规定谁经营（或者谁直接控制公司财产）谁担保来保护人们的财产权。当公司是由物力资本的投入者自己经营时，当然是以投资者自己投入的资产来担保的，即生产经营不成功引起的财产所有权的丧失是他自己的事。当然，这只是在资本稀缺，社会化生产程度不高，劳动力资源滥用尚可持续的资本主义初级阶段才是这样。当以社会化生产为基础的市场经济有了发展，从而出现商品过剩、资本过剩，以及资源、环境、人力等日益不可持续滥用，公司的盈利日益需要依赖科技和经营管理，直至包括全体人员的劳动力素质时，这时不但需要确立人才资本可以出资，而且出现了公司资本投入者的财产权与公司全体人员的劳动能力权并存的状况。这时，公司资本投入者的财产权如何保护？由公司盈利的分享者来担保是最优方案，而公司盈利的分享者就是股权者。由于股权大小只能用人们向公司投入资本的多少来推定，所以，担保也应与之相应。其中，物力资本的投入者已经以其投入的资产作担保，而人力资本投入者也应提供经营担保或人力资本出资担保。这样，财产权的保护在法律上才会没有漏洞。其余就只是人的劳动能力权的保护问题了，这可以按照谁创造谁得益，即按照股权大小来分配。这时公司的以盈利为目的的问题就有了法制保障，当然这是在生产环节（在市场竞

争环节还需要有竞争法），而且法制不过是提供一种秩序，公司资产能否保值增值还有技术、经营管理以及其他因素的影响，但这些与公司法无关。

不过，我们应当清楚地认识到：中国公司法保护劳动能力权，这绝不是对民法的补充，而是对民法的超越，是对人权的深入保护。这一点也许会挑战民法学。因为在人类社会的发展史上，人们对于财产的权利固然很早就有了法定权利，但它归根到底也与人的能力权有关。

我们研究认为，人们对财产的权利是一种基本的人权，甚至它在法定权利上比人身权处于更基础地位，但是它不过是一种非创造财富的人力权的法律表现。一方面，人的财产权成为法定权利之前，它早就在原始社会中存在着，例如对于自然资源，在原始公有状态下人们运用自己的人力对资源的占有，又如在原始社会末期，人们由于进行种植和养殖可以比狩猎与采集更稳定地获得食物，因而那些经常由他使用的生产工具和土地也自然而然地归属于他；另一方面，那时人身权也从属于财产权，如恩格斯所说，在"生产已经发展到这样一种程度：人的劳动力所能生产的东西超过了单纯维持劳动力所需要的数量；维持更多的劳动力的资料已经具备了；使用这些劳动力的资料也已经具备了；劳动力获得了价值"。[1] 这时，原始人群之间的战争所得的俘虏，就不再像过去那样简单地把他们杀掉或者在更早的时候甚至把他们吃掉，而是让他们活下来，强迫他们劳动，并占有他们所创造的剩余。这时，奴隶的人身也成了财产权的客体，奴隶制也随之出现。总之，人们都是通过自己的人力去占有现存财物的，或者是通过自己人力的特殊使用（战争能力）来获得既有财物和奴隶的。在原始社会过渡到奴隶社会后的法律不过是把这种非创造的人力权，也即把财产权（甚至包括以人身为客体的财产权）当做法定权利确定下来而已。

现在，我们在公司法中保护人们的财产权，实际也就是保护人

---

① 《马克思恩格斯选集》（第3卷），人民出版社1972年版，第219页。

们的非创造的人力权。但是，公司是以盈利为目的，所以，公司法还不得不保护人的活劳动能力权，不得不保护积极的、创造财富的人力权（劳动能力权），或者说公司法必须体现"各尽其能，各得其所"的要求。如果说，西方发达国家已经不得不这样做，那么，我们坚持劳动价值论和坚持"解放生产力，发展生产力，消灭剥削，消除两极分化，最终达到共同富裕"①的社会主义中国，就应当积极建设把人的劳动力从它作为商品的地位中解放出来的社会主义，就应当在公司法中更主动一些地对人的劳动能力权加以确认和保护。所谓更主动一些，那就是不应以目前中国劳动力资源丰富和资本比较稀缺为由，忽视普通劳动者的活劳动能力权，公司法应当写上任何人力资本的投入者也都应享有股权（当然，绝不允许人们以其所掌握的公共权力入股），而且尤其在国有独资公司和国有控股公司中率先向劳动者的劳动能力权实行倾斜保护，使劳动者也能成为股东和分享公司盈利。我们认为，有学者提出的"劳者有其股"② 是符合我们落实科学发展观之需要的制度创新之说。

---

① 邓小平：《邓小平文选》（第 3 卷），人民出版社 1993 年版，第 373 页。
② 王珏主编：《劳者有其股》，广西人民出版社 1997 年版，第 3 页。

第二章
劳动能力权的理论的架构

　　物质资本与人力资本作为财富创造的两个基本要素，都不可偏废。传统的经济学基于"利润是资本的增值"的认识基础，认为企业作为投资者的企业，利润理应归投资者所有。这种理论逻辑延伸到法学领域，以民法物权理论为铺垫，传统的公司法构建了以投资者所有权的绝对保护为核心的内部法权体系，致使企业内部专制、无序不断。其实，"法律的生命在于经验，而非逻辑"（霍姆斯语）。企业投资者中心地位的确立仅是一定历史条件下物质资本稀缺的结果。在现代新技术、知识经济背景下，人力资本地位的日益凸显，表明传统公司法的内部法权体系安排正逐渐丧失其合理性。我们必须依据马克思的劳动价值理论，结合现代社会实际需要，在公司法上重构新的法权体系，以确立人力资本在公司法中应有的地位，并保障其应有的合理利益。这就是说，必须构建一个以劳动能力权为核心的新的法权体系，确保劳动者（包括投资者、投劳者和管理者）基于其各自劳动力合理运用的贡献大小分享其所创造的剩余，以调整好企业内部关系，解决现代企业活力不足之问题。

第一节　劳动能力权萌生之分析

一、企业内部权利体系的演进及其遭遇的困境

在"所有权绝对"原则的支配下，传统的企业内部法权体系模式实质上形成以财产所有权为核心的权利束。早期业主制企业中，企业所有权与经营权合二为一，由投资者单独享有，业主享有基于其投资财产所形成的一切企业权利。而合伙制企业在人数上突破了业主制企业的单一性特征，权利体系逐渐复杂：一是所有权共有化，各合伙人在共同出资的基础上形成了对企业财产的共同所有权；二是经营权与所有权逐渐分离；三是为保证经营决策的专业与集中，合伙企业的投资者以推选代表人或其他方式实现了经营权从所有权中部分脱离。不过，这种脱离的限度仅在于代表权或经营权均为所有权的派生权利，因而，其责任的最终归属仍依凭所有权绝对原则由所有权人来承担。无疑，这不适应企业范围日益扩张所带来风险扩大的责任需求。在这种情境下，分散风险的企业形式——公司制得以生成，有限责任替代无限责任使对企业财产的直接所有权日益向股权转换。相应地，为配合这种公司投资者权利的变迁，公司内部逐渐形成了投资权（股权）——管理权——监督权相互平衡制约的三级权利结构模式。这种企业形态及其权利体系模式的演进，很明显表明：（1）权利体系模式随着社会经济的发展需要必然会发生变化；（2）传统企业权利体系虽然发生了形式的改变，实质上仍然是基于对资本所有者所有权的绝对尊重而作的安排。具体说来，无论是业主制的单一制模式，合伙制的两权分离模式还是公司制的"三权分立"模式，都意味着企业内部法权体系是由投资者对投资财产的所有权及其派生的各项权利所组成的权利束。而且，在这些权利束中，投资者的权利是最核心、最本质的权利，其

他权利均处于从属地位。①

　　然而，这种传统企业内部法权体系之构建在现实中渐遭困境。现代企业制度难以建立，企业活力不足，企业内部人控制以及企业中雇员消极怠工等现象日益显露。

　　无疑，现有企业内部法权体系的存在是有其合理性的，但有合理性未必有正当性，正当性条件发生变换，合理性便会失去相应的存在基础，必然也会发生变化。具言之，如果对以投资者所有权为核心的传统企业内部法权体系进行深入探究就会发现，以所有权为核心的企业内部法权体系安排是建立在"资本得利润"的经济学理论基础上。② 在传统的经济学理论中，对于利润从何而生的问题，一直存在"资本价值论"与"劳动价值论"的论争。"资本价值论"认为，企业的利润是资本家所投入的资本带来的，因而，企业所生产的利润理应归投资者所有。而"劳动价值论"则认为，劳动是创造价值的源泉，利润是劳动的结果，因此利润归劳动者所有是合理的。但是，利润归属于劳动者问题之解决，不仅要劳动者的内在需求，还要一定的历史条件促就。

　　考察历史，一个不争的事实就是，在 14、15 世纪地中海沿岸的企业萌芽之初，由于生产力还不那么发达，物质资本仍处于稀缺状态，所以，谁拥有物质资本，谁就自然可以拥有对劳动力和企业的支配权，劳动工人所创造的剩余价值归投资者所有在当时现实中是具有合理性的。然而，随着社会发展到后工业社会或知识经济时代，卖方市场已转入买方市场，商品出现过剩，物资资本极大丰富，不再呈现稀缺状态，企业生产商品后只有卖出去，才能实现马

---

① 王霞、刘友华："论企业投资者与投劳者权利之平衡与协调"，载《当代法学》2002 年第 9 期。

② 这种法权的经济学基础之考证，可引用恩格斯的一句话予以说明，他说，"一切社会变迁和政治变革的终极原因，不应当在人们的头脑中，在人们对永恒真理和正义的日益增进的认识中去寻找，而应当在生产方式和交换方式的变革中去寻找；不应当在有关的时代的哲学中去寻找，而应当在有关的时代的经济学中去寻找"。载《马克思恩格斯选集》（第 3 卷），人民出版社 1972 年版，第 307 页。

克思所说的"惊险的一跃"。因此，企业产品的生产、生产的管理以及选择管理者、决策产品市场、如何卖出去等企业的建构及其运作问题，越来越需要投资者、管理者、投劳者付出艰辛的复杂劳动，人力资本的稀缺状态便显现出来，这也就表明，马克思的劳动价值论在现代社会的极大魅力又重新焕发，亦说明劳动力是财富创造的能动要素具有真理性。一定程度上，这也意味着为企业创造财富的任何劳动者，基于其劳动力运用的贡献大小可获取相应的剩余或企业利润具有合理性，而单纯投资得利润的理论及现实依据逐步丧失。这样，传统企业内部法权体系必须重新认识，以适应时代之需要。

二、企业内部法权体系的非理性及重构之必要性

从法学的角度来认知，传统的公司法只是界定了所有者和经营者在组织结构上的关系，并且是基于资本专制这一传统思维模式提出的。在"企业只是投资者的企业"、"投资者得利润"这一传统观念的指导下，弄清资本之内涵及资本权的运作规律，是其一大贡献，但是，资本是不能自行增值的，财富是由劳动创造的。

现代经济学理论认为，公司是物质资本与人力资本的契约构造。依据资本理论，在法律制度层面上实施了对资本权利的保护，把劳动者的权益纳入资本权利的范畴，这显然暴露出其理念及其相应制度的缺陷，主要表现在以下几个方面：

（一）忽视企业内部关系的存在

现代经济组织中，企业显著地人格化，成为一个客观实存及特殊交换价值的保持者。传统私法囿于"民法上的人"的思维进路，把企业这种组织体拟制成自然人的样态，来塑造其独立的人格、财产和责任，达到最终对物的占有、交易和继承之目的。但是，这种偏狭的拟制理论，从创立一开始便遭到人们的批驳（如法人人格否认说），因为学者们对这种组织体进行法律技术处理时，仅考虑到其外部行为世界，而忽视了对其自身的研究，即对这种组织体内

部的人与人之间的物质利益关系并不加以考虑。例如，美国学者阿瑟·库恩就对此提出了疑问，认为"法人本身到底是由什么构成的"值得深究。① 事实上，企业中存在着由投资者、管理者和投劳者以及投资者集团、管理者集团和投劳者集团等形成的极为复杂的、交错关联的内部关系，因而我们不能把企业等同于投资者所有的企业，进而把企业内部关系单纯看成是一种投资者组建企业而形成的对外单一关系。

（二）忽视了管理者、投劳者应有的地位

正因为上述狭隘的理论视角把管理者、投劳者置于了投资者的身后，看不到前两者地位与作用的日益凸显，现行的公司法人治理结构中就在一定程度上否认了管理者、投劳者，尤其是管理者举足轻重的地位，也没有相应的权益保护机制。依照西方现行的经济理论，企业是由不同生产要素所组成的集合体，这些要素不仅表现为资本的形式，同时也表现为智力、劳动力等各种形式，概括地说，表现为货币资本和人力资本两种主要形式。而且，当前国内外的实践均已证明，以货币资本为基础，以货币资本的所有者和经营者的关系确定为中心的治理结构，正在转向以货币资本和人力资本的双向结构为基础，以两种资本的所有者关系的界定为中心的治理结构，换句话说，人力资本作为企业制度要素所确定的对象，已成为社会经济发展不可遏制的趋势。因而，现行的治理结构应该主要是围绕人力资本的运用和控制来安排的，而人力资本作用的发挥和控制，必须要有两种机制的建立，这就是对人力资本的激励机制和约束机制（后文有详述）。因此，我国企业目前的治理结构的改革与完善，应该要和国际惯例接轨，对治理结构的研究，应主要集中在人力资本的激励机制和约束机制的研究上，因为人力资本的激励机制可以保护人力资本应有地位及利益，而人力资本的约束机制可以防止人力资本侵害货币资本的利益，从而保护货币资本的地位及

---

① ［美］阿瑟·库恩，陈朝璧译：《英美法原理》，法律出版社 2002 年版，第128～129 页。

利益。

（三）忽视了管理者、投劳者应有的权利

管理者与投劳者一般是按其所投入劳动的性质不同所作的划分。管理者主要是指运用自己的智力及经营管理、决策等方面的才能使企业资源优化组织，从而发挥最大效用的劳动者；而投劳者是指以自身体力使企业物质资本分化、组合、交换以形成新的物质形式的劳动者。因为，把企业当成投资者所有的企业，自然，企业所构成的任何生产要素（包括物的要素和人的要素），在法权问题上，其各自的权利都不具有独立性，而是附属于投资者的所有权。具体而言，对于管理者、投劳者来说，其权利的维护仅仅体现于劳动法、合同法以及部分公司法意义上，没有具体真实的保护其物质利益的权利内涵，如对企业剩余提成权和剩余激励权。其实，就权利来说，其本身不仅仅是选择权，即选择参与企业进行劳动的权利，更应要有一种自主支配权，亦即是自我有意识地使用自己的劳动力与生产资料相结合，发挥自身最大的潜能进行创造，并最终凭借自己的劳动力运用的贡献大小分享自己所创造的劳动果实的权利，只有这种权利才是最真实的，是具有物质基础的，亦只有在这个条件下，劳动才能真正恢复自主劳动的性质，劳动者才能摆脱资本所有者的压制与剥削，获得真正的自由。

（四）忽视了企业内部法权体系中投资者、管理者与投劳者权利的平衡与协调

传统的企业内部法权体系模式实际上都是以投资者的所有权绝对保护为核心进行系统安排的。就企业发展的形态而言，其经历了业主制企业、合伙企业到现代公司企业的演进，相应地，其权利体系亦经历了企业的所有权与经营权的两权合一、所有权社会化和两权逐步分离直至股权对所有权的取代和有限责任的三级更迭。目前，在现代企业内部组织结构上，顺应这种公司企业投资者权利的变迁，公司大多都采用了投资权（股权）——管理权——监督权相互平衡的"三权分立"的公权制约模式。但是，这种模式的表

面化、形式化、公式化已难以适应社会的发展。这是因为，自21世纪以来，技术为社会经济增长所提供的支柱效应程度越来越高，而拥有技术并且创造技术的是劳动者的劳动，因此在现代社会中人力资本所有者的高素质劳动比物质资本呈现出更为稀缺状态。自然，物质资本所依托的社会背景的丧失，在法权及法权体系中便有所表征，投资者所有权的衰落已是必然趋势；传统的企业内部法权体系将人力资本所有者的权利置于从属地位，并把他们所享有的权利仅限于凭其经营管理劳动来获得工资的情境，日益显得不具合理性，投资者权利绝对保护的权利体系受到挑战，这自马克思的剩余价值理论创建以来已成为明显的事实。因为劳动力是创造价值的源泉，新的物质形式是价值增长的产物，凝聚了劳动力的投入，是企业保值增值的根源，因此传统的企业内部法权体系必须重新估量和评价，要充分考虑各生产要素所有者的积极性，充分考虑其权益，并从制度上给予回应，形成各要素所有权者对企业利润需要的内在促动，以适应日益复杂的现代企业需要。

（五）忽视了市场经济的本质内涵

传统的经济学家在对市场经济进行认定时，都把市场经济等同于"交易经济"，这种观点为传统私法的发展提供了经济学上的理论支撑，比如"以民法为核心的私法体系是市场经济的基本法"这一命题的提出就是这种逻辑的结果。据此，传统私法为实现交易中资源自由流动和公平交易的目标，就在制度上对资源所有者的产权进行了界定，并赋予市场交易主体的平等地位，以此确保市场经济的良性运作。然而，这只是考虑到问题的一个侧面。市场经济本质上是以社会化大生产为基础，以盈利为主要目的的交易型竞争经济，以商品生产为主要内容的经济竞争和以商品交换为主要内容的市场交易，是商品经济不可或缺的两个基本点，市场的交易受到竞争机制的制约，是在竞争过程中的交易。故此，投资者的所有权不再具有绝对地位，重要的是如何凭借自己的决策劳动，同管理者的管理劳动或投劳者的生产劳动相协调，尽可能地创造出剩余，并如何在市场竞争中去实现的问题，这样，显然，劳动力的运用就远比资本的使用复杂得多，并更适应时代的需要。这就需要在实践中突破市场交易主导性理论樊篱，克服民法的基本制度与理念无法对之形成实质性作用的局面，在企业内部进行新的法权制度设计，以符合企业的发展目标。

显然，以上的分析可得出一个粗浅结论，现代公司在成立直至消亡的全部过程中，其内部已萌生了各种人、各种机构的新法权及其法权体系问题，这是传统公司均未境遇的新问题。而且，在权益处理上，传统公司法也只从附属于投资者的所有权来设计，管理者、投劳者的权利义务较少涉及，因而传统的公司法实际上没有真正公司法的内容。故此，公司法中人力资本应有地位缺失以及由此产生的内部治理结构失灵问题之解决，要在理论上有所突破和创新。提出"劳动能力权"概念，希冀用此法权视野来反观该问题，对此作些制度构设，有助益于现行公司法缺陷之弥补。

第二节　劳动能力权的理性考察

对于劳动能力权进行研究首先需要从理性角度进行思考，尤其是对劳动能力权的一般原理深入探讨，才能对这个概念有一个学术性的深层次考察。

一、劳动能力权的一般原理

劳动能力权属于人的天然权利，也就是可以凭借自身拥有的劳动能力获得收益的权利，因此，需要从其背景、概念、内涵和主体等多方面有个大致了解，以求有一个初步轮廓。

（一）劳动能力权生成之背景

随着知识经济的到来，物质资本日益丰富，物质资料不再是稀缺资源，人的作用得到了充分体现。工业经济时代与知识经济时代的不同之处在于，工业经济时代的主题是物，创造的是物质财富，而知识经济的主题是人，让人的聪明才智充分展现。知识成了最重要的生产要素，技术、管理、个人智力等作为人力资本的具体体现，在财富创造中越来越居于重要地位。

马克思的劳动价值理论认为，劳动力作为生产力的三大要素的最重要的要素，是以社会性和生物性相统一的、以生命力为载体的生产力。而劳动者则是任何劳动过程中初始的、能动的、不可或缺的要素。他是劳动过程中"活的酵母"，而生产资料则为"死的要素"，后者只有经历"劳动的火焰"的洗礼，其作用才能发挥，才能由死复生。① 既然劳动者是创造物质财富的惟一源泉，那么其对企业利润产生分享权便具有合理性。但是在市场经济初期，劳动者获得的工资仅仅是劳动力价格的体现，劳动者并未参与剩余价值的分配。在现代社会中，企业经营成功与否，很大程度上取决于劳动者的作用，取决于是否调动企业中包括经营者在内的职工的积极性。确认与保护劳动能力权实质上是确认与保护劳动者对剩余价值或利润的分享权，使劳动者充分发挥其积极性与创造性，归根到底，就是要求在企业内部建立一种使劳动者能够参与企业的重大决策与经营管理，发挥其主观能动性，并能够参与企业利润分配的机制，而这首先必须涉及对劳动力的认识问题。

劳动力是指有一定经验和技能的劳动者的能力。经验是劳动者从事一项劳动的亲身体会和感受，技能则是科学知识经过后天学习掌握并能娴熟的运用于实际工作的能力。而劳动能力权作为劳动者对其劳动力所享有的一种特殊权利，是一定社会历史条件下的产物，它诞生于资本主义社会化大生产，也可以说是建立在劳动力成为商品的基础上，只不过，这种权利在自由市场经济初期是不明显的，只有到了市场经济中后期才日益凸显出来。

（二）劳动能力权概念及内涵

所谓劳动能力权，是指劳动者与企业缔结合约后，在国家法律

---

① 邬名扬："广义所有制与狭义所有制的区别"，载《政法论坛》2000 年第 2 期。

制度限制条件下，其由于使用其拥有的劳动力而引起的收益的权利，本质上亦是劳动者通过劳动力使用权商品化后进入企业所形成的、以获取增量利益为目的，就企业重大问题进行协同管理、生产与分配增量利益的一种经济发展权。完整的劳动能力权内容应包括：（1）劳动者维护其劳动力再生产的权利，即保障劳动者基本生活的货币和实物支付以及享有适度的工作强度和工作稳定性。（2）劳动者自主支配劳动力的权利，即劳动者对自身人力资源的支配权，有权根据市场劳动力价格信号合理的配置自身的劳动力，以获取较高的劳动力价格。（3）对企业财产的剩余分享权。剩余分享权其实是对劳动力人力资源的一种支付。人力资本是人们在教育、健康、训练、信息取得方面投入所取得的价值，是开发利用人的劳动力的一种投入，这种投入，在其所有者把它作为一种生产要素投入企业生产经营后就成为企业财富创造的源泉，并对经济增长与社会发展具有最重要的贡献。在一定意义上，劳动者也可以看成一种人力资本。美国经济学家认为，"资本"有两种存在形式：其一是物质资本，即体现在物质资料上的能够带来剩余价值的价值；其二是人力资本，即凝聚在人体中能够使价值增值的知识、体力和价值的总和。根据马克思的劳动价值理论，物质资本本身并不能带来新的价值，只会发生价值形态的转变，只有劳动者才是剩余价值的源泉，换句话说，人力资本是价值的源泉，并且是大于它自身价值的源泉。

（三）劳动能力权享有之主体

劳动能力权的主体又称为劳动者，具体来说，除直接生产劳动的投入者即投劳者外，还包括其资本决策的投资者和企业的管理者，这是因为：

1. 就直接生产劳动的投入者来说，要充分调动其主动性、积极性和创造性，需从法理上突破民法物权理论，在法律制度设计上确保其剩余激励权

在法学上，人的劳动力本身是"一种自然力"，不过，人的劳动力对劳动力所有者而言是存在于人体之内的物，亦是法律关系主

体能够加以支配的物。现实生活中，人的劳动力不但可以为其本人支配，也可以为他人支配，如劳动力买卖，买者得以支配卖者劳动力这是一个不争的事实。同时，人的劳动力是能满足人类社会生活需要的物，人的劳动力作为存在于人体之内的物是天然属于他本人所有的物，不但能够创造出它的价值，还能够创造出比它自身价值更大的价值，对于劳动力这种特殊的物，公司在组织生产时就不应当把其作为一般的物来对待，因此，应当保护直接投劳者的劳动能力权。

2. 就企业管理者来说，要突破剩余价值学说，注重管理者在企业创造剩余中的作用，在法律制度上确定其剩余提成权

马克思提出的雇佣工人以其剩余劳动创造剩余价值的思想，在确认投资者的资产不可能在生产中自行增值的同时，对企业管理者的指挥劳动却有所忽视，而这正是现代企业能否增值和增值多少的重要环节。在现代公司制度下，公司股东不断社会化和分散化，每个股东不能直接参加管理，股东只是选择管理者，这样就客观上形成了一个独立的管理者阶层。在公司中，这些股东虽然仍被认为指挥者，可实质上是消极的，他们只有接受的权利，他们存在的条件是他们不干涉经理部门的职权，管理者在公司中的作用日益明显，因此，法律制度设计上关注他们的剩余提成权，即能为公司实现剩余提供管理指挥保障，同时关注管理者的权利，也是法律制度对管理者劳动能力权深入关怀的体现。

3. 就投资者来说，现代社会投资者也不能仅以其资本来盈利，而是还要靠他们对自己资本如何投资（投资决策），如何实现其投资决策（包括如何选择管理者，如何构建企业运行机制），这些都是需要进行复杂劳动才能办到

市场竞争中，买方市场以及企业与企业之间的优胜劣汰环境已经形成，投资者究竟是否可获得盈利而胜利，还是会因亏损而失败，取决于其资本运用（投资决策及实现其决策劳动）的好坏。因此，那种把资本当做利益的来源，认为投资后只要强化对其所雇佣人员的专制，盈利就必能产生出来的理念，已经成为过时的东

西，况且现在发达的资本市场和劳动力市场，更不允许公司单靠在公司内部通过加强专制来赢得竞争优势。所以，"投资者得利润"的传统观念应当改变，应当建立劳动力的合理运用得利润的理念，投资者（资本经营决策劳动者）的劳动能力权也应得到保护。

二、劳动能力权的法理基础

（一）劳动能力权的权利基础：劳动力是一种特殊的物

人的劳动力，按照马克思在《资本论》中的见解，可以被理解为人的身体即活的人体中存在的，每当人生产某种使用价值时就运用了体力和智力的总和，人的劳动力可成为一种特殊的权利客体。[1]

民法学者在研究民法物权客体（物）的时候提出："所谓物，是指存在于人体以外，人力所得以支配并能满足人类社会生活需要的有体物和自然力。"[2] 由此可见，在理论中除了民法中的物权客体强调"存在人体以外的物"之外，构成物权客体的物的要件无非是三个：第一，它是客观存在的物；第二，它是法律关系主体能够加以支配的物；第三，它是能满足人类社会生活需要的物，即这种物对人类具有一定的有用性。

从已有民法物权理论来看，人的劳动力无疑可以构成物权客体，因为人的劳动力完全符合上述物权客体的三个构成要件：第一，人的劳动力本来就是"一种自然力"[3]，当然它也是一种特殊的自然力。因而人的劳动力应当包括在民法物权理论所称的物的"自然力"项下；不过，人的劳动力对劳动力所有者而言是存在于人体之内的物，而民法物权所指的物则是"存在于人体以外"的物。第二，人的劳动力是法律关系主体能够加以支配的物，在现实

---

① 陈乃新："经济法内物权及其应用"，载《湘潭大学学报》（社科版）2002 年第 1 期。

② 梁慧星：《中国物权法研究》（上），法律出版社 1998 年版，第 34 页。

③ 《马克思恩格斯全集》第 46 卷，人民出版社 1972 年版，第 104 页。

生活中，人的劳动力不但可以为其本人支配，也可以为他人所支配，如通过劳动力买卖，买者得以支配卖者的劳动力这已是一个不争的事实。第三，人的劳动力是能满足人类社会生活需要的物，因为它对人类认识、利用、改造、保护自然以便人们以自身的活动来引起、调整和控制人和自然之间的物质变换，创造出适合人类社会生活需要的产品和环境等，起着不可或缺的重要作用。因此，人的劳动力可以构成一种物权客体，构成了劳动能力权存在的权利基础。

人的劳动力可以成为物权客体。在劳动力买卖的场合，民法也已把它当做物权客体，即民法确认和保护劳动力的购买者对其所购劳动力的物权。由于劳动力的购买者购买劳动力是为了纳入生产过程，并使之与他所购买的生产资料相结合生产出产品，可是，劳动力的出卖者出卖其劳动力并进入物质生产过程时，他客观上依然是其劳动力的所有权人。这就使民法陷入困境，因为它不能再确认和保护劳动力出卖者对其劳动力的物权。为什么出现这种问题呢？这是因为劳动力的出卖者对其劳动力的权利是"存在于人体之内"的物权，而民法规定的则是"存在于人体以外"的权利，两者存在不同。此外，这更是因为民法的物权只适用于民法调整平等主体之间财产关系的场合，它也适用于买者与卖者在劳动力买卖的场合，但是，劳动力的买者与卖者一旦进入物质生产领域便不是平等主体之间的财产关系；而变成同一主体（如公司）内部共同利用生产资料，共同生产产品，并分享协同劳动成果的关系，所以，在这种场合中，民法之"外物"就不再适用。①

那么，就物权客体而言，人对其"存在于人体之内"的物（劳动力）与民法之"存在于人体以外的物"相比较，人的劳动力作为物权客体有以下几个特点：

1. 人的劳动力是存在于人体之内的物，但它也可以被当做存

---

① 陈乃新："经济法内物权及其应用"，载《湘潭大学学报》（社科版）2002 年第 1 期。

在于人体以外的物。一方面，人的劳动力作为"存在于人体之内的物"的物权客体只能在协同进行物质利益的生产时才表现出来；另一方面，在人作为平等主体与他人进行劳动力买卖时，被当做"外物"，即当做存在于他的人体之外的一种"自然力"（人的劳动力）来看待的。这种"存在于人体之内"的物在一定场合可以看做"存在于人体之外的物"，这是人的劳动力区别于其他物的首要特点。

2. 人的劳动力作为存在于人体之内的物是天然的属于他本人所有的物，即使在劳动力买卖完成之后，劳动力的所有权也不转移。在劳动力买卖中，劳动力的出卖者在让渡自己的劳动力时并不放弃自己对它的所有权，劳动力的所有权并不发生转移，这是因为劳动力天然地存在于劳动者人体之内。

3. 人的劳动力这种物作为商品，它的价值和使用价值具有某种特殊性。一方面，和其他任何商品的价值一样，它的价值在进入流通领域以前就已确定，因为在劳动力的生产上已经耗费了一定量的社会劳动；另一方面，它的使用价值却非常特殊，它只是在以后的表现中才实现，不仅如此，而且它在物质生产过程中，不但能够创造出价值（劳动力商品购买者支付的工资的价值量），还能够创造出比它自身价值更大的价值（能够创造出大于工资的剩余价值），即能发生价值的增值，这是人的劳动力作为物的根本性特征。[①]

（二）劳动能力权的人权基础：一种新的发展权

人权一词至今几乎能在所有现代国家的宪法或宪法性文件中找到，并且无一例外地被描绘成一个令人向往的美好事物，如人人生而平等，他们都从他们的造物主那里被赋予某种不可转让的权利，其中包括生命权、自由权和追求幸福的权利。

其一，人权与公民权相对，指的是那些直接关系到人得以维护

---

① 陈乃新："经济法内物权及其应用"，载《湘潭大学学报》（社科版）2002 年第 1 期。

生存、从事社会活动所不可缺少的最基本权利，如生命安全、人身自由、人格尊严、基本的社会保障等。"就人权的本义而言，是指任何人作为人所应当享有和必须享有的权利，是人人的权利。"① "这包括两层意思：第一层是权利，即是某某权利；第二层是观念或原则，即每个人都享有或都应该享有的权利。"② 但无论作何种理解，有两点是可以肯定的，"人权的第一种意义是由于人作为人享有与生俱来的不可剥夺的权利。它是……道德权利，……第二种意义是法律权利，它是根据社会——既包括国内社会，也包括国际社会——法律产生过程而制定的"。③ 简言之，人权既是道德权利，又是法律权利。

其二，人权内涵的发展也是一个历史的过程。目前人权已发展到第三代，即发展权。发展权的概念是塞内加尔法学家科巴·穆巴耶（Keba Mibaye）在 20 世纪 70 年代初首次提出的。1977 年联合国人权委员会正式宣布发展权的确立并把其定义为："经济、社会、文化、公民和政治发展权利的总和。" 1980 年联合国大会通过了《发展权宣言》，确认"发展权利是一项不可剥夺的人权，由于这种权利，每个人和所有各国人民均有权参与、促进、享受经济、社会、文化和政治发展，在这种发展中，所有人权和基本自由都获得充分实现"。

基于以上理解，劳动能力权不仅是一般人权的范畴，更是人的发展权的重要内容之一。首先，就它是一般人权而言，它不仅是一种道德权利，同时也是一种法律权利。所谓"道德权利"，美国学者 J. 范伯格（Feinberg）指出："'道德权利'一词可以用来表达所有这样的权利：它们是关于或独立于任何法规或规章而存在的权

① 郭道晖："人权理论的困惑与质疑"，载《岳麓法学评论》（第二卷），第 125 页。
② 夏勇：《人权概念起源》（修订版），中国政法大学出版社 2002 年版，导言部分。
③ 张文显：《法哲学范畴研究（修订版）》，中国政法大学出版社 2001 年版，第 400 页。

利。"而"'人权'一般地可认为：一切人基本上都平等拥有的根本的重要的道德权利，它们都是无条件的、无可争议的"。① 具体到劳动能力权来说，就是劳动者（包括投资者）首先要有做人的权利，这种"做人的权利"不仅强调一种抽象的人格平等，更要注意具体物质领域的相对公平（或平等）。它表明除了依靠劳动力谋取生存之物外，劳动者更应在劳动中体现自己主体性意志，并能利用自己的意志来控制自己的劳动力，去创造和分享产品，而非单纯地成为别人致富或获取利益的工具，成为别人实现自己意志、自由和目的的手段或工具，成为别人发展的代价物。对此，尽管在正式法律的文件中鲜有规定，但实际生活中，劳动能力权所概括的一些权利内涵已有一些为国内法规或国际文件所体现，较早的如英国的《工厂法》，尤其是《世界人权宣言》的有关规定，如第 1 条、第 22 条、第 23 条第（一）、（二）、（三）款、第 24 条；晚近，如 20 世纪 60 年代美国的雇员持股计划（就是将公司利润之一部分配股给雇员），德国等欧洲国家的雇员参与制度等都涉及劳动能力权问题。根据现有资料，意大利《民法典》（1942）第 2349 条还直接规定：可以设立特别的雇员股，雇员股从利润中无偿分配给雇员，这在一定程度上体现了劳动者对企业有剩余分享权与剩余控制权。

就劳动力作为发展权的内涵来说，至少是在以下四个方面有所显现，即：（1）劳动者个体的近期发展；（2）劳动者个体的远期发展；（3）劳动者个体的普遍发展；（4）劳动者个体的持续发展。而且，在市场经济全球化的今天，后两者的意义至关重大，因为它在一定程度上否认了投资者仅凭其投入的资本剥夺其他劳动者的发展权益的合理性；从另一侧面看，所表明的是：现代劳动者个体生存与发展绝大部分都依赖于企业这种组织体，依赖于这种集合体中不同劳动者如何共同运用自己的劳动力协作进行创造财富，并最后

---

① ［美］J. 范伯格，王守昌、戴栩译：《自由、权利和社会正义》，贵州人民出版社 1998 年版，第 122 页。

通过各自劳动力运用贡献的大小所分享到的财富量的多少，实现自己的发展权益，这就是劳动能力权发展权的深刻内涵。

（三）劳动能力权的价值目标：分配公平

经济法实质上就是分配法，这是摩莱里（Norelly）在 1775 年出版的《自然法典》中提出来的。该书第二部分"分配法或经济法"中共有 12 条法律草案，它对作者设想的未来公有制社会的"自然产品或人工产品的分配"作出了规定。①

后来，德萨米（Dezamy）在 1842—1843 年分册出版的《公有法典》的第三章《分配法与经济法》中指出，"人在权利上是平等的，因而在事实上也应该平等"。这种真正的平等只有伴随公有制而实现。他赞成摩莱里的观点：人是"本着自己的能力、知识、需要和特长参加共同劳动，并同时按照自己的全部需要来享用共同的产品，享受共同的快乐"。②

我国著名的经济法学家杨紫烜也谈到，摩莱里和德萨米的经济法思想虽然具有空想的属性，但是不能低估其理论意义。他还指出："当代经济法学者认为，经济法是调整特定经济关系即物质利益关系的，其目的在于为各个经济法主体之间的物质利益的合理分配提供法律保障。从这个意义上来说，经济法实质上就是分配法。"③ 它保障的是劳动者对其所创造的剩余上的分配公平。

所谓的分配公平，即亚里士多德所说的分配正义，指的是在财富创造领域每个人应按自己投入的劳动力贡献大小获得相应的利益。经济法作为分配法，就是通过界定劳动者的权利与义务，并通过经济法责任作为保障机制来实现的。其中，就劳动者的权利来说，其核心的权利便是劳动能力权，因为它可以确保参与企业的劳动者获得对企业剩余的分享权，这种权利的实现是其他权利实现的前提。

---

① 杨紫烜主编：《经济法》，北京大学出版社 1999 年版，第 24 页。
② 杨紫烜主编：《经济法》，北京大学出版社 1999 年版，第 23 页。
③ 同上，第 24 页。

在资本主义社会初期,普鲁东的名言"财产就是盗窃",萌发了经济法中的分配公平之思想。但是,这种观点并不意味着所有对财富的占有都是违法的,而只是说,允许工厂主雇佣工人,并从他们劳动中榨取利润的那种规章制度盗取了正是属于工人自己的东西。这种利润,即由劳动收益的一部分所构成,本应该由劳动者本人所享有,但是"被盗窃了"。普鲁东认为,资本主义的非正义性在于这样的事实,即那些创造财富的人(通过他们的劳动)得到的仅仅是他们创造财富的一小部分(即工资),而那些"剥削"他们劳动的人像贪婪的寄生虫一样,搜刮到了多种不相称的财富份额。因此,分配公平的"按劳动力运用贡献获取回报"的原则在资本主义制度内是行不通的,它要求有一个由自治的合作生产者组合的"互助同盟",在其中,那些用他们的劳动创造财富的人可以根据他们的实际贡献按比例地分享财富。

其实,西方国家,已有若干的法律支持劳动者参与企业事务并保障其劳动能力权益。比如,1974 年欧洲理事会通过一项决议,要求共同体的企业采取让工人或其代表参与企业事务并保障其权益的措施。通过法律的形式明确要求企业承担吸收工人参与公司管理的责任,这本质上就是对劳动力群体权益的保护,旨在使他们的利益能够得到公平分配,这完全符合经济法的宗旨。主张对劳动能力权的保护,也正是基于经济法是对人权保障的进一步深化以及确保分配公平这一基本的法治理念。

三、劳动能力权的比较分析

(一) 劳动能力权与劳权

劳权,即劳动者权益,又称劳工权益或劳工权利,是在国际劳工公约和市场经济国家劳动立法中的一个基本概念,指法律规定或认可的处于社会劳动关系中的劳动者在履行劳动义务的同时所享有的与劳动有关的权益。① 它包含以下几层含义：第一，劳权的具体内容必须是法律规定或认可的；第二，劳权的主体是劳动关系中的劳动者；第三，劳权所涉及的是以劳动权利为基础的更为宽泛的社会权利。② 具体说来，从权利主体上看，劳权的主体是特指现代产业关系中的劳动者，即以雇佣工人为主体的劳动法律关系中的劳动者；从权利的内容上看，劳权是指劳动者作为劳动法律关系一方主体的全部权利，即劳权是以劳动权利为基础的内容，同时包含更为宽泛的经济政治等社会权利，同时，劳权是人权的重要内容，劳动者是一个特定的社会群体，劳权也是劳动者人权和劳动人权。这其中的意义有两个方面：第一，劳权是人权的基础构成部分，不论从劳权主体而言还是从劳权内容而言，没有劳权就无所谓人权；第二，劳权的价值意义不仅在于物质利益的追求与实现，劳权作为一个基本人权，更重要的还在于人的价值和尊严的实现。

劳权又是一个历史和社会的概念。劳权立法最初是个别劳权立法，即以劳动者个人的劳动权利为主要内容的立法，其主要内容是工时、工资和劳动条件等劳动标准的规定。劳权立法的进一步发展是集体劳权立法，这种集体劳权的内容主要是工人的团结权，即工人组织工会的权利、集体谈判的权利和罢工的权利，这些权利在国际劳动法界称之为"劳动三权"，在有的国家又称之为"劳动基本权"。我国的劳动立法也是以劳权保护为基本出发点的。《中华人民共和国劳动法》开宗明义规定，"为了保护劳动者的合法权益，调整劳动关系，建立和维护适应社会主义市场经济的劳动制度，促进经济发展和社会进步，根据宪法，制定本法"。③ 劳动者权益保障是劳动立法的第一目的，我国宪法关于劳动者权益的规定主要有以下内容：劳动的权利，包括就业、劳动保护、劳动报酬和福利待

---

① 常凯："劳权本位：劳动法律体系构建的基点和核心"，载《人大复印资料》（经济法学·劳动法学）2002 年第 4 期。

② 常凯：《劳动关系·劳动者·劳权——当代中国的劳动问题》，中国劳动出版社1995 年版，第 21 页、第 29 页。

③ 《中华人民共和国劳动法》，第一章第 1 条。

遇；休息的权利；结社的权利；民主管理的权利。① 我国的《劳动法》依据《宪法》的规定对劳权的内容作了更加具体和详尽的规定。在个别劳权方面有：劳动就业权、劳动报酬权、休息休假权、劳动保护权、职业培训权、社会保障和福利权、提起劳动争议处理权。在集体劳权方面有：参加和组织工会权、参与民主管理权、平等协商和签订集体合同权。②

我国劳动法律关系中的劳动者一般都界定为：在现代产业社会中受雇于他人，以劳动工资收入作为基本生活来源的从事直接生产活动的体力或脑力工作者，通俗意义上讲，即是人们平常所说的蓝领工人和白领工人，一般不包括农民、个体劳动者、政府官员以及各类企业中向产权负责的经营者和管理者。另外，劳权的主体问题，除了个别的、具体的、作为自然人的劳动者之外，还有一个集体劳权的代表——工会。劳动基本权的团结权、协商谈判权、罢工权和参与权等都是由劳动者集体享有和行使，这些权利是在集体劳动关系中体现的，所以又称之为集体劳权。集体劳权也是劳动关系方面的权利，它们存在的主要意义在于调整和平衡劳动关系。劳动法律关系中的劳方具有个别劳权主体和集体劳权主体，是劳动法律的一个独特的现象。③

这种对劳权主体，即劳动者内涵的概括，是属于狭义上的理解。其实，撇开劳动法视野的限定，正如前文所述，投资者也可归为劳动者的范畴，也应享有相应的权利（当然也包括劳动法上的权利），而且，工会作为劳动者（指狭义上的）与投资者的协调机构，其本身由于属于抽象的组织体，并不参与财富的创造，自然应不属于劳动者的范畴，不享有劳动方面的权利。就劳动能力权与劳权的关系来说：首先，两者所属的法域不同。劳动能力权是经济法

---

① 《中华人民共和国宪法》，第一章第 16 条、第二章第 42 条、第 40 条、第 35 条。

② 《中华人民共和国劳动法》，第二章第 3 条、第 7 条、第 8 条、第 33 条。

③ 关于工会和劳动者两个主体的相互关系，中国法学界历来有不同的意见，主要有"代理说"、"团体说"、"合并说"三种理论，载史尚宽：《劳动力原论》，正大印书馆 1987 年版，第 104～105 页。笔者更赞成合并说。

上一种新生的权利，劳权则是劳动法上的权利；其次，权利主体在范围上有差别。劳动能力权的享有主体包括企业内部的投资者、管理者和投劳者，劳权的享有主体则是狭窄的，一般仅指劳动法上所调整的劳动关系一方的劳动者；再次，两种法权的性质不同。劳动能力权是劳动者作为其劳动力所有者而拥有的一种特殊权利，本质上是一种经济发展权，劳权所涉及的是以劳动权利为基础的更为宽泛的社会权利，是以劳动权为基础，劳动得工资保障人身存在的权利；最后，两种权利的核心内容不同。劳动能力权的核心是对企业财产的剩余分享权与剩余控制权；劳权的核心则是工人的团结权、集体谈判权和罢工权。

（二）劳动能力权和劳动权

劳动能力权不同于劳动权。劳动能力权是随着市场经济与社会化大生产出现的一种新兴的权利，是劳动者由于使用其拥有的劳动力而产生收益的权利，包括劳动者维持其再生产的权利，劳动力自主支配的权利，以及对企业利润的分享权。而且，劳动能力权着重强调的是对企业利润的分享权，劳动者是否能够受益取决于企业盈利与否，如果企业盈利，劳动者分享企业部分利润，如果企业亏损，劳动者就不能获得企业的部分利润。而劳动权是指有劳动能力的公民能够获得劳动就业机会并按照劳动的数量和质量取得报酬的权利。劳动权是人们生存的基本权利，是无产阶级反对资产阶级并与其斗争而获得的一种权利。劳动权包括四项内容：（1）就业权。它指的是人人应有就业的机会并凭借自己接受的工作来谋生。为此，我国宪法规定"国家通过各种途径，创造劳动就业条件"。（2）公平获酬权。即每一个工作的人有权享受公正和合理的报酬，保证使他本人有一个符合人的尊严的生活条件，工作创造价值相等者享受同等报酬，不能有任何差别和歧视待遇，男女同工同酬。（3）自由择业权。指禁止对劳动者实施强制劳动，保障劳动者获得自由选择职业机会，国家帮助劳动者提高自身就业条件，给予职业指导。（4）安全卫生享有权。指人人享有安全和卫生工作的权利。劳动权强调的是劳动者能够获得就业机会，劳动权也有公平获酬的内涵，但获得报酬仅强调的是同工同酬，而此处的报酬指的是劳动者的工资，劳动者获得的工资与企业是否盈利无关；而劳动能力权强调的是剩余分享权与剩余控制权，与企业盈利亏损相关联。另外，劳动权是一种权利与义务的结合体，劳动者有劳动的权利也有劳动的义务。而且劳动权侧重于强调有劳动能力的人必须参加社会劳动，自食其力。劳动能力权其实质是对剩余的分享权。除此之外，两者产生的时代背景不同。劳动能力权产生于社会化大生产，在市场经济完全成熟的阶段才会确认劳动能力权。人的劳动力在以往任何社会都存在，但是由于在个体生产时代没有必要确认劳动能力权，但是，随着个体生产变为社会化大生产，雇佣劳动日益普遍化，人的劳动力变为商品，劳动力受人支配，"而且成为他人可以榨取剩余价值、创造财富的工具，这在经济上是不合理的，是阻碍社会的发展，也是对人权的一种侵害，所以这才开始提出对人就其劳动力的权利需要专门的法律加以确认与保护"。[1]

劳动能力权是经济法上新设的权利，并且历史上对这项权利的确认是由国家与企业为了充分调动职工的积极性以及创造性主动予以确认和保护的。而公民的劳动权是无产阶级反对资产阶级的产物，早在19世纪初，法国工人就发出了争取劳动能力权的号召。1831年里昂工人起义时，曾以"生活、工作或死亡"作为口号，到1848年法国临时政府在2月26日发布的法令中才被迫予以承认劳动权。当时的工人阶级争取劳动权是为了获取劳动就业的机会，改善劳动条件和工作环境以及提高工资、改善待遇。对劳动权的确认与保护是由工人阶级通过武装斗争而争取来的，国家为了改善劳资矛盾而被迫予以承认。就其两者的性质来讲，劳动权是人的基本权利，是一种生存权。当时工人阶级开展武装斗争是因为他们的工作条件与工资待遇太差，无法维持其自身的基本生存。确认和保护劳动权就是保障劳动者获得工作机会，改善劳动者的工作条件以及

---

[1] 陈乃新："经济法内物权及其应用"，载《湘潭大学学报》（社科版）2002年第1期。

工作待遇。而劳动能力权是一种发展权，劳动者不仅可以通过他们的劳动获得收入，而且可以凭借其劳动来分享企业利润，使劳动者的聪明才智充分发挥出来，促进人的全面发展，所以说劳动能力权是一种发展权。

综上所述，劳动能力权不同于劳动权，劳动能力权是市场经济发展中的一种新生的权利。但是我国目前没有对这种权利予以明确的确认与保护，存在着法律空白。确认这种权利对我国经济的发展尤其是推动国有企业的改革具有十分重要的作用。在实践中，有些企业规定了职工可以以人力资本出资，承认劳动者不仅可以获得工资收入，而且可以在一定程度上享受产权收益，参与企业利润分配。我国国有企业改革可以借鉴这些先进经验，而且立法机关应当顺应社会化大生产与市场经济的本质要求，确认劳动能力权这种新生的权利。

（三） 劳动能力权和资本权

资本是一个内涵很丰富的经济范畴，可以从不同角度考察和定义，马克思曾经说过："资本不是物，而是一定的、社会的，属于一定历史社会形态的生产关系，它体现在一个物上，并赋予这个物以特有的社会性质。"① 资本是商品经济的集中代表。资本既有自然属性，也有社会属性，是两者的辩证统一。

资本是经济发展到一定历史阶段的产物，是商品经济的一个核心范畴。资本主义商品经济有资本，社会主义商品经济也有资本。资本将随着商品经济的发展而变化，也将随着商品经济的消亡而消亡。但是，消亡的仅是其社会属性，而不是其自然属性。从自然属性看，资本是商品生产的产物，是财富，是人类劳动的积累。在这一点上，我们可以说，"资本"是人类剩余劳动、剩余产品的一种特殊形式。它本身不仅无错、无过，而且是发展生产力和市场经济所必需的，是人类社会的生存和发展所必需的，是人类劳动的直接

---

① 《马克思恩格斯全集》（第 25 卷），人民出版社 1972 年版，第 920 页。

目的。从社会属性看，可以分为两个层次：一是从商品经济和价值运动一般的层次去分析，资本不是一般的货币和资金，而是在运动中带来商品价值的价值，是不断增值的资金。资本是特殊形式的商品，是生产要素。资本是流动的资金，是资本主义的产物，但它首先是商品经济的创造物。二是作为"带来剩余价值的价值"，[①] 资本反映的是资本主义生产关系，具有鲜明的社会制度属性。在资本主义社会中，资本是剩余价值形成的，为资本家所有，是资产阶级统治劳动的力量和工具。无偿占有由雇佣工人的剩余劳动创造的剩余价值，是资本主义生产的直接目的。

在现代社会中，商品内在矛盾性和社会化大生产导致了资产和资本的分离，人们对价值增值的普遍化追求使商品使用价值和价值在社会化运动中形成财产性制度分工；实物形态的资产投入企业形成企业法人财产权，资产价值表现的资本则形成了投资者的股权等资本权。资本权，即资本的权利化形态，是指投资者因将其所有或特有的资产价值化后直接投入企业或通过资本市场间接转化后投入企业所形成的以获取增量利益为目的的并与其他投资者对企业资产协同决策的一种经济发展权，本质上是投资者之间协同决策所产生的，在决策劳动上的一种权利。由于决策劳动是劳动的一种表现形式，因而，资本权仍然是属于劳动能力权的范畴。资本权具有以下三种特征：（1）资产价值化后的投入是资本权形成的条件；（2）获得增量利益的目的性是资本权的核心；（3）对企业资产的协同决策是保障资本权的基础。

资本权的主要内容有三项：（1）协同决策权。这是由资本的安全性所决定的，是指投资者所享有的与其他投资者协同起来，通过对企业重大问题的决策与选择管理者等方式代表企业对企业资产进行分配的权利。（2）剩余索取权。这是由资本的增值性所决定的，指的是投资者在正确行使权利义务之后，对企业生产出来的增量利益所享有的一种分配权。（3）资本流通权。这是由资本的流

---

① 马克思：《资本论》（第 1 卷），人民出版社 1975 年版，第 172 页。

通性所决定的，指的是投资者所享有的在法律和企业章程规定的范围内将其资本出租、抵押或转让的权利。这是一种保护性权利，是投资者基于投资不利或其他经济性目的考虑时发生的。

劳动力成为商品是资本存在的决定性条件。资本主要体现为这样一种运动，即一定的预付价值通过购买生产资料和劳动力，并且将二者结合生产出包含剩余价值的商品，资本属于再生产领域范畴。资产（包含货币）所有者要想使其手中的资产转换为价值形态的资本，实现资本增值，可以通过两种途径：一是直接资产价值化后投资于产业部门，通过生产要素的组合生产出包含剩余价值的商品；二是通过债的方式，转移资产的使用权，通过收取利息（租金）等方式来实现剩余价值的获取。这样就产生了两个问题：一是剩余价值的创造问题；二是资本与资产的分离问题。我们应当肯定，资本的增值必须依靠产业部门的生产（创造）才能实现。作为生产要素的资产在企业中稳定的处于商品和劳务的生产过程中，而作为资产价值的资本，却可以通过流通来实现增值。前者是资产价值形态的资本在企业中基于投资者的生产形成的资本权，只不过在企业中其权利形态已经发生转变，后者是资产在企业中形成的法人财产权，这实际上变成了企业法人财产权。

在劳动能力权与资本权两者的关系问题上，因为资本本身不创造价值，只是一种能够带来剩余价值的价值，价值的创造来源仍是劳动力，因而附属于资本所产生的权利本质上仍是劳动权力中的一种，是劳动能力权的表现形式。它反映的是投资者可以凭借其投资决策劳动来协同支配生产资料，选择企业管理者等企业决策事务，最终并基于此决策劳动获取企业生产出来的增量利益的一种权益。

第三节　劳动能力权制度之构设

一、构设之前提:"二次契约"理论的认知

(一) 企业性质及其内部权利体系

企业是一种以劳动过程的分工与协作为基础的团队生产方式,这种生产方式对一家一户传统手工劳动的替代,标志着人类生产方式的一个巨大进步。关于企业的性质,大致可以分为以下几个学派:

1. 新古典企业理论。在新古典经济学中,企业被看成生产函数,一种将投入转化为产出的技术单位,它既不分析组织形式对生产技术的作用与影响,也不分析企业内部的关系。因此,该理论中,生产者存在的原因即为企业存在的理由,这种解释无法令人满意。

2. 新制度经济学企业理论。新制度经济学以交易作为基本分析单位,从交易和交换关系展开对企业性质和功能的分析,强调企业是市场的替代物,是一种复杂的契约结构,是一种契约关系,并用交易费用的节省来解释企业的起源。[①] 同时从竞争、效率、权力三方面来解释雇佣关系,证明它是一种有利于雇佣双方利益,从而有利于社会利益的制度安排。新制度学派意识到了新古典企业理论的缺陷——理论分析的假设与现实不符,并重新对企业的性质进行研究,提出企业的定义应该是既符合现实又具有可操作性。但是,该理论虽对某些问题进行了有益的分析,其局限性也是十分明

[①] 新制度学派重新定义企业,并用交易费用来解释企业存在的理由,其目的并不仅仅在于解释企业起源问题。他们从交易费用节省的角度解释企业内部组织结构的演变,并试图以此为基础重新评价垄断政策,即如果垄断能节省交易费用,它就仍不失为是一种有效的资源配置的制度安排,也就是说,垄断并不一定意味着效率损失。他们认为,从交易费用节省的角度有助于更好地理解与企业有关的法律。

显的。

3. 激进派企业理论。激进经济学派为了批判资本主义经济制度的剥削，并为工会组织等劳动者团体存在的合理性提供新的解释，把企业理论分为两个阶段，阐明他们对企业的性质、功能和起源，尤其是工厂制兴起的认识。第一阶段是 20 世纪 70 年代，他们认为大型机器设备，如蒸汽机等，决定了资本主义企业的产生及演变，认为企业以及与机器大生产相适应的劳动分工，甚至于机器的发明和应用，劳动者操作的专业化，都是资本家为镇压工匠的反抗，维护资本对劳动的统治权威而采用的工具。从 20 世纪 80 年代末开始，他们一方面对交易费用学派企业理论，尤其是威廉姆森的企业理论进行较为细致的分析和批评，质疑资产专用性、交易费用、有限理性及机会主义视为假设等概念的严密性和合理性；另一方面，他们却抛弃了马克思主义的阶级分析方法，试图对交易费用的分析框架进行改良，试图从抽象个人出发构建其理论分析框架。他们承认企业的生产功能及其核心地位，却最终将企业归纳为一种纯粹主观性的组织，而忽视企业形成的客观基础。

马克思将企业理解为一种生产方式，技术关系是它的基础，但技术关系并不直接决定生产关系，而是通过中介环节社会分工协作体系，形成企业内部工人与工人、工人与资本家、工人与企业家、企业家与资本家之间的关系，并由此派生出其他各种经济和社会关系。① 企业的性质或定义应该包括技术关系和经济关系两个层面的内容：一方面，从技术关系或从一般劳动过程来看，企业是社会化大生产条件下以生产过程内部各工序和操作的专业化为基础的劳动的技术组织，手工工场实行了劳动的分工与协作，是企业的萌芽形态，直到机器大工业以及工厂制度产生时，企业才取得其典型形态；另一方面，企业作为生产组织，它所进行的商品生产不能仅仅停留在理论的抽象中，它必须在一定的生产条件下将生产资料和劳

---

① 林岗、张宇：《马克思主义与制度分析》，经济科学出版社 2001 年版，第 405 页。

动力结合起来，因而可以反映人们在生产过程中的经济关系，是劳动的社会化组织形式，从这个意义上我们可以说，企业是由生产的技术安排决定的制度安排。

就企业性质而言，首先，它应是一种团队生产组织，要协调好其内部的分工协作关系；其次，它也是一个交换的主体，是一个社会组织，因而要处理好它的各种外部关系，这就需要从法治高度调整好这些关系。因而，在法治模式上认识企业的内部法权体系就显得尤为重要。企业的法权体系应由外部法权体系与内部法权体系组成。企业的外部法权已构成一个体系，原因是：一是企业进行交易行为，从事民事活动，它可以享有作为民事主体的相应的权利和义务，这由民法加以调整；二是企业作为行政相对人，可享有作为行政相对人的权利，同样也必须承担作为行政相对人的义务，这由行政法加以调整；三是企业又是市场竞争主体，在市场上进行竞争，既享有相应的权利亦要承担相应的义务，这由竞争法加以调整。[①]但是，在企业内部，对于组成企业的各种当事人，他们如何合作生产创造剩余和分享他们所生产的剩余，即对于企业内部中人与人之间的权利义务关系，现在的企业法却有所忽视。我们要加强调整企业内部关系的立法，这不是干扰企业的经营自主权，而是保护劳动者创造财富的权益，也是对人权保护的进一步深化。其具体意义在于：

1. 由于"企业只是投资者的企业"、"投资者得利润"等陈旧观念的影响，在一定程度上造成了资本在企业内部的专制，使企业内部充满对抗与无序。为此，需要用法治的手段对劳动者的权益进行保障，把企业内部的物质利益的生产和分配关系调整好，用合作有序替代专制对抗和无序。

2. 国有企业改革以来，我国把建立现代企业制度作为经济体制改革的方向和目标，虽尝试过多种途径，但收效甚微。关键问题

---

① 贺代贵："论'二次契约'与企业内部法权利体系的构建"，载《湘潭大学学报》（社科版）2002年第4期。

在于没有从法治高度调整企业内部物质利益关系，没有构建企业内部法权体系。假如国家以立法形式使企业参加者平等的拥有生产创造剩余的权利，并公平分享剩余的权利，那么就可以调动企业参加者的积极性、主动性和创造性，使他们从关心自身发展权益出发关心企业剩余的生产和创造，增强企业活力。

3. 在经济全球化、全球市场化的背景下，国与国的竞争日益激烈，国家作为一个特殊的竞争主体，要增强其整个国民经济的竞争力，有赖于该国企业普遍地、持久地充满活力，所以，国家必须通过对企业内部关系的调整和企业竞争力的培育，使其充满生机和活力，以提升自身在国际竞争中的地位。

（二）"二次契约"理论的认知

马克思主义和新制度经济学派都对企业的契约关系给予了极大的关注，他们认为，在市场经济的条件下，企业应该具有"契约"的本质。否则企业的生产劳动者及经营管理者将失去明确的权利义务的界定，不可能进行有效的生产经营活动。从企业的契约关系方面看，主要表现在两个方面：一个是资本所有者与生产劳动者之间的雇佣劳动的契约关系；一个是资本所有者与企业经营管理者之间的委托代理的契约关系。前者侧重研究企业内部的权利关系，后者侧重研究企业内部的组织结构与协调机制。马克思主义经济学认为，企业内部的经济关系最能够反映企业的基本性质，所以把分析的重点放在对企业的契约关系和企业内部当事人之间的经济关系的研究上。[1]

一般而言，企业是各要素所有者在市场上自愿达成的一个长期契约，换句话说，企业是依靠契约组织起来的。[2] 可以把这种生成

---

[1]　林岗、张宇：《马克思主义与制度分析》，经济科学出版社 2001 年版，第 369 页。

[2]　邢乐成、王军："企业的性质及内部权利根本"，载《新华文摘》2001 年第 12 期。

企业的契约称之为交易关系契约。[1]

把生成企业的契约称为交易关系契约的原因是：

1. 从投资者与企业的关系进行考察。在英美法系，著名的"萨洛蒙诉萨洛蒙有限企业"判例确立了企业成立的两个基本原则：一是法人组织与法人成员是相互独立的两个主体，其独立的基础在于二者的财产在法律上是可分的，两个主体对财产独立享有的权利义务是清楚的、明晰的；二是法人成员对法人债务不承担偿还的责任，法人组织以自己所有财产独立承担责任。投资者向企业投资，资本所有权从投资者手中转移到企业，企业付给其股票（出资证明），股票可通过交易行为进行转让（除上市企业外，股票或出资证明转让要通过特定程序），在实质上，投资者的资本所有权就相应地转化成了股权。总之，就投资者与企业的交易关系来看，其特殊性在于：（1）投资者身份发生变化，从资本所有者变成企业的参加者；（2）股权不再是传统意义上的财产权，它具有新的权利属性。

2. 从管理者、投劳者与企业的关系进行考察。他们之间也是一种交易关系契约，这表现在：（1）管理者、投劳者和企业作为相互独立的主体，地位是平等的；（2）企业在市场购买劳动力的使用权，向劳动者支付工资，劳动者出卖自己的劳动力，有权要求支付报酬。这种契约的特殊性在于：（1）人的劳动力是存在于人体之内的物，在劳动力买卖完成后，劳动力的所有权不发生转移，只是劳动力使用权的交易，事实上只是劳动的行为；（2）劳动力使用价值有其特殊性，在物质生产过程中，不但能创造出价值，还能创造出剩余价值。由于劳动力商品的特殊性，决定了劳动力买卖结束后，管理者、投劳者也成为企业的参与者。

投资者、管理者和投劳者与企业建立交易关系契约，分别由商法与劳动法进行调整。就商法调整投资者与企业投资关系而言，商

---

[1] 贺代贵："论'二次契约'与企业内部法权利体系的构建"，载《湘潭大学学报》（社科版）2002 年第 4 期。

法是民法的特别法；就劳动者与企业之间劳动力的买卖而达成的劳动合同而言，劳动法是民法的特别法。这样，投资者、管理者和投劳者与企业的交易关系契约，都是交易领域存量利益的流转，由民事法律规范加以调整，本身并不能创造剩余。"企业是一个交易单位，更是一个生产单位。"① 通过交易关系契约生成企业，为企业生产创造剩余创建好载体。

企业中投资者、投劳者和管理者之间协同利用生产资料、协同支配生产过程、协同生产产品（包括更多利润、剩余价值或增量利益）和分享盈利（剩余价值或增量利益）、分担风险的关系契约我们称之为"二次契约"（或称协作关系契约）。公司不仅是一个由物质资本所有者组成的联合体，更重要的是在本质上它为劳动要素的提供者、物质投入和资本投入的提供者等利害关系人之间的契约关系充当连接点，② 正是通过订立"二次契约"，完成企业内部投资者、投劳者和管理者的结合与协作。

1. "二次契约"的主体

在企业中存在着复杂的物质利益关系，并形成一个系统的关系体系。具体包括：第一，投资者、投劳者与管理者之间的关系。第二，投资者内部的关系，如提供经营决策劳动的股东与不提供经营决策劳动的股东的关系、大股东与小股东的关系；投劳者内部的关系，如科技劳动者、直接生产劳动者和辅工等的关系；管理者内部的关系，如提供管理决策的管理者、直接管理的管理者和从事辅助性管理的管理者的关系。若要把企业内部复杂的物质利益关系调整好，订立协作关系契约，先要在企业内部构建维护他们各自利益的订立契约的权利主体。卢梭主张，只有主权者依据公意才能立法，而公意区别于众意，就在于前者着眼于公共利益，而后者着眼于私

---

① 周友苏：《公司法律制度研究》，四川人民出版社 1991 年版，第 128 页。

② M. C. Jensen and W. H. Meckling, Theory of the Firm; Managerial Agency costs and Owership Structure.

人的利益。① 在构建协作关系契约时，企业内部法权体系应体现企业参与者的"公意"，即：一是应有利于企业剩余生产创造，二是应有利于保障投资者、管理者、投劳者各有所得，使他们都有权分享剩余。故而，应在企业参加者协同生产创造剩余的基础上，构建维护他们利益的权利主体。

用权利主体的相互关系来构筑企业内部的组织机构，这是现代企业制度所体现的原则。应当在企业内部构建物质资本股东大会、人力资本股东大会和企业管理委员会三个权利主体，以维护投资者、投劳者和管理者的利益。三者之间的相互关系特征是：(1) 尊重各主体的独立意志和利益，互不隶属，法律地位平等；(2) 主体权利义务高度统一；(3) 主体各自的权利与义务基于法律和合意契约而产生，规范明确；(4) 权利主体所构建的企业的内部组织形式及其价值目标是明确分权，同时又必须协同合作。同时，在投资者内部构建经营决策股东会和一般股东会；在投劳者内部构建科技股东会、生产股东会和辅工股东会；在管理者内部构建管理决策股东会、直接管理股东会和辅助管理股东会。他们分别代表各自团体的利益，分别在物质资本股东大会、人力资本股东大会和企业管理委员会组织协调下开展工作。

2. "二次契约"的特征与内容

从社会生产的组织形式看，企业内部有特定的协作与分工形式，工场手工业内部分工使劳动力和生产资料结合起来，生产出商品。同时，企业外部是由契约关系联接的，企业内部的协作分工关系也是通过契约形式完成的。按马克思的观点，其契约主要表现为：

(1) 资本所有者（投劳者）与雇佣劳动者（投劳者）之间的雇佣劳动契约关系。马克思对资本主义企业性质的分析，始终没有离开资本与雇佣劳动的契约关系，并且把资本所有者与雇佣劳动者之间的契约关系作为分析的重点。马克思把资本主义企业看成一种

---

① ［法］卢梭，何兆武译：《社会契约论》，商务出版社1982年版，第49页。

契约的组织形式，并认为企业是一个由契约合成的经济利益矛盾的统一体，并把重点放在对资本所有者与生产劳动者之间的雇佣劳动的契约关系的研究上。这是完全合理的、正确的，因为资本所有者与雇佣劳动者之间的雇佣劳动的契约关系是资本主义企业内部最基本的关系，其他关系从属于这一基本关系。

雇佣劳动是受雇于资本家的工人的劳动。对工人本身来说，劳动力是归他所有的一种商品形式，他的劳动因而具有雇佣劳动的形式。[①]"劳动本身表现为商品，因为工人出卖劳动，即他的劳动力的职能，并且如我们所假定的，是按照由它的再生产费用决定它的价值出卖的。劳动越变为雇佣劳动，生产者就越变为产业资本家。"[②] 众所周知，资本主义企业的建立是以劳动者的劳动条件的所有权之间的分离为前提的：资本家占有生产的客观条件即生产资料，而劳动者除了占有生产的主观条件即劳动力以外，一无所有。在这里，劳动力成为商品且具有特殊的性质：一方面，按照商品交换的一般原理，商品买卖实现后，商品的支配权即属于买主，资本所有者经过劳动力市场购买到劳动力，即同劳动者签订契约后，劳动力的购买者即资本家就获得了对劳动者的劳动时间的支配权；另一方面，劳动力商品的价值与使用劳动力商品所创造的价值是两个不同的量，后者通常大于前者。由于劳动力商品的使用价值具有特殊性，是价值和大于自身价值的源泉，所以资本所有者支配劳动者超出必要劳动时间以上的剩余劳动时间就为资本家创造了剩余价值。资本所有者作为企业"剩余支配权"和"剩余索取权"的拥有者，能够在不违背价值规律所要求的等价交换原则下购买劳动力商品并通过对特殊商品劳动力的使用获得剩余价值，而劳动力商品的所有者没有自己剩余劳动或剩余产品的索取权。

这一契约关系有如下特征：首先，契约具有形式上的自由性与平等性。从形式上看，企业所有者与劳动力所有者之间进行的劳动

---

① 《马克思恩格斯全集》（第 23 卷），人民出版社 1972 年版，第 193 页。
② 同上，第 193 页。

力特殊商品的交换同一般的商品交换完全一样，符合价值规律的等价交换原则，体现着"自由"、"平等"、"所有权"的关系。自由，是因为商品劳动力的买者和卖者只取决于自己的自由意志，他们是自由的，在法律上是平等的人，契约是他们意思得到共同连接的法律形式的结果；平等，是因为他们彼此只是作为商品的所有者发生关系，用等价物交换等价物；所有权，是因为他们都只支配自己的东西。其次，这种契约在实质上是不自由、不平等的。主要表现在：①在流通领域，一方面，劳动者没有生产资料，也没有生活资料，只有靠出卖劳动力为生，如果劳动力所有者不达成出卖劳动力的契约，就要危及生存，因此他们达成契约的愿望极其强烈；另一方面，全部生产资料归投资者所有，投资者作为资本所有者，相当从容，甚至以救世主的身份出现。由此可见，在企业契约订立之前，参加博弈的双方的谈判地位是极不平等的。②在进入生产领域时，这种自由人之间的平等的契约关系就表现为不平等的统治与服从的关系，是投资者无偿占有劳动者创造的剩余价值的剥削与被剥削的关系。

（2）资本所有者（投资者）与企业经营管理者（管理者）之间的代理契约关系。股份制企业是实现资本所有权与企业经营管理权分离的典型形式。以股份制为主体的现代公司在17世纪产生于欧洲，19世纪中叶迅速发展并逐渐成为西方经济中占统治地位的企业。到了20世纪中叶，公众股比例不断扩大，出现了股份多元化、分散化的趋势，从而使少数人的垄断和控股成为可能。为了避免少数人的垄断和控制，一些国家对个人或集团购买公司的股票都进行了不同程度的限制，从而使投资主体多元化、分散化得以巩固和发展，成为一种普遍现象和发展趋势。因为，投资主体多元化能够比较彻底地实现资本所有权与企业经营管理权的分离。

就公司经理的法律地位来说，我国台湾地区学者认为，经理不具有公司机关的地位。"故于有处理公司管理事务之必要时，若为内部事务管理……应属董事会或其他有业务执行权之人的提示，而为事务之管理。若为外部事务之管理，亦即有与第三人发生接触之必要时，其在法律地位上既非是公司之代表机关，则理论上即不当然具有公司代表权，故执行职务时……应经公司代表机关即董事长之授权后，始可以已取得处理该项事务之代表权，此时就其所处理事务之法律关系而言，惟因不具有机关地位……与董事长或董事所为者，不能相提并论"。故法律上经理之地位似应解释为："基于委任关系，于受公司业务执行机关或代表机关之指示或授权，而代为处理事务之人。"① 大陆理论界认为经理对外代表公司参加经济活动是基于公司董事长的委托授权，因此，他与董事会之间发生的关系适用民法中代理的规定。② 究其原因在于，"现代典型企业以资本为主导，经理受聘于企业或曰股东属于雇员范畴……因此，经典的民商法把经理作为一种代表制度，而非公司机关"。③

然而实际生活中，经理以公司的名义对外开展业务活动，却是经常发生的事情。对于此种情况下经理的身份、地位及其行为后果所产生的法律关系性质应如何界定，学理上有两种观点：第一种观点主张，经理仅在董事会或董事长授权时才对外代表公司，当然基于公司经营活动的需要，董事长对经理的委托不必限于一次性，董事长可就经理代表公事的事项作出范围明确、时效较长的授权。④ 第二种观点认为，董事长和经理在其职权范围内都可以作为公司法定代表人。⑤

而在马克思看来，资本主义股份公司中，实际执行资本职能的资本家转化为了单纯的经理，即别人资本的管理者，其本身并不是资本的所有者。在这里资本的私人所有权不再是发挥资本职能的前提。即，私人的资本逐渐变成"社会的资本"，资本经营并不以私人所有为前提，而资本所有者则转化为单纯的资本所有者。由于管理的职能已经同资本所有权相分离，劳动也已经完全同生产资料的

① 王丽玉："公司经理人制度之研究"，载《辅仁法学》第10期。
② 王保树、崔勤之：《中国公司法》，中国工人出版社1995年版，第124页。
③ 史际春：《国有企业法论》，中国法制出版社1995年版，第384~385页。
④ 王保树、崔勤之：《中国公司法》，中国工人出版社1995年版，第124页。
⑤ 江平：《公司法教程》，法律出版社1987年版，第180页。

所有权和剩余劳动的所有权相分离，因此，管理成为一种专业的职业。马克思承认契约是企业的组织形式，并从资本所有者与雇佣劳动者之间的雇佣劳动关系契约与资本所有者与企业经营管理者之间的代理关系契约进行了论证和分析，确立了企业内部资本所有者（投资者）、雇佣劳动者（投劳者）和企业经营管理者（管理者）三个契约订立主体。这对于我们分析企业参加者之间的关系指明了方向。但是，企业内部的契约关系应当建立在自由、平等的基础之上。因为"现代社会化生产中的各种企业，它的剩余实际上是投资者提供决策劳动、投劳者提供直接生产劳动、管理者提供指挥劳动共同创造的"。① 三者之间通过订立交易关系契约组建企业，企业相对这三者而言是一种公共权利之客体，其特征如下：①企业是一个主体，其财产不可分割，企业的财产不能撤资，注册资本不能抽逃；②企业是为生产创造剩余而由投资者、管理者、投劳者通过交易关系契约而生成，又通过协作关系契约协同进行剩余生产与分配；③企业内部投资者、管理者和投劳者已是同生死、共存亡，个人利益孕育在公共利益之中，个人利益的最大化、普遍化和持久化取决于企业剩余的生产与实现。

（三）"二次契约"订立的原则

1. 缓和剩余权冲突原则

剩余权冲突是人们在分享和实现利润时发生的冲突，它首先在企业内部展开。资产阶级创立初期，工厂组织还不健全，生产的技术水平较低，多数工人在同一个资本家的指挥下生产同一种商品。这时资本家既是投资者又是管理者，他们与个体小生产者竞争，主要靠延长工作日和提高劳动强度来取得优势。而这使资本主义的劳动力资源日趋恶化和枯竭，又因为雇佣工人不能以投劳者的身份享有权益，致使人与人之间的剩余权益冲突日趋尖锐。资本主义国家就不得不制定工厂法，约束和控制这种冲突，包括限制工作日、禁

---

① 陈乃新："剩余权论"，载《财经论丛》1999 年第 1 期。

止雇佣童工、规定最低工资和职业培训以及规定起码的福利等。"工厂法的制定，是社会对其生产过程自发形式第一次有计划、有意识的反作用。"① 但在资本专制下，企业内部的剩余权冲突从来就没有停止过。因此，通过立法来调整企业参加者的物质利益关系，缓和他们之间的对立和冲突，成为企业内部关系法制化的必然要求。凡是有关企业投资者、投劳者和管理者怎样协同生产创造剩余和分享剩余的规定，都属于经济法调整的范畴。当前，我们要使企业充满活力，就要理性地、自觉地评估企业的投资者、投劳者和管理者在剩余生产中的地位和作用，保护其合法的剩余权益，使他们从个人利益最大化的角度关心企业的剩余生产。因此，在通过"二次契约"构建企业内部法权体系时，要把缓和剩余权冲突作为首要原则。

2. 维护共同发展权原则

生产和实现剩余是社会发展的基础，生产和实现剩余的关系是人与人的发展利益关系。共同发展权原则即是企业的投资者、投劳者和管理者公平的拥有剩余的生产和实现的权利。公平是"人与人的一种相称和平衡状态"，② 从企业内部来看，就是企业参加者在企业物质利益的生产和分享中地位平等。企业立法对企业内部物质利益的生产和分配关系和拥有分享剩余的权益，使企业内部的各参加者能平等相处，协同生产剩余和共同分享剩余，最终实现共同发展。当前，我国企业立法要着力保障企业中投劳者的剩余发展权益，把摒弃资本专制传统观念在企业立法中的影响作为重中之重。

3. 团体协商谈判原则

团体协商谈判是从订立"二次契约"的方式方法上而言的。团体协商谈判机制贯穿于剩余生产的组织和剩余盈利的分配全过程。具体地说，一是投资者、投劳者和管理者在订立协作关系契约时要进行协商和谈判；二是各参加者内部成员之间在履行生产创造

---

① 马克思：《资本论》（第 1 卷），人民出版社 1972 年版，第 527 页。
② 万光侠："公平范畴的哲学审视"，载《探索》2001 年第 1 期。

剩余的义务和分享应得剩余份额时也要通过协商和谈判确定。确立协商谈判原则：一是考虑到个体谈判成本过高，浪费企业生产成本，不利于企业效率的发挥；二是团体协商谈判机制有利于构建实力对等的主体，通过博弈对各方利益都予以尊重和维护，有利于企业主体之间关系的民主化和有序化。

缓和剩余权冲突原则、维护共同发展权原则和团体协商谈判原则是一个统一的、有机的整体，缓和剩余权冲突是出发点，维护共同发展权是终极目的，团体协商谈判是手段和方式。三个原则共同保障"二次契约"订立的公平和公正。

二、构设之实现：劳动能力权制度化的法律形式

对于法律制度而言，需要把劳动能力权以制度的形式规定下来，以求形成制度化。

（一）微观经济法①中的劳动能力权为核心的法权体系

微观经济法是对企业内部增量利益的生产和分配进行初次调整的法律。其功能在于保障企业充满活力和增强企业的竞争力，而与之对应的是宏观经济法（亦称竞争法），② 主要调整人们在以社会化生产为基础的竞争中实现剩余（增量利益），并相应进行剩余（增量利益）再分配的关系，主要保障整个国民经济充满活力和增强国家经济竞争力，促进国民经济持续健康发展。

增量利益是指生产产品超出劳动的费用而形成的剩余，而剩余对人们来说是一种增量利益。增量利益关系是社会化生产中所特有的一种全新的社会经济关系，是过去早已存在的公法和私法从未调

---

① 微观经济法与宏观经济法的划分，法国经济法学者 A. 雅克曼与 G. 施朗施曾提出过，他们把以规制企业为中心的法律统称为微观经济法，而把以规制整个经济生活为中心的法律统称为宏观经济法。载史际春主编：《经济法总论》，法律出版社 2000 年版，第 51 页。

② 这本质上是对经济运行的两个不同层次所作的划分，参见陈乃新："经济法是增量利益的生产和分配法"，载《法商研究》2000 年第 2 期。

经济法视角下的公司制度研究

—— 以劳动能力权为内核

整过的一种社会关系。要真正理解"增量利益"这一概念，首先还应从"剩余"说起。剩余就其物质形态来说，是指剩余产品，即由劳动者的剩余劳动所创造的那部分产品；就其价值形态来说，是指利润、红利等各种形式的剩余价值。① 经济法就是增量利益的生产和分配法，② 包括微观经济法和宏观经济法两部分。

企业的剩余实际上是投资者提供决策劳动，投劳者提供直接生产劳动和企业管理者提供指挥劳动共同创造的。因此，企业的剩余应当由这三者共同分享。③ 微观经济法就是基此出发对劳动能力权进行制度设计的。

下文从投资者、投劳者和管理者在剩余的生产和分配两个基本方面来构设他们的权利义务体系，以促使劳动能力权的制度化。

1. 投资者、投劳者和管理者各自在剩余生产中的权利体系

（1）投资者、投劳者和管理者各自在剩余生产中的权利。

①投资者的权利：投资决策权，即投资者是物质资本的投入者，有权对企业的重大事务进行决策；管理者选择权，即有权推荐、选择管理者。

②投劳者的权利：劳动权。劳动是义务，同时也是一种权利，投劳者有投入直接劳动创造剩余的权利；福利和社会保障权。亦即投劳者有领取工资，获得劳动保护、职业培训的权利和年老、疾病与失业时有享有社会和国家救助的权利。

③管理者的权利：指挥权，即管理者有权指挥物质资本和人力资本在企业中的配置和流动；冲突调节权，即管理者有权调解劳资双方的矛盾和冲突。

（2）投资者、投劳者和管理者各自在剩余生产中的义务。

①投资者的义务：协同生产义务，即通过投入决策劳动和选择

---

① 许涤新：《政治经济学辞典》（上），人民出版社1980年版，第114页。

② 贺代贵："突破和创新：对经济法本质的解读"，载《人大复印资料》（经济法学·劳动法）2002年第9期。

③ 陈乃新："剩余权论"，载《财经论丛》1999年第1期。

062

管理者，与投劳者、管理者协同生产创造剩余；投资风险自负义务，即投资者自己承担投资决策的风险，投资失败，风险自负，不能损害企业其他参加者的权益。

②投劳者的义务：协同生产义务，即按照投资决策，在管理者指挥下，投入直接劳动，与管理者、投资者协同生产创造剩余；忠实劳动义务，即忠于自己的职责，不能偷工减料，消极怠工。

③管理者的义务：协同生产义务，即按照投资决策，投入指挥劳动，与投资者、投劳者协同生产创造剩余；忠实管理的义务，即忠于自己的指挥职责，不得滥用职权，损害投资者、投劳者剩余的实现。

2. 在企业中，投资者、投劳者、管理者根据其在生产创造剩余中的地位与作用不同，享有不同的权利

分享剩余的权利是相对于企业资本保值后而言的，资本本身并不能增值，只是投资者、投劳者、管理者投入了劳动，才有剩余分享权。这是因为：

第一，在现代市场竞争中，投资者不可能只凭资本来盈利，还要靠他们对自己资本如何投资和如何实现投资决策，这些都是要进行复杂的劳动才能办到的，特别是在竞争日趋严峻的今天，买方市场已经形成，企业与企业之间的优胜劣汰，在一定程度上是靠投资决策来实现的。因此，那种把资本当做利润的来源，认为投资者只要强化对投劳者的专制就能实现利润的思想是错误的。同时，我们应从法律的高度，保障他们的决策劳动分得相应的剩余，这样，投资者基于承担投资义务并进行经营决策劳动而享有剩余索取权。

第二，投劳者是生产力中最富活力的因素，是财富的直接创造者。

第三，现代企业要注重管理者在企业创造剩余中的作用，并在法律制度的设置上规定相应的权利。在现代企业制度下，企业股东不断社会化和分散化，每个股东不可能直接参与对企业的管理，这样，出现了一个独立的管理者阶层。在企业的社会化集资加上科学化管理越来越成为专门科学的今天，管理者在企业中的作用是显而

易见的。这样，管理者基于承担管理义务协调企业全体员工的活动以达到提高效益的目的而享有剩余提成权。

在剩余分配方案的制订上，要充分发挥谈判机制的功能，注重对各方利益的平衡与保护。企业中分享的剩余是企业资本保值增值后的所得，同时也要履行如下义务：一是保证投资者投入的物质资本的保值，不能把投资者投入的物质资本进行分割与分享，以维持企业存在的物质基础；二是注重企业自身的积累，要留存一定比例的公积金、公益金，为企业发展准备的物质基础；三是要依法缴纳国家的税收，这是企业应该无偿、固定承担的社会责任；四是通过协商谈判确立投劳者、管理者分享剩余的比例，投资者、投劳者和管理者不得滥用自己的权利。另外，现在社会上流行的管理者的期权、职工持股等制度，我们认为，只能从剩余中确定比例和标准。

（二）微观经济法中劳动能力权的法律约束机制

就企业内部治理结构而言，光有激励机制是不行的，要使企业内部关系调整好，微观经济法还必须从企业内部建立一套约束机制。[①]

1. 内部约束

（1）公司章程的约束。公司章程是企业的宪法，企业中所有的人即投资者、管理者、投劳者都必须服务和服从于公司章程。但是，我国现行公司章程一般只对企业的总体行为有约束，对企业内部任何利益主体都没有约束。企业既然没有公司章程的约束，那就可能成为人治，人治约束必然导致企业中人与人之间的摩擦和矛盾。而在公司章程有约束的条件下，投资者、管理者和投劳者违反公司章程就应该按章程的规定处理。公司章程还有一个重要的作用就是保护公司法人的利益，按照法律规定，任何一个公司的领导人如果按章程办事出了问题，不仅要承担民事责任，而且还要承担刑事责任。

---

① 魏杰："人力资本的激励与约束机制问题"，载《新华文摘》2002 年第 1 期。

（2）合同的约束。公司的投资者、管理者和投劳者都必须与企业订立非常详细的合同，在订立合同时，我们可以参照美国的成功经验，在企业的参与者参加合同订立的同时，合同可以由法律认可的中介机构起草，以保证合同能充分保障各方权益。

（3）在激励中体现约束。现在国际上对人力资本的激励往往是实行期权，期权一般5年后行使，这种激励本身就代表着约束。

（4）机构约束。所谓机构约束就是把企业内部人与人之间的矛盾转化为人与机构之间的矛盾，公司应当注重内部机构的建立与完善。

2. 外部约束①

所谓外部约束就是指社会对企业中的投资者、管理者和投劳者形成的一种约束。这种约束包括以下几个方面：

（1）法律约束。我国现行《公司法》只对整体企业行为进行约束，而对企业内部的利益主体没有约束，同时，我国现在还没有一个体现对企业内部各主体权利义务进行约束的相关法律体系，所以，关于对企业内部个人参与者权益保障方面的法律体系急需建立。

（2）道德约束。任何阶层都应当有自己的职业道德。

（3）市场约束。人力资本作为一种资本的流动要通过人力资本市场，这种市场对人力资本应该起到一个很重要的约束作用。

（4）社会团体的约束。作为人力资本，应该有自己的民间团体组织，因为民间团体组织实际上是介于道德约束与市场约束之间的一个很重要的约束。这种民间团体往往既维护本阶层的利益，同时也清理本阶层中的一些害群之马，不要政府去管它，它会自行解决自身的问题。

（三）微观经济法中劳动能力权的利益分配模式

除在企业内部投资者、投劳者和管理者之间建立协作关系契约

---

① 该约束并不属于微观经济法的范畴，只是出于论述的系统性而作的一点补充。——编者注

之外，合理界分投资者、投劳者和管理者内部各组成人员的权利义务，明确其各自在生产创造剩余和分享剩余中的权益也是十分重要的。

1. 就投资者内部关系而言，要在物质资本股东大会组织下，成立投资决策股东会和一般股东会

（1）在剩余生产中投入投资决策劳动的投资者有合理决策的义务。决策前应科学论证，分析各种风险并尽可能避免风险，如发生投资风险，责任自负。

（2）对于投资者而言，需要根据不同的身份分享剩余。在投资者明确自己在企业内部的剩余分享比例之后，要合理界定投资者中大股东和小股东，投入决策劳动的投资者和没有投入决策劳动者之间的关系问题。要通过谈判机制在投资者内部确定投入决策劳动的投资者分享剩余中的比重，而没有投入决策劳动的投资者无权分享这部分剩余。

（3）分离投入决策劳动的投资者应分享的剩余后，大小股东之间再按照同股同权、同股同利进行剩余的分享。谁投入的资本多，谁分享的剩余就多，谁投入的资本少，谁分享的剩余就少。这也是西方各国企业立法长期形成并一贯遵循的原则。

2. 就投劳者内部关系而言，可以在人力资本股东大会组织下成立科技股东会、生产股东会和辅工股东会

（1）科技股东会、生产股东会和辅工股东会要明确各自在剩余生产中的义务，投入科技劳动、直接生产劳动和辅助性生产劳动。

（2）可以在人力资本股东会内部通过协商谈判机制来确定不同劳动者的贡献。人力资本股东会要组织科技股东会、生产股东会和辅工股东会通过协商谈判机制，合理界定各类劳动在创造剩余中的作用，如科技劳动者对生产创造剩余的贡献率的确定问题，就可以参考科技劳动在整个国民经济体系的贡献率，再落实到自己的企业，通过协商来确定。对于投入直接劳动的劳动者和辅助性劳动的劳动者，他们对创造剩余的贡献也可以通过这样的途径加以确定。

（3）合理确定各类投劳者的剩余后，在各类劳动者内部再确定每位投劳者的剩余。

3. 就管理者内部关系而言，提供管理决策的管理者、直接管理的管理者和从事辅助性管理的管理者，对于他们之间的生产创造剩余和分享剩余时的权利体系可以参照投劳者内部的方式确定

总而言之，"二次契约"构建，改变了传统企业法律制度中投资者——管理者——投劳者的专制等级模式，代之以协同民主的权利运行模式。通过对投资者、投劳者和管理者以及他们内部物质利益关系的调整，确保他们协同生产剩余和协同分配剩余，使企业的各个参与主体各有所得，使企业内部权利运行真正从专制走向法治，增强企业活力。

第三章
人力资本入股的法律实践

从我们研究经济法的角度可以看出，劳动能力权是公司发展的核心因素，公司是集合劳动力权的组织，人力资本的源泉是劳动力权，这就需要我们重新定义股权的概念，把股权定位于是一种活劳动力权，而这种活劳动力连接了人力资本与物力资本，是企业增量利益的真正创造者，它是人力资本价值的物化，也是创设股权的物质基础。因此，我们承认人力资本入股是法律的必然，在此基础上需要构建一个比较健全的人力资本入股的法律体系，来规范和完善人力资本入股制度。

尽管人力资本价值越来越受到企业的关注，人力资本所有者不同程度地享有了股权，但是人力资本可以出资入股，一直没有得到各国法律的确认。这与现实中人力资本在企业发展、增量利益创造过程中的作用是不相符合的。因此，确立人力资本入股制度的法律地位有其重要的现实和理论意义。虽然允许人力资本入股在人力资本价值评估、资本充实、债权人保护等方面存在一定的障碍，但这些问题都可以通过法律制度的有效构建来予以解决。

第一节　人力资本与股权的法律实践回顾

由于人力资本在各国经济发展中的作用越来越明显，西方主要发达国家都对人力资本在理论构建与制度设计上进行了可贵的探索。他们将人力资本作为重要的分配要素并且利用"期权期股等分配形式实现人力资本的产权制度安排"。[①] 比如美国的"职工持股计划"、西欧的"参与制"、西班牙的"蒙德拉贡管理"等。而我国也不同程度的引入了期股制、职工持股计划、技术股等制度，使人力资本所有者享有了更大的参与企业的权利。

根据人力资本中的能力分类可将人力资本分为企业家型人力资本、技能型人力资本和一般型人力资本，这需要首先将这三类人力资本所有者享有股权的法律实践，以及各国对于劳务出资制度的法律规范与实践活动进行简要的回顾与分析。

一、国外人力资本与股权的法律实践

（一）国外企业家人力资本与股权——股票期权制度的法律实践

企业家人力资本是经济学学者所指的管理型人力资本与企业家人力资本的统称，是指从事企业生产经营决策和管理活动所需要的知识、能力的总和。[②] 本文仅就企业家人力资本所有者享有股权的典型形式——股票期权制度的法律实践进行介绍。

股票期权的基本内容，是指在签订合同时给予管理人员在未来某一特定时期以签订时的价格购买一定数量公司股票的选择权，持

---

① 朱效平："完善人力资本制度的法律探讨"，载《山东省工会管理学院学报》2002 年第 2 期，第 25～27 页。

② 李友根：《人力资本出资问题研究》，中国人民大学出版社 2004 年版，第 179页。

有这种权利的经营者可以在规定的时间内以股票的行使价格购买本公司的股票。在行使期权之后，个人收益为行权价与行权日市场价之间的差价。期权持有人可以自行决定在任何时间出售行权所得的股票。

美国是世界上股票期权最发达的国家，有多种股票期权及完善的股票期权监督制度。对于激励性股票有税收优惠，非法定股票期权则不能享受税收优惠。特别是在 20 世纪 90 年代，美国企业设计出了一些新型的股票期权计划，其中最典型、应用最广泛的是同质企业股票期权。它的设计目的就是保护经理人员免受非管理因素造成的市场动荡的影响。其特点是在股票期权计划中选择同行业中当前规模、效益都比较一致或相近的同质企业相比较，公司的效益位于前列，经理人员们也可以享受到股票期权计划中的部分激励性报酬。可见，美国的股票期权制度已经发展得比较完善和成熟。因此，在美国最大的公司中，总裁收入的 50% 以上、其他高层经理人员收入的 30% 以上来自于股票期权，期权和股票赠与在董事的报酬中也占到了近 50%。目前，美国前 200 名上市公司的外部流通股中有 13% 是用于对经理进行股票期权激励的。

英国的股票期权制度种类丰富，制度比较完备。在英国，如果股票期权计划获得管理部核准，并且员工行权后持有股票超过 5 年，则在出售股票时仅仅对行权时的股价超出行权价的收益部分的 40% 征工资税。

德国在 20 世纪 90 年代末通过修改《股份公司法》才允许实施股票期权制度，并且实施范围仅限于股份公司，法规体系并不完善，对于典型的股票期权计划没有明显的政策优惠，因而该国的股票期权制度普及的程度不高。

日本的股票期权开始于 20 世纪 70 年代至 80 年代，90 年代初修改相关法律，促使股票期权制度逐步完善。税收方面的政策与一般国家的政策相似，没有明显的优惠。

加拿大的股票期权体系与美国相似，发展比较成熟，会计、税收与其他监管制度比较完备。20 世纪 90 年代末推出一种有优惠的股票期权计划，享受的税收优惠类似于美国激励性股票期权。

新加坡的股票期权发展迅速，但目前主要授予高管人员，还没普及到一般员工。1999 年，新加坡修改了征税的相关办法，使股票期权收益的实施税率下降，促进了期权计划的发展。

（二）国外技术型人力资本与股权——技术股的法律实践

技术型人力资本是指人们所拥有的科学技术领域的知识、技能技巧和发明创造能力，在企业实务中，典型地体现在科技创新人员的活动及其劳动成果中。本文仅就技术型人力资本所有者享有股权的典型形式——技术股的法律实践进行简要的分析。

各国无论是在股票期权制度，还是在职工持股计划中，科技人员都是首要的参与人员，由于科技人员对企业的发展有着至关重要的作用，尤其是在高新技术企业中更是企业利润的直接创造者，因此，各国都很重视这类人力资本所有者股权的享有。他们在一般情况下，享有的股权份额都比一般型人力资本所有者要多，而且可以更广泛地行使股东的权利，特别是在企业管理人员的选择以及重大事项的决定权等方面。美国早在 20 世纪 80 年代，就开始在高科技企业中赋予科技人员股权。到了 90 年代，几乎绝大多数企业的科技人员都不同程度的享有股权。

另一方面，各国也基本认可科技型人力资本所有者可以以其技术入股，形成技术股。如法国就允许以技艺出资，实际上这种技艺包含了科学技术、知识产权等科技因素在内，而且主要是被科技人员所控制。《法国民法典》第 1843－3 条第 2 款规定，实物出资通过转让相应的权利及交付财产的实际处分权来完成。[1] 以技术为客体的知识产权即是"相应的权利"之一种。德国则主张专利权上的工厂秘密及制造方法等可以作为标的技术出资。美国一些州法规定，不受专利保护的发明、秘密工程，或者制造方法、专门知识和商业信誉等，可以作为非货币出资的标的物。《美国示范公司法》

---

① 卞耀武：《当代外国公司法》，法律出版社 1995 年版，第 370 页。

和《统一有限责任公司法》中都规定，出资的财产包括一切有形或者无形的财产，其中"无形的财产"即包括技术在内。因此，技术入股也成为了科技人员享有股权的最重要的形式之一。

（三）国外一般型人力资本与股权——职工持股制度的法律实践

一般型人力资本是指人所具有的社会平均的知识存量和一般能力水平。其对应的社会分工角色为一般劳动者，在公司中就是一般的员工，其享有股权的主要形式为职工持股制度。

所谓职工持股制度是指企业内部员工通过一定的法定程序，有条件地拥有企业股份，并参与企业的管理，分享企业的利润。它是物力资本所有者有条件地向人力资本所有者让渡部分的企业所有权，从而促使员工更加关心企业的发展，最终有效地提高企业的经济效益的一项股权分配制度。

美国政府于 20 世纪 70 年代初以立法形式肯定员工持股的合法性，并对实行员工持股制度的企业在税收方面给予特别的优惠。美国联邦和州议会的相关立法也为员工持股的产生和发展创造了条件和良好的外部环境。1974 年制定的《雇员退休收入保障法》成为实施员工持股计划最重要的法律依据之一。此后，国会也修订了 20 多项法案来规范和鼓励员工持股计划，最主要的包括 1984 年和 1986 年的《税制改革法》、1996 年的《小企业就业保护法》和 1997 年的《赋税人信任法》。各州也纷纷立法鼓励建立职工持股计划，美国各州中有一半以上都制定了促进员工持股计划的法律。如纽约州在 1983 年即通过了《职工持股协助法案》。由于法律的推动，从 1974 年起，美国推行职工持股计划的公司数量迅速增加，从 1974 年到 1984 年由 1000 家增加到 6000 家，平均每年增长 22%。到 1991 年，全美有 11000 家公司实行职工持股计划，占这些公司股份的 4%。[①]

① 庄莉、陆雄文："职工持股和管理层持股"，载《经济理论与经济管理》2000 年第 3 期，第 21~23 页。

在法国，1997 年共有约 300 万雇员参加职工持股计划，每个雇员的平均年收益为 5300 法郎。法国通过《法国商事公司法》专门对职工认购和购买股份作出了规定。按照这一法律，职工认股的价格不得高于董事会或经理室作出的关于确定开始认购日期的决定日之前 20 场股票交易牌价的平均价，也不得低于这一平均价的 10%。职工享有发行给予的好处只限于年资条件。给予职工行使购股权的期限，应不短于 30 天，也不得长于 3 个月。职工股份为记名股份。[①]

在德国，职工持股计划也通过法律的形式予以确定。《德国股份公司法》规定，股东大会可以批准决议或授权决议，保证公司或者一个关联企业的职工和业务执行成员的新股票认股权。董事会和监事会可以将依法应划入盈余储备金中的年度结余的一部分用于职工购买股票而支付的款项。[②]

据 1996 年 6 月荷兰有关机构所作的调查，全国共有 1600 多家公司实行了雇员参与计划，雇员可以通过购买公司股票成为公司股东，但股权不可随意转让；雇员也可以在一定时间内（通常是几年），购买固定价格的公司股票，并可以现价出售所购股票。

俄罗斯在 1992 年 6 月通过法律，要求在 24 个月内，将 15000 个大型国有企业改制成股份公司，其中对员工持股也作了规定：全国公民按人头发放股票券、每人 1 万卢布，按 1992 年 7 月 1 口不变价，股票券可以赠送家人，出售、购买本人所在公司股票或者购买其他公司股票。职工持股比例和职工购买股票的分配办法必须由职工大会确定。

1992 年 5 月 5 日欧盟理事会颁布的公司法指令，对推动雇员参加企业利润和经营成果分享（包括股权参与）进行了规定。该指令建议成员国法律鼓励雇员取得并持有其工作所在公司的股份，

---

① 颜延:《认股权分配——企业改制的模式创新》，中信出版社 2004 年版，第 180 页。

② 贾红梅、郑冲:《德国股份公司法》，法律出版社 1999 年版，第 117 页。

以提高其在公司决策中的参与程度。鼓励向员工发行有表决权的股份，而非无表决权股份，并确保在雇员股份被基金或者信托持有的情况下，预防表决权的滥用。[1]

（四）国外"劳务出资"制度的法律实践

1. 英美国家的有关法律实践

英美国家都在一定程度上认可了劳务出资制度，只是英国的态度比较宽松，而美国的限制条件比较多。

英国根据 1983 年 Re Eddystone Marine Insurance Co. 一案所确立的原则：公司提供劳务以换取股权的协议是可以接受的，可以作为公司股权的约因。该原则一直沿用至今，成为英国承认劳务出资的首要原则和直接依据。

20 世纪 70 年代以前，《美国商事公司法》和多数州的公司法规定，能够成为有效约因的"劳务"必须是已经完成的劳务，至于将来的劳务则被排除在有效约因之外。[2] 也就是说，股东不得以对公司支付劳务报酬的求偿权（债的请求权）出资，所以有学者认为其性质是债权出资，而非真正的劳务出资。[3]

但是，随后修订的《美国商事公司法》没有了对"已经完成的劳务"的限制，规定任何有形或无形资产或其他的公司利益，包括现金、本票、已履行的劳务、劳务合同或者其他的公司证券都可能成为取得股份的合格对价，从而使预期的（未来提供的）劳务出资成为可能。但是，这部法中对股票的流通有一定的限制，它规定在劳务提供完毕之前，公司可以将股票暂存他处，或限制该股票的转让，直至该劳务被提供完毕为止。典范商业公司法修订版的规定则更为灵活，规定股东的投资可以是尚未提供的服务，但在提供服务之前，公司可以将股票存在一个第三者代管的账户里，股东提供劳务后，第三者即将代管的股票交给股东，如果股东不提供服

---

① 刘俊海：《欧盟公司法指令全译》，法律出版社 2000 年版，第 342 页。

② Harry G. Henn, Law of Corporations, West Publishing Co., 1970, pp. 306～307.

③ 王保树：《商事法论文集》（第 1 卷），法律出版社 1997 年版，第 439 页。

务或不付欠款，第三者就将股票还给公司注销。

2. 法国的有关法律实践

法国是欧洲大陆惟一一个允许以技艺出资的国家。关于技艺出资的规定主要散见于《民法典》和《商事公司法》中，总的来说，大致规定为：

（1）允许技艺出资，但有所限制。如 1982 年以前的《民法典》规定，股东可以以技艺投资，负有以其技艺向公司投资义务的股东，应该将其作为投资标的活动所产生的一切利益归于公司。股东可以其劳务投资分享利润，并承担损失。《商事公司法》中新增的第 38 条规定，公司股份不得以技艺出资方式认购，但如公司的宗旨在于经营投资于公司的营业资产或公司利用实物出资的有形或无形财产所创造的营业资产或经营一项手工业的、实物的投资者或其配偶的主要活动与实现公司宗旨有联系的，得以其技艺出资。章程确定认购这些公司股份的方式。① 可见，只有其主要活动与实现公司宗旨有实质性联系的，本人或其配偶才能以其技艺出资。

（2）劳务出资的财产份额，不能成为公司注册资本的构成部分。1976 年 12 月 13 日发布的第 77/91 号欧盟国家公司法指令第 7 条规定，"实际认购资本必须由能够作出经济评估的资产组成。但是，完成工作或者提供服务的承诺不在此限"。② 为了贯彻欧盟的这一指令，法国在 1982 年 7 月颁布了第 82 - 596 号法律，对原《民法典》及《商事公司法》的有关内容进行修订。修改后的《民法典》规定："公司资本的构成不计以技艺形成的出资。但此种出资计作有权参加分享利润和净资产，并承担损失的股份。"③

在责任承担上，法国采取了保护技艺出资者的方式，即如无相反规定，技艺出资者承担的损失不得高于出资最少的股东的比例。

---

① 卞耀武：《当代外国公司法》，法律出版社 1995 年版，第 369 页。
② 刘俊海：《欧盟公司法指令全译》，法律出版社 2000 年版，第 19 页。
③ 卞耀武：《当代外国公司法》，法律出版社 1995 年版，第 385 页。

《民法典》规定"仅以其技艺出资的股东，其分享利润及承担损失的比例，与出资额最少的股东的比例相同，上述情形有相反规定的除外"。① 《商事公司法》也规定在不影响适用《民法典》规定的情况下，以技艺出资的配偶在承担损失时的份额由章程确定，但不得高于出资最少的股东的份额。在责任承担上，它同样继承了保护技艺出资者的限制，即除非全部免除技艺出资者承担损失的义务，技艺出资者的责任限于出资最少的股东的责任比例。

二、我国人力资本与股权的法律实践

（一）我国企业家人力资本与股权——股票期权制度的法律实践

随着市场经济的不断深入，我国的股票期权制度也得到了蓬勃地发展。1996年上海纺织控股集团公司出台《企业经营者群体持股办法》，对总经理和党委书记实行股票期权，这个案例开创了我国企业实行股票期权制度的先河。② 1997年四通利方公司在从美国引进650万美元风险投资的同时，也开始引进股票期权制度。③ 1999年上海贝岭宣布赠与高级管理和科技人员股票期权，成为我国上市公司中最早推行股票期权制度的企业。④ 此后，武汉、上海、北京等地一些政府部门和国资管理机构纷纷出台股票期权实施办法，鼓励企业采用这种制度。⑤ 越来越多的企业开始接受并逐步深入实施这一制度。

中共中央、国务院在政策上也积极地支持股票期权制度。1998年8月，中共中央、国务院颁布的《关于加强技术创新，发展高

① 卞耀武：《当代外国公司法》，法律出版社1995年版，第371页。
② 江苏省体改委：《股票期权理论与实务研讨会资料汇编》2000年3月，第71页。
③ 江苏省科委：《科技人员持股计划研讨会资料汇编》2000年1月，第15页。
④ 江苏省体改委：《股票期权理论与实务研讨会资料汇编》2000年3月，第70页。
⑤ 江苏省科委：《科技人员持股计划研讨会资料汇编》2000年1月，第15页。

科技、实现产业化的决定》以及随后的《关于国有企业改革和发展若干重大问题的决定》中都肯定了股票期权制度。全国各大城市也通过规范性文件来规范了股票期权制度。1999 年 7 月，北京市体改委、北京市经济委员会、北京市财政局等 8 个部门联合下发了《关于对国有企业经营者实施期股激励试点的指导意见（试行)》，对股票期权制度的内涵、适用范围、激励主体、持股比例都有所规定。上海采用的期股制度是最接近国际流行的真正意义上的股票期权制度，在《关于对本市国有企业经营者实施期股激励的若干意见》中，对期股激励作了具体的分类。武汉出台的《关于企业法定代表人考核奖励试行办法》中采用了灵活创新的方式，有条件地将股票纳入经营者年薪分配的范围，在一定程度上推行了股票期权制度。尽管各地采用的模式各不相同，但是我国目前的股票期权还只是一种"股票购买计划"，很难真正的发挥它的积极作用。

（二）我国技术型人力资本与股权——技术干股的法律实践

技术干股是指不出股金，赚了分红，赔了不受损失的股份。其主要特征在于持股者没有任何的实际投资却享有股权，由于在有限责任制度下，持股人不对公司债务承担责任，因此公司亏损后其不受任何损失。

干股的历史由来已久。在明清时代，晋商把股份分为两大类，一类称银股，一类称身股。掌柜、伙计等提供身股者虽然没有资本，但可以以自己的劳动力顶股份，而与股东的银股一起参与分红。在改革开放早期，由于人们对知识产权认识不足以及知识产权作为无形资产投资入股所面临的各种现实困难，技术干股概念主要是指以各种技术成果投入而获得的股份。贵州省人民政府在 1987 年制定的《关于推进农村科技进步的暂行规定》中指出："科研、设计部门、大专院校、大型厂矿企业、军工企事业单位以及各类专业技术服务机构……可以利用技术作'干股'入股，并参与分红。"1993 年的《公司法》明确肯定了工业产权、非专利技术可以作价出资，这样技术型人力资本所有者取得的就不再被视为"干股"而是实股，相应的技术干股的概念开始转变为真正意义上的干股——即技术人员无需任何投入即可获得的股份，或者作为其获得股份对价的投入在现行法下是不能作为出资方式的情况下才可获得。例如，深圳市于 1998 年制定的《深圳经济特区技术成果入股管理规定》规定："未开发完成的技术成果，零散的技术知识和信息，以及与技术人员人身难以分离的技术能力和经验，均不得作为技术成果出资的标的。"当技术人员是以这些知识、信息、能力或经验获得股份时，或者仅因其所从事的工作而获得股份时，这些股份往往被称为技术干股。根据江苏省 1999 年《关于推进技术股份化的若干意见》的规定，公司制企业的技术骨干可以获得岗位股即干股，享有收益分红权。该干股由公司原有股东赠与，所有权仍归原股东享有。

（三）我国一般型人力资本与股权——职工持股制度的法律实践

与股票期权制度相比，我国职工持股制度的发展道路异常崎岖。1981 年"陕西解放"发行的"爱店券"，主要是为了集资的目的，但却成为我国职工持股的萌芽。[①] 1984 年 7 月，我国第一家股份制企业——北京天桥百货股份有限公司正式成立时，在公司的股本设置中设立了个人股。该公司的大部分职工购买了个人股，总计 5.97 万元，占当时该公司总股本的 1.29%，这是我国国有企业改革中最早的职工持股。

1985 年国家体改委在《城市经济体制改革试点工作座谈会纪要》中首先规定了"允许职工投资入股、年终分红"，这应该是对职工持股制度最早的规范性文件。随后的几年中，先后有不少的企业趁着股份制改造的大潮，不同程度地采纳了职工持股制度。1992 年 5 月，为了适应我国股份制试点工作的需要，原国家体改委制定了《股份有限公司规范意见》，规定职工可以用现金购买本公司股票。采取定向募集方式设立的股份有限公司，经批准可以向本公司

---

① 魏国辰：《职工持股制实务》，中国税务出版社 1997 年版，第 12 页。

内部职工发行部分股份，总额不得超过公司股本的 20%，且不得超过公司向社会公众发行的 10%。另外，还可以从改制企业原有资产中分割一部分给职工配股，配股的数量依据职工的工作业绩来定，也有的公司实行"人头股"。1993 年 7 月，国家体改委发布了《定向募集股份有限公司内部职工股管理规定》，对定向募集股份有限公司的内部职工持股的范围、审批、转让等作出了规定。但是，1994 年 6 月，国家体改委又发布了《国家体改委关于立即停止审批定向募集股份有限公司并重申停止审批和发行内部职工股的通知》，通知规定"立即停止内部职工股的审批和发行"。1994 年 7 月，《中华人民共和国公司法》实施后，也不允许再设置内部职工股。1998 年证监会发布了《关于停止发行公司职工股的通知》，通知规定，"股份有限公司公开发行股票一律不再发行公司职工股"。虽然在股份有限公司中的上市公司不再允许发行内部职工股，但是有限责任公司和股份有限公司中的非上市公司发行内部职工股法律却没有禁止。在 2000 年《关于印发进一步深化企业内部分配制度改革指导意见的通知》中明确规定，职工持股以职工出资认购股份为主，以对职工实行奖励股份等办法为辅的购股方式。由此，虽然我国目前采用的职工持股制度和其他国家相比还不是标准的形式，但在一定程度上还是肯定了它的存在。

（四）人力资本出资的法律实践

我国《公司法》尚未承认人力资本出资的合法性，但在理论与实践中已经进行了许多有益的尝试。党的十五大明确指出了"按劳分配与按生产要素分配相结合"的分配方式。所谓按生产要素分配就是指社会根据各生产要素在商品生产和劳务服务过程中投入和贡献的大小给予相应的报酬。即劳动力、土地、资本、技术和管理才能等诸多要素共同参与收益分配或者说按人力资本在社会财富创造过程中的贡献大小和物力资本在价值创造和实现过程中的具体作用来分配。2003 年《中共中央、国务院关于进一步加强人才工作的决定》指出建立健全现代产权制度，探索产权激励机制。

在人力资本入股的地方立法中，首推江苏省科委、江苏省体改委 1999 年 10 月 29 日发布的《关于推进技术股份化的若干意见》。该文件指出，关系企业生存发展的核心科技人员，可以采用人力资本作价入股的形式。人力资本作价入股的比例不得超过总股本的35%。本文件的意义在于，在国内第一次以地方政府文件的形式明确了人力资本入股的合法地位。

2005 年 3 月，上海市浦东新区政府和上海市工商行政管理局推出"促进企业发展三项政策"，其中，《人力资本出资办法》令人瞩目。该办法规定在浦东新区范围内登记注册的有限责任公司和股份有限公司（不含外商投资企业），属于以金融为核心的现代服务业、以高新技术为主导的先进制造业、以自主知识产权为特征的创新创意产业的，可以以人力资本作价投资入股，即管理、技术、营销人才可以将自己的知识、技能、经验等作价投资，人力资本出资入股的最高比例可达公司注册资本的35%。

三、人力资本与股权法律实践的理性分析

（一）法律实践证明人力资本所有者应该享有股权

尽管世界各国和我国的公司法并没有明文承认人力资本可以入股，但在实践中人力资本所有者已经在不同程度上享有了与物力资本所有者相同或者相似的股东权利，并承担了相应的风险。这既是人们在现有法律制度下对人力资本权益的一种变相的肯定，也是人们对人力资本所有者享有股权利益的一种间接回应。

通过前两节的介绍，我们可以发现三种类型的人力资本所有者都可以通过不同的形式，获得股权。

股票期权制度就是一种增量利益的分享权，即在合同签订的时候协议，在规定的将来的时间到来的时候，企业家人力资本所有者对股票的差价（即增量利益）享有一定比例的权利，使得经营者的收入与企业的经济效益直接挂钩。而在现实中，经营者能否享有这些股东权益的直接依据就是其经营管理才能对企业业绩的影响，从而使企业家人力资本的价值成为决定企业效益的重要因素，也使

其成为企业家分享企业利润的重要标准。特别是像美国规定的同质企业股票期权制度，就很好地保护了企业家人力资本的劳动力权益，使其免受市场股市带来的影响，使增量利益在量上更加符合实际。从理论层面来分析，我们也不难发现，之所以企业会赋予企业家以一定程度的股权，是对人力资本理论和人力资本价值的一种肯定。"在上市公司建立高级管理人员持股制度，是建立在经济学中的激励理论基础上的，而激励理论的成立则首先承认人力资本的产权价值"。① 股票期权制度发展正向我们展示了人力资本所有者享有股权是历史的必然。

虽然在知识经济时代对科学技术的作用日益重视，但人的知识、能力和经验作为入股方式仍然不被法律承认，因而，许多企业，特别是高新技术企业，为了留住科技人员，特别是掌握核心技术的、对企业的发展有至关重要作用的技术人员，对他们实行了一种特别的股权分配制度——技术干股。在这种制度中，物力资本所有者以赠与的方式向这些主体提供了一部分股份，使他们也在一定程度上享有了股权利益。法律虽然不允许人力资本所有者以其技术出资入股，但物力资本所有者却出于企业发展的需要给予了这些主体以股权，这或许是对现有法律不予承认人力资本入股制度的一种侧面的否定，也预示着人力资本入股将成为一种必然。但是，制度的确立也是需要一个过程的，就像史际春教授指出的，"社会上普遍存在的干股，就是当事人自治基础上形成的一种市场对人才、知识和能力的一种合理评价，是实际的资金拥有者和有能力但无资金的人在合作中反复较量、讨价还价的结果"。② 这种较量的结果到底如何，在物力资本仍然在经济发展中占据主导地位的今天，单纯的人力资本所有者到底能否拥有股权，能拥有多大的股权，仍然需要一个长期的博弈过程。但是我们不能因此就否定人力资本可以入

---

① 蔡曦娟："上市公司高管人员持股制度的理论研究"，载《光明日报》1999 年 8 月 27 日。

② 史际春：《企业和公司法》，中国人民大学出版社 2000 年版，第 228 页。

股，而这种反复的较量恰恰证明了人力资本入股已经在一定程度上得到了物力资本所有者的肯定。

职工持股制度的确立同样也是对人力资本价值和分享利润权利的一种肯定。正如"德国的职工参与制的法律基础就在于：资本与劳力之平等和经济力之控制，认为企业家所营运的对象是股东的资产与职工的劳力，营运之妥当与否为资产所有者所关心，亦为职工所关切，因此在企业经营人选与监督方面，劳动者均有参与之必要，及对担任此项职权的监事会有所要求参与的基础"。① 职工持股制度的广泛确立在很大程度上肯定了人力资本对于企业运营的重要性，企业职工不仅可以分享企业的利润，而且可以享有股权的一个重要的权能——参与企业经营管理决策的权利。而我们只有将人力资本的理论引入到其中，也才能解释各国职工持股制度的法律实践，同时指导我国确立正确的人力资本出资入股的法律制度。

无论是以已经完成的劳务还是以签订的劳务合同，或者是以技艺出资，尽管都不是人力资本出资的标准形式，但劳务或技艺中都蕴涵了人力资本的价值，也都体现了人力资本在企业发展和增量利益创造中的积极作用，物力资本所有者越来越重视人力资本的作用，赋予了他们更广泛的参与公司的权利。

（二）法律实践呼唤确立人力资本入股制度的法律地位

以上这些制度，虽然都使人力资本所有者享有一部分股权，甚至是全部股权，这肯定了人力资本所有者能够成为股东。但是，我们通过分析这几项制度也会发现，在股票期权、职工持股制度中，人力资本所有者大多需要支付一定的现金购买企业的股份。但由于人力资本所有者在传统分配制度下并未积累足够的资金，因此在购买企业股份时会出现经济上的障碍。他们如果向银行贷款，就要承受巨大的风险和还款压力，反而使这种股权的享有变成了对人力资本所有者的一种约束，难以真正发挥作用。如果企业采用预留一部

---

① 王之杰：《国有企业公司化改制之法律分析》，中国政法大学出版社 1999 年版，第 243 页。

分资金让职工购买的方法，则与我国的现行法律相违背。按照我国《公司法》的规定，公司不能持有也不能回购自己的股份，而按照《上市公司章程指引》第21条规定，上市公司或其子公司不得以赠与、垫资、担保、补偿或贷款等形式，对购买或拟购买公司股份的人提供任何资助。因此，许多的企业家和职工只能选择放弃股权，从而使得这些制度形同虚设。

技术干股是由物力资本所有者向技术型人力资本所有者无偿转让一部分股份，当这些物力资本所有者是国家的时候，如果对这些股份控制或者使用不当，则会出现国有资产的安全和流失的问题。

劳务出资制度由于没有引入人力资本理念，仍然是在资本雇佣劳动的传统公司模式下的一种出资制度，因此，对人力资本所有者股权的享有有很多的限制条件，很难使人力资本所有者真正参与到企业中，享有完整的股东权利。

但是，如果我们承认人力资本入股的法律地位，以上这些问题就可以迎刃而解。职工投入企业的人力资本与物力资本股东投入的物力资本同样是企业的生产要素，是企业利润创造不可或缺的要素，虽然在不同的时期、在不同类型的企业、对于不同的人力资本所有者，两者的地位是不平衡的，但是，只要我们承认人力资本入股，职工可以根据人力资本存量和工作业绩获得股份，而无需再以现金购买企业的股份，那样物力资本所有者也不需要向技术人员转让股份，普通职工也不需要积累大量的资金来购买股票，他们可以以自身的人力资本价值作价入股，从而企业的发展也可以顺应劳动雇佣资本这一未来的发展潮流。

我们在肯定国内外关于人力资本与股权实践的积极借鉴作用的同时，更要看到这种迂回的措施并不能完全体现人力资本的地位。在物力资本占据主导地位的条件下，无论是股票期权制度、技术干股、职工持股或者是劳务出资，都不能正确地反映物力资本所有者和人力资本所有者的关系，或者只是采取了一种折中的办法来缓和两者的矛盾或者回避两者的利益冲突，因而这些制度充其量只是作为简单的股权激励制度，而没有真正体现人力资本所应该具有的法律地位。实践中出现的种种障碍和弊端，也恰恰证明了这一点。随着经济、社会的发展和科技的不断进步，企业改革的进一步深化，企业理念的逐步转变，从否定人力资本出资入股逐渐转向部分承认最终直接允许，从而真正确立人力资本所有者的股东地位和利益，将是历史发展的必然潮流。正如国家经贸委主任李荣融指出的"鼓励社会各界特别是有创业能力和创新精神的人力资本和智力成果，按照知识产权、人力资源等要素在创业中的特殊权能作为企业的资本形式，不仅参与企业的分配，尤其要参与企业的投资与改制"。①

第二节　人力资本入股的法学基础

在新经济条件下，由于人力资本独特的功能优势以及对公司发展的重要作用，发达国家的公司法愈来愈重视对人力资本所有者利益的保障，他们创设了职工持股制度、股票期权制、劳务出资等多种形式，以期实现公司利益的最大化。本文前一章简要地介绍了西方国家和我国目前的股票期权、职工持股制度和劳务出资的基本情况。但人力资本入股并不能简单地等同于股票期权、职工持股制度和劳务出资，下文将就人力资本入股的理论基础和相关的法学概念进行全面的论述。

一、人力资本入股的法学内涵

现代经济学家将资本分为物质和人力资本两种形式，所谓人力资本就是指凝结在人身上的知识和技能，它是通过投资形成，在市场上具有一种价格，并能在生产的运动中实现价值增值的生产

———————

① 苏民："国家经贸委主任李荣融：促进中小型企业健康快速发展"，载《经济日报》2001 年 10 月 20 日。

因素。

　　早在 18 世纪，古典哲学家、经济学家亚当·斯密在他的《国富论》中就大胆地把一个国家全体居民所有后天获得的和有用的能力看成是资本的组成部分。他曾经明确指出，学得有用的才能是财富的内容，应列为固定资本的范围。他在《国富论》一书中谈到社会总资产的固定资本时提出，能够提供利润的项目包括："……第四，社会上一切人民习得的有用才能。学习一种才能，须受教育，须进学校，须做学徒，这种才能学习所费不少，这种用去的资本，好像已经实现并且固定在他的人格上。这对他个人，固定是财产的一部分，对于他属于的社会亦然。这种优越的技能，可以和职业上缩短劳动的机械工具作同样的看法，是社会的固定资本。学习的时候，固然要一笔费用，但这种费用，可希望偿还，而赚取利润。"① 由此可见，当时的古典经济学家已经看到人力资本的重要性，但是还仅把它作为从属于同物质资本相当的固定资本。

　　19 世纪末，阿尔费雷德·马歇尔在他的经济理论中正式提出了人的能力因素。他在《经济学原理》一书中，在考察生产因素时，与以前的经济学家不同之处在于除土地、劳动、资本三因素外，还提出了人的健康因素程度和产业训练问题，即把人的能力因素同人的健康程度及产业培训问题联系起来。他说："我们必须考察人的体力的、精神的、道德的健康及其程度所依存的各种条件。惟有这些条件才是劳动生产率的基础。物质财富的生产是依存于劳动生产率的。而另一方面，物质财富，重要的在于通过很好地利用此财富提高人力的、体力的、精神的、道德的健康和程度。"② 后来他的《国民教育投资论》对人力资本理论的形成产生了相当大的影响。

---

　　① ［英］亚当·斯密，郭大力等译：《国民财富的性质和原因的研究》（上卷），商务印书馆 1972 年版，第 257～258 页。

　　② ［美］马歇尔，朱志泰等译：《经济学原理》（上卷），商务印书馆 1999 年版，第 210 页。

人力资本作为一种理论是 20 世纪 50 年代从经济学中分化出来的，美国经济学家沃而什在他的《人力资本论》中首先提出了人力资本的概念，但对"人力资本"研究卓有贡献的应当是西奥多·舒尔茨，舒尔茨的人力资本理论的主要内容是：第一，人力资源是一切资源中最重要的资源；第二，在经济的增长中，人力资本的作用大于物质资本的作用；第三，人力资本的核心是提高人口质量，教育投资是人力投资的主要部分；第四，教育投资应以市场供求关系为依据，以人力价格的浮动为衡量符号。① 舒尔茨在《人力资本投资》一书中指出，有技术知识的人力和缺少技术知识的人力对经济发展的贡献存在着差异，这种差异源于他们所受的教育、训练的不同，而这种不同又起因于社会和个人对人力资源教育、训练投资的程度。因此，社会和个人产生更富的收入，这显然是一种资本，应称之为人力资本。

人力资本入股是指将企业内部成员所拥有的人力资本存量直接作价入股，使之从企业净收入中在价值上不仅得到补偿性回报，而且得到增值性回报和剩余性收益，并可享有对企业的经营参与权和重大问题的决策权。也就是说人力资本所有者是企业的股东，以其人力资本向企业投资，享有公司法意义上的股权。人力资本所有者基于其所持人力资本股份，在获得工资的同时，还有权获得税后利润的分配请求权（剩余索取权）和法定的控制权（重大决策、选择管理者以及相应的剩余控制权）。②

（一）人力资本入股的主体

1. 实行人力资本入股的企业主体

实行人力资本入股的企业应该是股份制企业。我国目前的股份制企业形态有股份有限公司、有限责任公司和股份合作制企业。但

---

① ［美］西奥多·舒尔茨：《论人力资本投资》，北京经济学院出版社 1990 年版，第 121 页。

② 李宝元："人力资本产权与中国企业改革"，载《学术论坛》2000 年第 30 期，第 30～33 页。

由于考虑到我国采用人力资本入股制度的立法目的，从公平原则出发，对人力资本的适用范围应加以确定，即以下三种类型的企业应该排除在外：一是垄断性行业。在计划经济体制向市场经济体制转轨时期，行业分配不公已经成为影响社会公平的严重问题。由于垄断行业获利主要是凭借非市场的因素，从消费者榨取高额垄断利润，如果在这样的行业推行人力资本入股并不会对企业的生产经营起到促进作用，因为企业的效益与人力资本的价值和投入情况无直接的联系，相反会从国家多分一部分垄断利润进入个人的口袋，从而进一步加剧社会分配不公。二是涉及国家安全的特殊行业如军工企业。这部分行业涉及国家的安全与秘密，对国家的发展是至关重要的，如果允许人力资本入股，使普通职工过多地参与企业的管理经营，不利于国家整体利益的保障。三是国家特许设立的企业。这类企业往往兼有部分社会行政管理职能，如果实行人力资本入股会对国家权力有所影响，破坏社会主义市场经济秩序。

目前，我国上海等地，只允许在人力资本较为集中、科技含量较高的现代服务业、先进制造业以及创新创意产业领域，实行人力资本一次性作价入股，出资金额不超过公司注册资本的35%。但随着经济的发展以及各类人力资本专用性的增强，应将实行人力资本入股的范围逐步扩大。只要是不属于上文提到的三种限制情况的股份制企业都可以逐渐实行人力资本作价入股。当然，一种制度的完全实施，也需要一个过程，不能一蹴而就，因为在高新技术产业人力资本的价值表现得比较明显，所以可以先在这些企业进行试点，而后再在其他行业逐步推广。

2. 享有股权的人力资本所有者

这里的关键在于是不是所有的人力资本所有者，也就是本企业所有的全职职工都可以以其人力资本入股，还是只有企业的高层管理者、高级技术人员才可以享有股权。从未来的经济发展趋势来看，所有的人力资本所有者，都可以以人力资本入股。从权利来说，每一个人力资本的所有者都有能力，但要通过博弈或者市场的竞争，稀缺的权利才能得到实现。因此，就目前而言，许多企业都只允许企业的经理层和高科技人员以人力资本入股。

我们知道人力资本是非均衡的,可以分为普通人力资本和特殊人力资本。在企业中,普通人力资本的所有者是没有经过专门化训练、从事标准化简单劳动的生产人员;而特殊人力资本的所有者是经过特殊训练、具有专门化知识和特殊技能的管理和技术人员。随着知识经济时代的不断演进,在企业契约中,普通的人力资本所有者也将更加的专业化,具有很强的不可替代性,因此,不同的人力资本所有者都可以分享企业的所有权,只是份额和种类应有所不同。特殊人力资本所有者基于其较强的管理能力和创新能力,应当获得大部分剩余索取权和全部控制权,而普通人力资本所有者应当分享基于自身贡献的部分剩余索取权。

当然,企业为了保持股东的稳定性,可约定职工的持股与在企业的服务年限挂钩,因为实行人力资本入股的最终目的是促使职工努力工作,提高企业的经济效益。反过来,也只有努力工作的职工才可以通过人力资本入股与企业共享剩余利润的分配,而这些对于刚加入企业的员工是无法办到的,而且对人力资本价值的评估也需以已有的劳动创造的价值为基础。

(二)人力资本入股的基本形式

考察一些现有的人力资本入股的方案,可以认为以下两种方式比较适合我国的基本国情。

1. 人力资本股份不计入公司的注册资本

在企业章程中明确规定人力资本所有者的股东资格,此类股东据此行使股东权利,承担股东责任,但公司注册资本中不计入人力资本股份。也就是说,人力资本股份成为一种名义上的股份,人力资本所有者享有法定股份所应有的剩余索取权和剩余控制权。这种方法通过名义股份的方法使人力资本所有者享有股东权利承担股东义务,较好地规避了现行法律的规定。其优点是简单易行,不与现行法相冲突。这种方法实际上是一种企业内部管理行为,不具有对抗第三人的效力。也就是说,让人力资本所有者享有与其人力资本份额相应的收益权和表决权,但是在公司的章程中要约定人力资本所有者应该承担相应的股东责任，即保证在出现经营失败的情况下，承担与自身经营行为有关的部分损失。在目前，为了保证公司资本充足，运用这种方法来达到规范企业设立行为的目的是比较合适的。但是，采用人力资本入股的原因之一是为了降低企业设立对于物力资本的门槛要求，特别是对于高新技术产业。而如果采用这种方式，人力资本的价值不计入注册资本，并不能缓和企业设立的资金压力，在一定程度上允许人力资本入股的目的就不能得到完全的实现。所以这种形式只适合目前我国人力资本专用性不是很强，物力资本作用大于人力资本的情况，毕竟它可以绕开法律的许多障碍。因而，这种方式还不是人力资本入股的标准形式。

2. 人力资本股份计入公司的注册资本，但必须提供担保

企业职工直接以人力资本作价入股，享有与物力资本所有者一样的股权。也就是说，人力资本所有者与物力资本所有者都处于同等的地位。企业设立时，允许职工以人力资本作为一种无形财产投资入股，这一部分股份的所有权归职工所有，职工享有完整的股权。但由于职工取得股权时，并未支付相应的金钱对价，在企业契约中必须要求入股的职工提供与人力资本入股价值相当的其他财产作为担保。这种方式既可保证企业设立时的资本充足，又可有力地保障债权人的利益。但是，一般情况下，人力资本所有者都没有很强的经济条件，那么怎样提供担保，担保的价值又如何确定，如果单纯的以人力资本的评估价值为标准，那么出资者是否又变成了拥有物力资本的那些人，是否可以通过法律规定能提供担保的人力资本所有者可以入股，但是那些不能提供担保的人力资本所有者也能以其人力资本入股，只是不能计入公司的注册资本。这就需要适时地修改相关的法律，但是这种人力资本的入股形式是符合历史发展方向的，应作为我国创建人力资本入股制度的最终实现方式。

（三）权利和义务

职工股与普通股享有的权利是否相同，职工股由于其特殊性，享有的权利是否也应有所不同，这应该是公司企业法要规定的重要内容之一。

《公司法》第 4 条规定："公司股东依法享有资产受益、参与重大决策和选择管理者等权利。"法律的核心是权利和义务的确定，也是立法者和特定法律关系的调整主体最关心的问题，由经济制度的需要而引发的法律层面的人力资本入股制度更加应该对人力资本所有者的权利和义务给予较全面的规定，既有效地保护人力资本所有者的股权，又合理地规范他们的义务，防止权利的滥用。

1. 基本权利

（1）职工享有公司资产受益权

职工按照所占有的股份享有股权，应按比例分得公司的红利，也即分享公司的收益，这应是任何法律都不应剥夺的股东的基本权利。但有些国家的法律规定，股权是由统一的机构，如职工持股会来管理，职工股所分得的红利，通常要等到职工退休或离职等情况下，才作为一种福利发放给职工。

既然职工通过人力资本作价入股享有股权，法律就应该规定他们可以像其他股东一样按期分享公司的利润，这才能使职工真正成为股东，享有应有的股东权利提供最有力的法律保障。

（2）职工股的表决权

首先，我们应该肯定职工可以享有表决权，也就是对重大决策和选择管理者等事项可以按其股份所占比例投票表决。我国引进人力资本入股制度就是要更好地调动员工的劳动积极性，关心企业的发展，参与企业的经营管理，提高企业的经济效益，让职工享有表决权是我们必然的选择。持股员工享有表决权，使之能确实地从所有者的角度出发去关心、参与企业的发展，尤其是对于国有企业，实现了工人阶级从理论上的所有者到现实所有者的转变，能够真正发挥人力资本的价值。

其次，应强调的是，职工表决权的行使应具有统一性或整体性，有别于普通股东个别意志的一股一票，职工股股权的一股一票经全体股东内部表决，形成多数人的意志，参与股东会或股东大会的表决，才能解决小股东"人微言轻"，无法影响权力机构的最终决策，不重视股东权行使的问题。这是职工股享有表决权的前提，缺少这个基础，有了权利也是形同虚设。

再次，表决权统一行使的前提是充分尊重职工的意见。不管是职工持股会还是其他机构来行使职工的表决权，都只是一种代理行为，必须以职工股东的最大利益行事，他们代表的应该是持股职工的意见，也就是说，在行使表决权前，必须充分征求职工的意见。

最后，要防止表决权的滥用。表决权的行使还涉及内部人控制问题。"内部人控制"是指在企业所有权与经营控制权分离的状态下，企业的经营者借助对企业资产的实际控制，损害外部股东利益而为自己谋取利益的行为。人力资本所有者的利益在很多方面都和管理层的利益相符合，但由于管理层的持股比例往往要比一般的职工所占有的比例高，因此，管理层通常都能控制整个职工股东的投票表决权。另外，管理层为了巩固自己的控制权，可能利用公司的资产对职工"行贿"，讨好职工以获取投票的优势。因此，应当相应地限制管理层的表决控制权，并加强管理层的忠实义务。

（3）职工股的转让权

我国实行人力资本入股的主要目的是密切职工与企业的关系，使职工能够监督企业的经营管理，改善公司的治理结构，使企业能够健康的发展。因此，职工股必须具有稳定性，职工持股不能以追求短期盈利为目的，而必须促使其关心企业的长期发展，使其从单纯地追求股票价格差异收入转为追求长期、高额的股利分配。只有这样，职工股才具有了与普通股相区别的真正意义，形成企业对职工的内部约束与激励机制。因此，在立法中必须对职工股的转让进行严格的限制。有人认为，不允许职工转让股份，当股价上涨时职工只能眼睁睁地看着溢价的收入失之交臂；当股价下跌时只能被动地承担风险，难以说得上公平。这一观点忽略了股份自由转让的基本前提，即股份发行的公开、公平、公正，同股同权、同股同利原则。由于职工是用人力资本作价入股，所以其所享有的股权具有很强的专属性，而且本文所讲的人力资本入股，是以职工的技能和智慧等为出资的基本形式，并不要求职工以货币形式购股，既然职工并未支付相应的金钱对价，那根本不存在权利转让获利的问题。如果允许职工通过转让所持股份，获得包括所持股份股价在内的对价，实际上是一种不当得利的行为。另外，职工股只有与企业的生产经营活动相结合，才能发挥它的作用，也才有享受利润的可能。

虽然立法对职工股的流转应该进行严格的限制，但在特殊情况下，如职工退休、死亡、调离、辞职及被企业辞退、除名等情形脱离企业时，只要他已经在企业工作了一定的年限，也就是说人力资本入股的股价已经通过职工的多年劳动为企业赚取了利润，那么他可以向其他职工转让其实际持有的职工股或由职工持股组织在法定期限内回购其实际持有的职工股；在企业确有侵犯职工股权权益，违背对职工股的预先承诺时，持股职工完全可以通过持股组织要求企业回购这一部分股票。

2. 基本义务

（1）参与企业的日常生产和管理活动，创造企业的剩余价值

人力资本所有者以其人力资本投资而依法享有股权，其应该承担的首要义务是投入自己的人力资本，这种投入应该是对企业日常生产和管理的参与，而且应该是按照合同或者企业章程的规定履行义务。一方面，人力资本所有者不能像一般的单纯的物力资本所有者（这里是指只定期参加股东大会而不从事日常决策劳动的那部分股东）那样只是偶尔从事企业的管理活动，而必须是从事一种经常性的工作，这种工作对于企业的发展是至关重要的，是企业剩余价值创造和实现的源泉。离开了人力资本所有者的这种劳动，企业是无法生存和发展的。另一方面，人力资本所有者必须遵守入股时所签订的合同，依法履行自己的劳动义务。因为人力资本所有者和物力资本所有者通过协商和谈判，同意人力资本所有者以其人力资本入股的一个关键原因是，人力资本所有者的人力资本价值对企业的发展是不可或缺的，所以一般在入股合同或者企业的章程中都会注明人力资本投入劳动的方式，特别是对于高科技人员，他们的技术劳动的投入，如果与企业预期的要求不一致，那么就不可能实现人力资本入股的真正目的。

（2）竞业禁止义务

竞业禁止义务一般是各国公司法对董事等高级管理层规定的义务。所谓"竞业"就是对特定营业有竞争性的活动。所谓"竞业禁止"亦称"同业禁止"，是指董事不得将自己置于其职责与个人利益相冲突的地位或从事损害本公司利益的活动，即不得为自己或第三人经营与其同类的营业。① 我国《公司法》第149条规定，董事、高级管理人员未经股东会或者股东大会同意，不得自营或者为他人经营与所任职公司同类的业务。由于人力资本入股的特殊性，应该对人力资本出资入股者规定相应的竞业禁止义务，当然这种限定是在章程或合同约定的义务范围和期限内的。因为人力资本出资以后，就成为公司财产的一部分，公司对这部分"资本"享有所有权。人力资本在出资后经过较长时间的工作往往成为本行业或本部门不可或缺的"资本"，人力资本的去留可能会对任职企业产生极大的影响。而人力资本与物力资本相比，作为人力资本载体的人具有流动性。其人力资本属于非消耗物，可重复使用，他极有可能以其人力资本在其他同类行业的公司工作，甚至私自毁约，离开公司，"抽逃"其"出资"，利用其专业知识和专项技能，对同类营业项目重复出资或进行自利性活动，损害原任职公司的利益。为此，必须对人力资本入股者规定相应的竞业禁止义务，规定人力资本入股者在所任职期限或离任后的一定期限内，不得向其他与其所任公司同类营业的公司出资以及从事其他损害原任职公司利益的活动。

（3）保密义务

人力资本随着时间的推移，将产生越来越强的专用性，而这种专用性正是企业竞争力的源泉。专用性的人力资本拥有大量的企业信息，而且这种信息成为了他们的私有信息。这部分私人信息虽然有一部分可能源于企业的人力资本投资和员工的边学边干，是企业

---

① 冯果："论公司资本三原则理论的时代局限"，载《中国法学》2001年第3期，第12~13页。

核心竞争力的保证，但由于其私有性，企业的物力资本投资者无法对其提出产权要求，也无法对其进行监督。掌握此类人力资本的员工一旦离开企业，转而从事与原企业竞争的行业，或者受聘于原企业有竞争关系的企业，则会对原企业的核心竞争力造成极大的威胁。因此，必须规定人力资本所有者的保密义务。我国公司法规定了董事、监事和经理的法定保密义务，而对其离职后的保密义务承担，以及其他人力资本所有者的保密义务承担，均无规定。劳动法填补了这方面的漏洞，规定劳动合同当事人可以在劳动合同中约定保守用人单位商业秘密的有关事项。在一些行政规章和地方性法规中也有关于保密协议的规定。其实，既然人力资本所有者享有广泛的股东权利，同时也就应该承担更多的义务，以最大程度地保护企业的利益。因此，法律应该规定员工无论在职还是离职，都对企业的商业秘密负有保密的义务。同时员工在承担这种保密的不作为义务时，还意味着要积极地行为，即人力资本所有者在离职后也要承担保密义务，在实践中就要求人力资本所有者在离职时须交付其职务上所保密的相关信息资料。

（四）人力资本入股与人力资本所有者享有股权的其他法律形式的区别

股票期权的来源主要是公司原有股东转让、资本公积金和盈余公积金转增和配股权赠送。员工持股除了上述来源外还有新股发行时员工直接认购。这些股份都是因相应货币缴入公司而发行的，与人力资本入股只评估价值、不转移（也无法转移）权属的情形截然不同，人力资本入股不需人力资本所有者支付相应的实物资本，而股票期权和职工持股一般情况下都需职工通过不同的形式支付一定的货币。我们可以说人力资本所有者通过股票期权制度和职工持股制度而享有的股权，仍然是一种物力资本股，不是以人力资本的投入为依据的，而只是一种同公司外其他人员相比所具有的优惠购买本公司股票的权利。

此外，他们虽然都旨在通过实现人力资本所有者利益最大化，充分调动人力资本所有者的积极性，但人力资本入股更侧重于事前的激励，通过确立人力资本所有者人力资本财产权的合法性并允许其出资入股，有利于形成对人力资本所有者的长期激励。股票期权制度更侧重保护的是经理层的索取权，而职工持股计划有利于保护技能性人力资本和一般型人力资本的利益。一般情况下，参与股票期权和职工持股制度的员工主要享有的是剩余索取权，而人力资本入股后，人力资本所有者还享有对公司的经营参与权和重大问题的决策权。

至于劳务出资这种形式，很多国家的公司法都承认了它的合法性，虽然这些国家的法律可能不允许人力资本入股。劳务就是不以实物形式而以劳动形式为他人提供某种效用的活动。劳务即服务，指通过债务人一定的作为而满足债权人特定需要的行为。① 可见，劳务本身并不是一种权利，而是一种民事法律行为。该民事法律行为是由两个以上彼此平行的意思表示结合在一起而构成的，是一种合同。② 劳务出资实际上是人力资本所有者与企业达成的一个人力资本所有权转让合同。在企业契约达成后，人力资本所有权权能要发生分解，部分权能要让渡。劳务出资表面上是行为出资，实际上是人力资本出资。各国公司法之所以采用"劳务"一词而不愿用"人力资本"，其根源乃在于"劳务"含服务之意，指人力资本应当为物力资本服务，受其"雇佣"，也就是说，人力资本所有者是因为受雇佣而享有股权，而不是因为人力资本本身具有财产性，而人力资本入股制度是建立在人力资本本身就具有价值，可以进行物化，因此可以作价入股的基础上的。

二、人力资本入股的法理学基础

由于人力资本入股要形成制度化必须要有法律制度作为依托，所以从法理学的角度来研究人力资本是一个顺理成章的过程。

---

① 《马克思恩格斯选集》（第 2 卷），人民出版社 1972 年版，第 537 页。
② ［美］西奥多·舒尔茨：《人力资本出资中教育和研究的作用》（中译本），商务印书馆 1990 年版，第 335 页。

（一）法律的基本性质与人力资本入股

1. 人力资本入股有利于法律对人的创造力的开发

我们知道法律的性质不在于命令人们去做什么，而在于创造一定的条件去开发人们的潜力，去从事对社会有利的事情，也就是它应该有利于人的创造力的开发。正如美国法学家博登海默所说："在为建设一个丰富而令人满意的文明的努力奋斗过程中，法律制度发挥着重要而不可或缺的作用。当然，法律并不能直接进行或增进文明大厦的建设；它也不能命令人们成为发明家或发现家；去设计城市建设的新方法，或去创作优秀的音乐作品。然而，通过为人类社会组织确立履行更高任务的条件，法律制度就能够为实现社会中的美好生活作出间接的贡献。"① 因此，法律制度的建立并不是一定要人们必须以人力资本入股，而不允许人们进行其他的选择，但是我们在进行法律设计时，应该考虑到人力资本入股对社会文明、经济发展可能带来的积极作用，而赋予人力资本所有者以人力资本入股的权利，至于人们怎样去实现这一权利，则不完全是法律所能解决的。

人力资本所有者如果只是单纯的通过有偿的劳动获得劳动力的价值，即获得工资这种报酬形式，那么人力资本投入的成本又该通过什么形式收回？因为这不仅包括劳动者自身的投入，还包括劳动者的家人、企业甚至国家的投入，这些价值都被体现在劳动者身上，那么这些价值应该怎样才能实现，并服务于社会呢？人力资本所有者的潜能又如何很好地被挖掘出来，从而更好地为企业创造利润呢？这就需要法律的调控。"一个社会制度的成功，在很大程度上取决于它是否能够将人们在经济追求与性追求方面未被耗尽的剩余精力引入合乎社会需要的渠道。"② 人往往有创造力和惰性两种倾向，经济法是调整增量利益生产和分配关系的法律规范的总称，

---

① ［美］博登海默，邓正来等译：《法理学——法律哲学与法律方法》，中国政法大学出版社 1999 年版，第 393 页。

② 同上。

它能很好地激发人的创造力，促使人们为了追求增量利益而付出自己的全部能力。而民法和行政法是调整存量利益关系的法律规范的总称，因此只是为人们维持现有的社会秩序和利益创造条件，往往会导致人类惰性的滋生。我们可以看到，通过经济法对人力资本入股的法律规范，让人类认识到自己的活劳动可以创造增量利益，并且可以分享增量利益，那么就会激发人力资本所有者更大的积极性和创造力，为企业和社会创造更多的增量利益，从而实现经济法的立法目的和宗旨。

"法律通过创设有利于发展人的智力和精神力量的有序条件而促进人格的发展与成熟。"① 法律在承认人力资本入股的前提下，人力资本所有者可以充分地意识到自己的价值，并且会投入更多的价值在其中，比如通过职业教育、专业培训等形式，来提升自己的人力资本价值，同时也会更加注意自己实践经验的积累和工作、管理方法的总结和提高，那么人的整体素质和实力必然得到发展，有利于人类的发展与进步。"法律所构建的制度性框架，为人们执行有关政治、经济、文化等方面的多重任务提供了手段和适当的环境，而这些任务则是一个进步社会为满足其成员的要求而必须予以有效完成的。通过践行上述职能，法律促进潜存于社会体中的极具创造力和生命力的力量流入建设性的渠道；法律也因此证明自己是文明建设的一个不可或缺的工具。"② 因此，我们不得不承认人力资本入股这一法律制度的确立，既是社会成员发展的要求，也符合社会发展的方向，法律应该为它提供一个制度化的平台，至于在实践中可能遇到制度上的障碍，比如人力资本价值评估、债权人保护方面存在的问题，可以通过法律制度的构建予以逐步地完善。

2. 人力资本入股符合法律对利益有效调整的要求

马克思主义认为，"利益"是一个非常重要和实用的社会概

---

① ［美］博登海默，邓正来等译：《法理学——法律哲学与法律方法》，中国政法大学出版社1999年版，第394页。

② 同上。

念。"每一个社会的经济关系首先是所谓利益表现出来。"① "人们奋斗所争取的一切，都同他们的利益有关。"② 利益，就是人们企求满足的一种要求、愿望或期待。正如列宁、普列汉诺夫等杰出的马克思主义理论家所言："利益推动着民族的生活。"③ "利益——这就是一切创造性活动的源泉和动力。"④ 既然利益的不断实现和追求是提高生产力，促进经济增长的决定性动机，是社会发展的动力，那么，承认和保护人们的利益，使之成为一种权利，从而激励人们在法的范围内尽其所能地实现物质利益，就成为人类之所以需要法律的一个重要理由。法律可以确认、界定、分配各种利益，可以协调利益关系，并且保障、促进利益的实现。法律对利益的调整可以说反映了法律的基本性质和作用。

而人力资本具有自利性。自亚当·斯密以来，经济学就把人看做是"理性的经济人"，即人的行为目的在于追求个人财富和利益的最大化。有学者将之称为"人力资本的私有性"。⑤ 由于"人控制着自身人力资本的使用，也要求对其使用收益有合理的回报，因此人力资本的使用与收益具有功利性和排他性"。⑥ 现代企业是人力资本与非人力资本共同组成的特别合约，如果我们通过法律合理地分配权利，让人力资本所有者可以充分地分享利润，人力资本与物力资本能够很好地结合在一起，人力资本所有者与企业就会受一个共同的利益所驱使，人力资本的"自利性"越得到满足，其"利他性"的特点就会发挥得越充分，就越容易促进企业经济效益的提高。反之，如果人力资本所有者自身的利益得不到应有的满

---

① 《马克思恩格斯选集》（第 2 卷），人民出版社 1972 年版，第 537 页。

② 《马克思恩格斯选集》（第 1 卷），人民出版社 1972 年版，第 82 页。

③ 《列宁全集》（第 18 卷），人民出版社 1957 年版，第 86 页。

④ ［苏］普列汉诺夫：《普列汉诺夫哲学著作选集》（俄文版），三联书店 1959 年版，第 649 页。

⑤ 张维迎："所有制治理结构与委托代理关系"，载《经济研究》1996 年第 9 期，第 21~23 页。

⑥ 郭敏、屈艳芳："人力资本的特性及其经济价值的实现"，载《财政研究》1996 年第 6 期，第 32~34 页。

足，他们会通过采取投机取巧、短期行为、挪用资金等损害企业整体利益的方式来谋取自己的利益。而采取人力资本入股的方式恰恰是最有利于实现人力资本所有者的个人利益，也必然会促进企业利益的满足。既然法律是对利益的有效调整，那么用法律的形式确立"人力资本入股"的法律地位，实现人力资本所有者的基本利益要求，是符合法律的基本性质的。

与此同时，人力资本所有者在从事生产的过程中，必然与其他利益产生对立和冲突，用哪种最有效的法律形式来权衡和调节各种利益冲突，以便把这种对立和摩擦减少到最低限度，这正是法律的使命所在。而采用人力资本入股这种形式既能平衡人力资本所有者与物质资本所有者的利益，又能解决投入和产出的矛盾，法律把它确立下来有其必要性。

（二）法律价值与人力资本入股

1. 人力资本入股有利于正义价值的实现

正义简言之即公正、公平、公道的意思。古希腊思想大师亚里士多德把正义分为分配正义和校正正义。[①] 其中分配正义涉及财富、荣誉、权利等有价值的东西的分配。即"在团体的生活下，配合各人的价值赋予团体精神上、名誉上或物质上利益。人之人格、才能、经验、勤惰等因人而有异，配合着其差别而予以公平之相异处置，此便为分配之正义。易言之，团体、名誉、财货或其他之文化利益等，应配合各人的能力及功绩来分配。其结果，如果对人格的高洁者与低劣者，经验才能之丰富者及贫乏者，予以同等待遇，则反而会违反正义的要求"。[②] 分配正义是指对有价值的权利、利益等进行公平的分配。在企业中，也就是对物力资本所有者和人力资本所有者共同创造的剩余价值进行分配，这种分配是否正义就要看能否平衡两者的利益。由于人力资本所有者相对来说处于弱者地位，所以要在利益分配上适当倾斜，才能达到实质正义。现代社

---

① 张文显：《法理学》，北京大学出版社、高等教育出版社 1999 年版，第 253 页。
② 刘得宽：《民法诸问题与新发展》，中国政法大学出版社 2002 年版，第 630 页。

会对人才的要求日益提高，人力资本所有者本人及家人、企业乃至国家必然要投入更多的人力、物力和时间来完成人力资本的积累，而且人力资本由于必须接受长期的教育和培训，又面临着其他工作机会的丧失，再加上市场竞争的日益激烈，人力资本的价值可能随时贬值，失去其原有的稀缺性。与此同时，面对人力资本知识结构的愈来愈专业化，个人的人力资本一旦进入到企业以后，它的使用就趋向单一并且缺乏向其他部门或行业转移的可能性，那样人力资本的流动性就受到极大的抑制。在这种情况下，人力资本所有者对自己的价值分配必然要求与其风险性相适应，因而要求更多的机会参与企业的利润分配。人力资本入股制度就成为了公正合理地分配利益的有效手段之一。

从另一角度来说，不同的人力资本所有者由于其价值形成的投入不同，工作才能和经验的差异，对企业的贡献也会有所不同，尤其是那些企业家们需要更好的心理素质和承受力面对激烈的市场和随时可能发生的投资失败，还要面对自己随时被解聘或辞退，或者终身失业。那么这一类人力资本所有者可能要求分配更多的利益，才能实现分配正义，而单纯工资的数额已不能体现他们巨大的价值投入和承受的风险，所以这一部分人更加要求以其人力资本入股，以体现其价值，特别是通过法律的形式来保障他们的权利，以实现法律的正义价值。因此，承认各类人力资本的价值，允许其以各自不同的人力资本入股并根据他们所创造价值的大小赋予他们相应的剩余索取权是合乎"正义"之举，与他们所承担的风险可以说是基本上相符合的。

2. 人力资本入股有利于效率价值的实现

承认并保护人力资本的财产权和剩余索取权，允许人力资本入股也符合法律对效率追求的价值目标。现代社会的法律，从实体法到程序法，从根本法到普通法，从成文法到不成文法，都有或应有其内在的经济逻辑和宗旨：以有利于提高效率的方式分配资源，并以权利和义务的规定保障资源的优化配置和使用。在基本意义上，经济效率就是生产力的进步，生产力的基本因素有三个，即劳动者

（人）、劳动资料（物）和劳动技能（智）。只有这三个要素得到保护，并且能够得到自由的结合，生产力才能发展。我们这里所提到的"人力资本"就涉及生产要素中的两个重要方面：劳动者和与劳动者密切相关的劳动技能。法律必须采取最有效的方式，来保障两者在经济运行中的最佳状态，从而实现资源的最优配置。那么，人力资本入股就是一种既能实现劳动者的利益，又能促进劳动技能得到充分发挥的有效方式，因此应该以法律形式将其规范化。

一方面，人力资本拥有企业剩余索取权有利于促进人力资本的投资，提升人力资本的价值。人力资本投资与其他投资一样，目的是为了追求利益。为了提高人力资本投资的效率，人力资本所有者也就要求更多地参与企业的生产和管理。通过提高企业的效率来实现自身的价值。同时，人力资本参与企业产权安排，将增强人力资本所有者的归属感，有助于提高人力资本利用和开发的效率，进而提高企业经济效益。

另一方面，法律通过确认和保护人权，承认和保障人们权利的实现，确认和保护产权关系以及保护和创造最有效率的经济运行模式，来最终实现效率的提高和资源的优化配置。在过去计划经济体制下，我们无视人力资本的差异性，从根本上排斥人力资本的资本性与自利性，在分配领域搞"一刀切"的平均主义。平均主义的分配制度导致经济的低效率，经济的低效率又反过来制约着人们积极性和创造性的发挥。人力资本作为一种财产权可以出资入股，人力资本所有者享有与物力资本所有者同样的剩余索取权是符合法的基本价值目标的。

（三）法权与人力资本入股

"权利是一个具有发展性的概念，某种利益具有加以保护的必要时，得经由立法或判例学说赋予法律之力，使其成为权利"。正如前面我们所分析的，人力资本在企业发展中的作用日益明显，而且大有超过物力资本作用的趋势，修改的公司法也对出资的条件适当地放宽，"能够用货币估价并依法转让的非货币财产均可出资"，只要是人力资本能够绕开制度设计的障碍，完全可以成为出资主体,而在此基础上人力资本所有者入股享有股东的权利应被赋予"法律之力"。这种基本的权利应该得到法律的认可。

同时,权利总是与某种有利的、至少一般来说不是人们所不希望的后果的归结相连。至于是不是每个有资格享有权利的人都认为这种结果是有利的,并通过行使权利的活动去实现这种结果,则取决于当事人的意志。权利指引人们留下了较大的自我选择余地,它们预设的法律后果带有较大的或然性即不确定性。[①]

权利的确定和现实的实现应该是有所区别的,是否承认人力资本入股制度的法律地位和实践中是否进行人力资本出资入股是两个问题。从权利的设计上看,法律为人力资本所有者权利的享有提供了各种模式和途径:人力资本所有者既可以从事个体劳动为自己谋取经济上的利益;也可以通过与用人单位签订劳动合同而让渡自己的人力资本使用权来获得工资收入;还可以将人力资本作价入股从而获得股权收入同时承担相应的经济风险。而人们在实践中选择以何种方式来实现自己的权利,则不仅取决于其所有者的理性选择,还取决于其对待风险的态度和人力资本的类型与存量,更取决于其与物力资本的谈判。例如,一名颇有科技创新能力的发明家,既可以自己独立从事发明创造活动并转让其科技成果而获得经济利益,也可以与某公司订立劳动合同从而成为该公司的科技人员领取固定的工资报酬(以及按照专利法而获得各种奖励和报酬),还可以在其尚未形成科技成果时与物力资本所有者在充分信任、了解的基础上,以其人力资本出资入股而成为公司的股东。[②]

虽然法律可以设定各种模式供人们选择,但制度选择上仍有好坏优劣之分。在不允许人力资本入股的情况下,这类技术人员只能以其他形式获得物力资本所有者的股份赠与,这样将不利于科技人员自身价值的实现,而且这类股东不需要承担任何的商业风险,对

---

① 张文显:《法理学》,北京大学出版社、高等教育出版社 1999 年版,第 122 页。
② 李友根:《人力资本出资问题研究》,中国人民大学出版社 2004 年版,第 228页。

于物力资本所有者的利益保护也极为不利。在允许人力资本入股的情况下，这类人力资本所有者成为股东，与物力资本所有者共同行使公司的管理权，共同享有公司的利润分配权并共同承担公司的经营风险，既有利于最大限度地发挥人力资本所有者的价值，也有利于其他股东获得更大的经济效益，减少公司的经营风险。在现实经济生活中，毕竟存在着一些物力资本相对丰裕、高层次人力资本相对稀缺与急需的行业，如果允许人力资本入股，则可以有效地实现金钱与智慧的结合，为人们追求经济利益提供更多的选择。

另一方面，人力资本所有者虽然享有以其人力资本入股的权利，但在现实中能否实现，取决于人力资本所有者与物力资本所有者对话的能力，这是权利能否实现的关键因素。但是我们不能因为有大部分的人力资本所有者由于人力资本不具有稀缺性或者专用性，或者由于所处的行业物力资本的作用更甚于人力资本的作用，从而无法实现这一部分人力资本所有者的股权而否认这项制度的合理性。

三、人力资本入股的经济法基础

（一）人力资本可以作价入股

日本学者志村治美认为，在由只承担有限出资义务的股东构成的股份公司，其对外信用的基础是由股东筹措的资本。因此相应的法律为资本充实设置了种种规定，关于现物出资的规定也构成其中一环。修改后的公司法对于除了货币以外的其他财产的出资也规定了应该具备的条件，即可以用货币估价并可以依法转让的。作为使现物出资标的物成立的要件，从经济法规定及现物出资制度的目的来看，必须具备以下四个要件：

1. 确定性

所谓的确定性，是指现物出资标的物必须特定化，即能够客观地明确什么可以作为现物出资标的物进行出资，不得随意变动。一方面，人力资本，特别是专用性的人力资本，是客观存在的、确定的能力和技能，具备确定性。人力资本所有者因激励不足可能关闭自身人力资本，也并不影响人力资本的确定性。因为人力资本关闭是在不允许人力资本出资的情况下，由于非人力资本所有者垄断企业所有权而出现的极端现象。另一方面，社会化大生产代替自给自足的小生产，市场经济取代自然经济，必然要求社会分工的充分而广泛的发展。而社会分工越发展，劳动越专业化，人力资本的专业性就越强，当人力资本所有者将自己的资本投入某一特定行业和企业后，往往成为一种抵押品，退出或进入其他企业时将比较困难。如果随意进入一个不适合自己专长的企业，或者随意退出一个适合自己专长的企业，都会对自己造成损害。因此，这种人力资本所有者退出某一适合自己企业的惰性，使得人力资本在固定企业工作也同样具有确定性，能够相对保证企业人力资本出资主体的稳定性。

2. 现存的价值物

所谓现存的价值物，是指出资标的物应是事实上已经存在的价值物。人力资本是确实存在的，虽然这种存在的状态是无形的（无形性的财产并不仅为人力资本）。作为人力资本载体的人是有形的，而且必须是活生生的人，而内化为人身上的知识、技能、体力因素是无形的，但我们不能因此就否认它是事实上已经存在的。首先，人力资本是具有价值的。也就是说通过人力资本的投入，能够为企业带来增量利益，特别是在知识经济时代，人力资本在企业价值创造的过程中发挥了越来越大的作用，甚至是核心的作用，是任何其他的物力资本所无法取代的。其次，人力资本的价值具有现存性。只要人力资本曾经进入过劳动力市场，曾经在企业的价值创造中发挥过作用，它的价值就是现存的，可以进行估价的。只是这种价值是处于变动中的，但其他的可以用于出资的物质资本也同样具有变动的风险。货币资本可能面临随时地增值或贬值，机器、设备等如果与人力资本结合得好，可能发挥超过其本身价值的作用，如果使用不当，也可能在实际的生产中变得一文不值。非专利技术和人力资本一样具有无形财产的性质，存在的状态是无形的，但发挥作用的过程都是具体的，可以量化的。

3. 评价的可能性

所谓评价的可能性，是指用货币尺度进行度量的可能性。人力资本的评估，在理论上已经比较成熟，在实践中也已有许多成功的尝试，应该说对人力资本进行比较准确的计量具有可行性。人力资本出资所面临的这些问题在以知识产权出资时同样存在，"所谓困难，主要是立法技术要解决的问题"。[①] 尽管人力资本的价值具有可变动性，而且在其确实地投入到某一企业中去之前，人力资本的价值往往无从体现，但人力资本在其出资之前具有可评估性是得到了理论界的肯定的。人力资本作为资本的一部分，它与物力资本具有相通之处，即它们都是由过去的投资形成的，都是可以进行物化的。舒尔茨就曾指出："对于有形资本货物，惯常的做法是根据生产资本货物的支出来估价资本形成的多少。这一惯用法也完全适用于人力资本的形成。"[②] 并且舒尔茨进一步分析了影响人力资本的五大要素：一是医疗和保健；二是在职人员培训；三是正规的初等中等和高等教育；四是成人继续教育；五是个人和家庭适应于变换就业机会的迁移。[③] 对于人力资本的所有者而言，他的人力资本的生成需要长期的累积过程，在以人力资本出资之前将上述投资加以计算，再将其融入人力资本市场的动态供求关系中考察，是可以正确评估人力资本的价值的。这样人力资本所有者在将其人力资本出资之前其人力资本可以通过量化处于一种"静态"，使之能像其他现物出资标的物一样将其种类、数量等内容记载于公司章程以达到用货币尺度对人力资本进行度量的要求。

4. 独立转让的可能性

所谓独立转让的可能性，是指出资人对于该出资物享有独立支

[①] 蒋大兴："人力资本出资观念障碍及其立法政策"，载《法学》2001年第3期，第25~27页。

[②] ［美］西奥多·舒尔茨：《人力资本出资中教育和研究的作用》（中译本），商务印书馆1990年版，第335页。

[③] ［美］西奥多·舒尔茨：《论人力资本投资》（中译本），北京经济学院出版社1990年版，第9~10页。

配的权利，且出资物是可分离物。由于人力资本不同于物力资本，它不能脱离人力资本的载体——人本身而单独转让，因此很多观点认为人力资本不具有独立转让性，这实质上是混淆了人力资本的"专属性"与"可独立转让性"这两个概念。人力资本的"专属性"是指作为凝结在人身上的体力、智力和技能总和的人力资本不能离开它的载体——人而独立存在，健全的活体人格的存在是标示人力资本价值存在的基础。而"可独立转让性"其实质上是讲人力资本所有者对自己的人力资本是否具有支配权。随着人力资本市场的建立与完善，人力资本财产权法律地位的确立，人力资本所有者可以自主决定在什么时候、以什么方式出让和向谁出让其人力资本。从这个角度分析，人力资本所有者对自己的人力资本享有最终的独立控制权。另外，从转让的内容上，人力资本所有者以契约方式转让的是自己的人力资本（确切讲是人力资本财产权），而非人力资本所有者自身。契约关系下的人力资本所有者其人身是自由的，其"不自由"仅仅是他必须按照契约的规定履行从事企业生产经营、竞业禁止和保守商业秘密的约定义务，最大限度地发挥人力资本的优势，为契约的相对方创造价值。综上所述，人力资本具有独立转让性是一个不争的事实。

（二）人力资本所有者可以享有股权

人力资本所有者以人力资本入股后，必然要求享有股权，而以人力资本入股是否享有完整的股权，与法律上的股权概念是否相冲突，这也是理论上必须解决的一个问题。我们认为：以人力资本入股后人力资本所有者同样可以享有股权。

1. 股权体现了一种法权的转换——所有权权能的让渡和股权的取得

所有权是一种既得利益权，是一种彻底的民事权利。《民法通则》第71条规定，"财产所有权是指所有人依法对自己的财产享有占有、使用、收益和处分的权利"。所有权的本质是一种独占的排他性的权利。而当物力资本或人力资本的所有者将资本投入到企业中，也即出资入股后，就不再完整地享有这种排他的、独占性的权利了。投资者失去了财产的所有权，但是取得了两种权利：一是与他人共同享有对企业的所有权；二是股权，主要表现为自益权和共益权两方面的权利。《公司法》第4条规定："公司股东依法享有资产收益、参与重大决策和选择管理者等权利。"其中，第1项权利属于股东自益权，第2项和第3项权利属于股东共益权的范畴。自益权是一种求索剩余（增量利益）权，它可以由股东独立自由的行使；共益权是一种协同生产和参与分配剩余（增量利益）权，共益权的实现依赖于股东之间、股东与公司法人之间共同的协作的行使。同时，自益权的实现乃至最大化最终取决于共益权的实现乃至最大化的生产和分配更多的剩余（增量利益）。那么股东虽然失去了一种对自己投入的财产的排他性的所有权，却得到了一种可以给他们带来超过原本所拥有的物力资本或人力资本的价值更多的价值，他们才愿意行使这种让渡，同时对他们所投入企业的资本的所有权，也在他们行使股权的同时保留在企业中。

而人力资本入股的过程也就是人力资本所有权（劳动力产权）向股权的一个转化过程，它完全符合经济法上对股权定义的要求。在人力资本所有权的四项权能中，虽然其占有权能由于人力资本所具有的人身依附性而不可让渡，但其中的使用、处分和收益权能却可以依法转让。当人力资本所有者为了谋取高于人力资本本身价值的更高价值时，必然愿意放弃人力资本所有权的部分权能，而选择能够给他带来企业剩余分配的股权。那么，人力资本所有者愿意以人力资本入股也就成为必然。

2. 股权的实现发生在合作领域，而非占有流通领域

因为共益权的实现依赖于股东之间、股东与公司法人之间共同的协作，而自益权的实现又取决于共益权的实现，因此，股权的最终实现是发生在合作流通领域。我们所说的合作，是人与人之间对他们所投入的财产，包括物力资本和人力资本在内的财产的共同的生产经营性使用，也就是人力资本和物力资本共同发挥作用的合作。

股权经济价值的实现，资本仅由所有者占有是不够的，必须将

资本投入到生产中，通过协作产生剩余价值，才能实现企业的经济效益，从而让股东享有利润分配权。而产品进入流通领域，其剩余价值已经产生，股权已经实现。人力资本具有很强的营运功能，在股权的实现过程中发挥着不可忽视的作用。在资源型经济条件下，物力资本是最重要、最基本的生产要素，它能满足购买生产资料这种基本生产要素的需要。而自 20 世纪末期以来，人类社会正在经历一场深刻的技术革命，经济活动的关键生产要素已发生了根本性的变化。物质资本的价值和重要性正在明显下降，知识、技术等"精神力量"正在各方面呈超越物质资本的上升趋势。比如在 IT 业中科技人员和高级程序员所研究出来的核心技术产品是企业盈利的主要筹码，其为企业创造的新增价值是一般产品所无法比拟的，其人力资本的巨大的营运功能亦非物力资本在正常情况下能够实现。实践表明，现代企业无论是高附加值的高科技产业，或产值日益提高的咨询服务业，公司之真正资财、或投资者及债权人首要注意的，在于其拥有的研究开发能力或智慧财产。更精确地讲，是否拥有此等能力或智慧的专业人才是衡量在企业的生产合作领域能否实现更多的增量利益，从而使得股东的权利得到充分实现的最重要标准。既然人力资本在股权实现的过程中发挥了如此重要的作用，那么赋予这类资本以股权就是理所当然的事情了。

3. 股权是个体以企业为中心，实现增量利益最大化，并保证整体利益增值的实现

股东之所以成为股东，根本目的在于分享公司经营活动中所取得的增量利益，实现资金增值。在本质上，股权是一种追求存量利益（既得利益）发展增值、增量利益最大化生产和分配的发展权；在量上，它是股东以其对公司的投资数额、比例及其增值对公司享有一定收益权；在度上，它是股东独立自由行使以及股东之间、股东与公司之间共同协作行使的一定的使用权和处分权。因此，我们认为，股权是一种经济发展权。

要解释股权的这一特性，我们不得不把研究视角放到资本这一概念上，只有这样才能揭示资本所有者为什么要将其资本投入到企

业中，去追求股权。资本具有谋取剩余、追求价值增值的基本特性，对于资本的这一特性很多学者有过论述。19 世纪苏格兰著名经济学家麦克鲁德曾对资本作了这样的概括，资本是用于利值目的的经济量，任何经济量均可用为资本。凡可以获取利润之物都是资本。奥地利著名经济学家庞巴维克则认为："一般来说，我们把那些用来作为获得财富手段的产品叫做资本。"① 美国当代经济学家萨缪尔森则把资本看做是"一种生产出来的生产要素，一种本身就是经济的产出的耐用投入品"。② 马克思从资本的本质入手，对资本的性质作了精辟的论断。他指出资本的社会属性——"资本不是一种物，而是一种以物为媒介的人和人之间的社会关系"。③ 同时他也分析了资本的一般特性："资本的一般，就是每一种资本作为资本所共有的规定，或者说是使任何一定量的价值成为资本的那种规定。"④ 这种"资本的一般"，简单概括就是资本在其循环过程中实现增值的价值。

　　人力作为生产要素中必不可少的重要生产要素，和资本产权共同创造企业利润。马克思主义认为，资本是能够带来剩余价值的价值。既然劳动力可以带来利润，它就符合资本的概念，可以成为劳动力资本。

　　企业利润依赖于传统资本的投入与劳动者实际劳动的投入。剩余价值的获得是资本所有权的投入，也是资本所有权的实现。马克思主义认为，生产中的必要条件是物质的生产资料和人的劳动力，它们形成不变资本（C）和可变资本（V），不变资本转移自己的价值，可变资本除了转移自己的价值还增加了价值或创造剩余价值（m），三者共同形成商品的价值（C + V + m）。劳动力的使用价值在于它不但生产出了自己劳动力商品的价值，而且还生产出了剩余

---

① ［奥］庞巴维克，陈端译：《资本实证论》，商务印书馆 1964 年版，第 34 页。
② ［美］萨缪尔森：《经济学》（中译本），中国发展出版社 1995 年版，第 12 页。
③ 马克思：《资本论》（第 1 卷），人民出版社 1975 年版，第 834～835 页。
④ 同上。

价值。既然承认人力资本在剩余价值创造中的作用，而且人力资本又归劳动者个人所有，特别是随着经济的不断发展，在传统资本的重要性呈下降的趋势下，人力资本尤其是掌握现代知识和技术的劳动者的作用日益突出，就更应该承认劳动者对剩余价值的索取权。

一方面，如前所述，人力资本可以创造剩余价值，而且可以分享剩余价值。另一方面，人力资本投入到企业中，从自身的利益出发也是为了实现一种存量利益的增值，也就是实现生产人力资本的费用的增值。一般情况下，生产人力资本的投入费用越高，人力资本的价值就越高，在生产中的作用也就越高，与物力资本结合，可以创造出更多的剩余价值，人力资本所有者也就要求分享更多的企业利润，而不仅仅限于企业支付的劳动力对价，人力资本的投入者也必然要求分享劳动力价值增值的这一部分价值。这在理论上与股权的性质是一致的，因此允许人力资本出资入股，使人力资本所有者享有股权，是符合经济法上股权性质的。

（三）人力资本入股符合股权的经济法属性

法学理论界对于股权的概念和性质一直没有统一的规定，而且大多数是从民法的角度来给予解释。本文尝试从经济法的角度来重新诠释股权的概念，为我们实现人力资本入股扫清障碍。

股权的法律性质到底是什么？我们用民法的理论是无法找到答案的，因为民法是调整存量利益生产和分配关系的法律规范的总称，而通过上面的分析，我们可以得出一个很基本的认识，就是股权是同增量利益紧密相连的一种权利。因此，我们必须用经济法来调整股权法律关系。

法律经济学者认为："经济法是经济效益法，是通过协调各方的经济行为和经济利益关系以获取最大经济效益的法。经济法的制度和规律是以获取经济效益为出发点，以获得经济效益为终点。"[①]

---

① 周林彬：《法律经济学论纲》，北京大学出版社 1998 年版，第 418 页。

"经济法是增量利益的生产和分配法。"① "经济法调整人们在社会化大生产中的增量利益关系，是公正地保护人们的发展权益，进而使发展达到秩序化的法。"② 因此，在本质上，经济法追求的是发展效益，经济法的调整对象是一种增量利益的生产和分配关系。而股权正是增量利益（期待利益或发展利益）之中的主要部分权益。

现代企业应该是物力资本与人力资本共同组成的一种契约，但是如果只有物力资本如货币、实物、知识产权和人力资本，企业能够进行正常的运作吗？当然是不行的。还有一个很重要的条件就是活劳动力的投入，否则企业仍然是作为资本的财产的堆砌，从而使这些财产，无论是人力的，还是物力的，都不能现实地成为资本。可见现代企业的增量利益（剩余利益）实际上是投资者提供决策劳动，投劳者提供直接生产劳动以及企业管理者提供指挥劳动共同创造的。

可变资本以人力资本的投入为基础，通过人的活劳动力的活动即劳动，一方面把不变资本（物力资本 C）和可变资本（人力资本 V）的价值转移到新的产品之中，同时又在新的产品中增加了价值即剩余价值。

如果说人力资本与物力资本同属于财产范畴，人力资本与物力资本投资入股而形成的股权则是投资者的劳动力权，它是一种人力资本所有者与物力资本所有者共同合作，经营企业全部资产，创造增量利益，并按照自己投入的份额分享利润的活劳动力权。资本是能带来剩余价值的价值，但剩余价值的形成是人的活劳动力作用于当做资本的财产，经改造为新的产品（含服务产品）时发生的。我们应该认定可以带来剩余价值与实际创造剩余价值并非同一回事，而民法通过债及其他自然的原因可得到孳息或增量价值，物权

---

① 陈乃新："经济法是增量利益生产和分配法"，载《法商研究》2000 年第 2 期，第 32～33 页。

② 陈乃新："经济法是增量利益生产和分配法"，载《法商研究》2000 年第 2 期，第 32～33 页。

人却并不参与剩余价值的创造。但是一经把财产当做资本投资后，就只能通过共同创造来分享剩余利益了，在这里起关键作用的是人的活劳动力，这是创设股权的物质原因，也是股权利益产生和分享的源泉和基础。

在实践中对人力资本进行投资的主体往往不可能仅限于人力资本所有者本身，还包括人力资本所有者的亲人、人力资本所有者正在服务或曾经服务过的企业，还有国家，他们对于人力资本的价值形成和增值都起到不可或缺的作用。但是为什么只有人力资本所有者本身可以以人力资本入股而享有股权，而其他的投资者却不能呢？实际上亲人的投资是一种借贷行为，人力资本的价值形成后，人力资本所有者要通过各种方式进行偿还，比如说对父母的赡养义务、对家庭建设的付出等；而企业对人力资本所有者通过进行员工培训等方式使得人力资本价值增值的行为，其目的是为了提高企业的经济效益，他们的投资已经通过企业增量利益创造和实现的形式得到了体现；同样，国家对人力资本的投资，也是出于提高国民的整体素质，从而使国家的整体经济实力得到提高，也就是用整体增量利益的实现来补偿其通过义务教育、基础设施建设等的投入而支付的相应的代价。因此，股权应该局限于人力资本和物力资本所有者本身，是具有一定的人身依附性的一种活劳动力权。这在一定程度上揭示了人力资本所有者可以以自己的人力资本投资入股，并享有股权的理论基础。

第三节　人力资本入股的法律规制

通常学者都会以人力资本价值评估困难，不利于债权人利益的保护作为否定人力资本入股的理由，但是我们在充分认识了人力资本入股的现实和法学理论基础，从而承认了人力资本入股的合法地位后，只要设计一整套有力的法律制度，包括市场主体法、市场秩序法、经济程序法等，就能有效地保障人力资本入股制度。它们是一个完整的体系，而不单单只是一两部法律法规。

一、人力资本入股的市场主体法规范

（一）公司企业法确定人力资本入股的法律地位

根据修改后的《公司法》第 27 条第 1 款规定："股东可以用货币出资，也可以用实物、知识产权、土地使用权等可以用货币估价并可以依法转让的非货币财产作价出资；但是，法律、行政法规规定不得作为出资的财产除外。"从法条来看，公司法虽然没有明文规定人力资本可以出资入股，但只要是法律、行政法规没有明确否认出资资格的，都可以作为股东的出资方式。根据我们前面的分析，无论是物力资本还是人力资本都是可以进行物化的。知识产权可以物化为技术成果，而土地使用权也可以通过类似于租金的形式物化为货币（如同货币可以取得利息一样），而人力资本作为无形财产，也可以物化为劳动。人力资本本质上是一种独占性的技能以及这种技能形成的投入额，人力资本所有者通过出资或者转让这种技能为自己谋取经济利益，只不过人力资本的转让必须服从人这个载体。在知识经济时代，不蕴含任何脑力劳动的体力劳动是不存在的，人力资本入股更多的是技术入股。因此，人力资本也应该符合我国法律对出资要件的规定，在现有法律没有明文规定的情况下，应通过地方性法规、单行条例等形式逐步地承认人力资本入股的法律地位。

西方国家如美国、法国等都允许劳务出资，都可以取得股份的合理对价，虽然各国对劳务出资也规定了相应的限制条件，如用劳务出资不能作为公司注册资本的构成部分等，但都在一定程度上肯定了劳务出资的法律地位。我国的江苏、上海等地，都在一定程度上允许了人力资本作价入股。因此，我国公司法最终明文规定可以以"人力资本"出资入股应该是符合国际法律实践，并且具有法理基础的。

但是，法律的明文规定不应该动摇物力资本所有者对企业的控制权。因为物力资本毕竟是企业运行的基础，特别是在目前我国物力资本严重不足而劳动力过剩的国情下，如果没有物力资本的投入，就无法雇佣劳动，无法购买机器，企业根本就无法投入生产。况且，许多非人力资本所有者如果看到人力资本所有者不需要投入任何的资金，却能获得比自己更多的利益，甚至是企业的控制权，那么没有哪个资本家会这么笨，还愿意去投资。因此，法律在承认人力资本可以入股的前提下，应该赋予物力资本所有者与人力资本所有者谈判的权利。其实企业本身就是一个契约，至于这个契约具体应该如何分配权利和义务，只要是在法律不禁止的情况下，可以由企业自由决定。所以，法律可以不用明文规定人力资本入股所占的比例，因为实践中由于企业经营范围的不同，人力资本对企业所起作用的巨大差异，必然导致人力资本持股数额的不同，这些都是人力资本所有者与物力资本所有者博弈的结果。

另外，人力资本的价值虽然可以通过评估的形式确立，但更多情况下应该是由人力资本所有者与物力资本所有者进行谈判，首先确定整个人力资本投资者所占的股份数，然后再对每个人力资本所有者以其工资为基础进行一一评估，从而确定各自所占的股份数。

（二）公司企业法规定人力资本价值评估机制

1. 人力资本价值评估的法观念

人力资本价值评估的法观念应该包括公平与效率观念。从公平的角度来看，人力资本价值评估应该采用适当的方法，不偏不倚，正确地反映人力资本的价值，兼顾人力资本所有者和物力资本所有者的利益。既不能采用过分冒进的评估策略，评出一个不合理的大额人力资本，也不能过于谨慎，评出一个明显偏低的人力资本价值。前者会造成对企业物力资本所有者和外部债权人的不公平，后者会导致人力资本所有者利益的减损。所谓效率观念，就是指人力资本的价值评估应该有投入产出观念，能够促使资源的优化配置，最大限度地提高边际生产能力。当前，既要考虑到人力资本与物力资本在契约中的不平等地位的实现，又要兼顾人力资本所有者拥有企业所有权的必然趋势。

2. 评估依据

（1）以劳动力的创造价值为评估的总标准。人力资本的评估确实与物力资本不同。"人力资本与其所有者具有不可分割性，离开了人这个载体，人力资本就不能存在。人们所能感觉到的不过是人力资本的载体，即人本身。这无疑使得人力资本具有一层神秘的面纱并难以评价。"① 按照马克思主义政治经济学的观点，劳动力也是商品，同其他普通商品一样也具有价值和使用价值。在价值量上劳动力的价值就是形成劳动力所必需的生活资料的价值。人力资本作价入股的评估与马克思所讲的劳动力价值的评估方法是一致的。按照原始政治经济学评估出来的劳动力价值其实就是劳动力的转让价格。换句话说，就是劳动者的工资收入，是对其所支出的各项生活资料的基本补偿。而我们现在所讲的评估，是在劳动者已经拥有工资收入这一前提下的评估，是对人的价值的更高层次的体现，更多的应体现出劳动者的创造价值，而非生存价值。这是因为人的劳动力存在着市场价，但这种市场价有两种形式：一是纯粹的劳动力商品买卖价；二是在进入生产领域能创造的剩余价值的价格。前者主要是指劳务合同中的价格，是以不创造剩余价值为限；后者要分享剩余。虽然两者有很大的差别，但我们在评价人力资本创造价值的时候，应该以工资为一个基本的参数和总的标准。

（2）在企业贡献的大小是评估的绝对参考值。在人力资本作价入股的评估当中，在以马克思劳动力价值论作为基本原理的同时，更应注重个人能力的再现，这是一种高于工资的价值的体现。在企业贡献的大小是评估的绝对参考项目，这不是简单的工资形式可以评价的。而职工贡献力的大小并非是虚无缥缈，不可掌握的。在现代企业科学地投入产出模式和严密的财务会计系统监控下，企业效益的增长是显而易见的，以这种物化了的价值进行客观的评价，估测出职工的贡献值，操作起来还是具有可行性的。

（3）教育投资作为最主要的参考值。无论是亚当·斯密还是

---

① 张剑文：《公司治理与股权激励》，中国经济出版社 2001 年版，第 456 页。

舒尔茨，都认为人口质量是人力资本价值的核心要素。教育投资是人力投资的主要部分，特别是当代社会对知识的要求越来越高，知识的专业化程度也越来越强，导致人力资本所有者必须进行终身教育，因此，教育投资在人力资本整体投资中所占的比例将越来越大。可见，无论待考虑的因素有多少，教育投资作为最主要的参考值应是没有异议的。

（4）适时地进行评估。人力资本评估机制不是一成不变的，应该随着经济整体运行环境、教育机制等因素的变化而变化。一定时期，某一专业的人才过剩，就会导致这类人才的价值贬值；反之，则会导致其价值上升。当整体经济环境运行正常，企业的经济效益受外部环境影响较小时，人力资本的价值基本与其参与企业运作而创造的增量利益相当。但当企业外部竞争激烈或整体经济环境不佳，企业经济效益无法实现的时候，人力资本的价值也会受到影响。特别是当代社会，劳动者都比较重视就业后的再教育和职业培训的作用，他们的这些后期投入也会影响到人力资本的价值。因此，我们应根据现实情况，适时地定期对人力资本进行评估。

3. 评估机构

朱慈蕴教授主张，"为了对人力资本的价值进行正确评估，应当建立具有相应资质的权威性评估机构进行评估"。[①] 从公平的角度出发，防止评估过程中的舞弊或自利行为，由立法确定中立的、权威性的评估机构完全按照科学的原理对人力资本的价值进行评估，具有极为重要的作用。这种专门的机构具有一定的独立性，它同人力资本所有者和物力资本所有者都没有任何的利害关系，从而评价具有一定的公正性。另外，它通常具有专门的技能，并配备专业的人员，具备进行人力资本评估的条件。

4. 评估方式

应该采取企业内部评估与专门评估机构评估相结合，定期评估

---

① 朱慈蕴："职工持股立法应注重人力资本理念的引入"，载《法学评论》2001年第 5 期，第 30 页。

与不定期评估相结合的方式。专门评估机构具有中立性，其评估比较客观，是必不可少的。但企业本身对其内部经济运作方式，人力资本能发挥何种作用，发挥多大的作用以及如何实现其价值，应该是最有发言权的。因此，首先应该由企业自身作出人力资本评估方案，交由专门的评估机构作为重要的参考，再由机构的专门工作人员据此作出最后的结论。

由于人力资本价值具有极强的可变性，因此企业和评估机构应该定期对人力资本价值进行评估。但为了保证人力资本入股所得股权的稳定性，评估也不应过于频繁，一年一次比较合适。另外，在企业经济大幅度波动时，如严重亏损、大幅度裁员等情况下，对人力资本价值进行重新评估，也很有必要。

（三）破产法规定人力资本入股的风险防范制度

我国《公司法》明确规定，股东以其出资额为限承担责任，公司以其全部资本承担责任。这样可以有效地保护股东及公司的利益，同时，法律也规定了资本确定、资本充实原则，以保障债权人在确定的范围内的求偿权，以利于对债权人的保护。人力资本作价入股遇到的最大法律障碍也就在于此：职工股东出资的不是物力资本，而是劳动力的评估值，是虚拟的资产，按照公司法的原理，不管出资形态如何，只要出资这一过程已结束，债权人的追偿目标只能是公司法人，而不能及于股东，那么人力资本股东在这里就不需要承担任何责任，明显对债权人不公平，也有违法理。人力资本虽然是一种无形资产，但人力资本不能脱离其载体而转让，劳动力不具有强制执行性，那么债权人根本不可能执行人力资本所有者投资入股的那一部分财产，这必然导致债权人利益保护的缺失。

为了解决这一障碍，我们在构建人力资本入股法律制度的时候，必须要从两个方面入手：第一，应该通过法律明文规定，人力资本所有者能够提供物质担保的那一部分人力资本价值可以通过估价，计入公司的注册资本中，其他不能提供担保的那部分人力资本价值不能计入公司的注册资本。这就让债权人对企业所拥有的资本有了一个比较客观的认识，为其进行投资或从事其他的交易行为提供了准确的依据。第二，要设计有别于物力资本投资者的责任承担制度。有学者提出破产清算无限责任的做法，即由人力资本入股的职工股东对公司债权人承担无限责任，在公司正常营运期间的债务由公司的法人财产来承担，当公司面临破产或清算，债权人的债权不足以清偿时，再由职工股东以个人财产对债权人负无限清偿的责任。但是我国的公司法明文规定，对于有限责任公司和股份有限公司，股东承担有限责任。因此要股东承担无限责任是与法律精神相违背的。再加上职工股东不同于一般的投资主体，不是巨额资产的拥有者，之所以通过人力资本作价入股让职工持有本公司股票，就是通过特殊途径使职工持股能得到各方面的优惠，绕开职工因资金实力不足而无法持股的障碍。尤其我国长期实行低工资、高福利的收入分配政策，职工个人储蓄更是有限，令其承担无限责任不具备经济上的现实意义，而且会激起职工的恐惧心理，扼杀其持股的积极性，与立法的初衷背道而驰，因而不足取。

比较可行的提议是通过《公司法》或《破产法》规定，职工股东在评估出来的人力资本价值范围内承担有限担保责任，也就是指在人力资本所有者以其人力资本作价入股的情形下，为了保护公司债权人的利益，要求职工股东以个人资产担保在公司无法清偿债权人到期债权时，以评估出来的人力资本价值所获得的股份为限，对债权人承担清偿责任。这种有限责任须具备三个基本要件：（1）职工以个人资产担保债务；（2）担保是以评估出来的人力资本价值为限；（3）直接对债务人承担清偿责任。这种做法在不违背公司法股东承担有限责任的前提下，既保护了债权人的利益，使公司在破产清算不足以清偿债务时，不会因为人力资本的不可执行性，而使债权人的利益受损，同时又使人力资本所有者有了以自己的财产担保的压力，必然要更加关心企业的命运，可以更好地发挥人力资本入股的作用。

虽然，《公司法》规定由公司直接以其法人财产对债务承担责任，但是这主要是对于物力资本投资者而言，因为他们已经将其个人财产通过出资转化为公司法人财产。但是人力资本由于具有很强的人身依附性，虽然经过出资入股后其价值也存在于公司的财产中，但却难以强制执行，所以采取这种形式要求人力资本所有者承担责任，是十分必要的。同时，随着英美判例法发展起来的"刺破公司面纱"（追究公司背后的股东的责任）原则逐渐被各国公司法吸收和采纳，我们应该认识到限制股东对债权人的直接责任不等于彻底免除股东的责任。在股东有虚假出资或出资不足等情形下，法律要强制股东补足出资，或在公司破产清算时直接将其列为被告，以达到充分保护债权人利益之目的。这些现有法律的规定在一定程度上也是对股东在特殊情况下对债务人承担责任的肯定。因此，规定人力资本投资者承担有限担保责任是符合法律和现实要求的。

（四）法律责任

1. 企业以人力资本入股的形式掩盖其虚假出资的本质

对企业在人力资本出资入股问题上弄虚作假，隐瞒出资或者评估过高或过低，可要求企业在合理的期间内以其他形式的资本补足差额或提供相应的担保，对于已经登记的可以向公司登记机关要求公司降低资本，已经登记的但低于法定最低注册资本额的可以要求撤销公司，给其他利害关系人如债权人造成损害的要负责赔偿，触犯刑法的要依法追究其刑事责任。

2. 企业侵犯职工的基本股权

企业本身就是人力资本所有者和非人力资本所有者的一个以契约形式组成的组织，如果企业或者其他的股东侵犯人力资本所有者按其出资应该享有的基本股权，如剥夺员工的利润分配权，参与企业管理和重大事项的决策权，那么企业应承担违约责任。

3. 职工以人力资本入股，但却不履行相应的义务

这里主要指的是员工的竞业禁止义务和保密义务。企业和员工可以在法律规定的范围内约定违约责任的承担。通过协议约定，员工如果违反相应的义务，应支付的违约金数额、计算方法，违约金的支付时间、地点和方式，以及迟延支付的责任；也可以约定损害赔偿额的计算方法，以及损害赔偿的支付时间、地点和方式；还可

以约定违约救济方式，如约定仲裁或选择管辖法院。如果情节严重的可以按照《中华人民共和国刑法》第219条"侵犯商业秘密罪"追究刑事责任。

4. 违反规定转让其持有股票

如果人力资本所有者违反法律的规定，将其所持有的股票非法进行交易，应认定该转让行为无效，没收其非法所得或者规定其所得归企业所有。给不知情的第三人造成损失的应该负责赔偿。

5. 职工在企业破产时，不履行其担保责任

员工在企业破产或者解散等情况下，需要以其个人的财产在人力资本价值范围内履行债务，却隐匿或者转移财产的，企业或者债权人可以向法院申请强制执行，确实因经济困难无法履行偿还义务的，可以要求其分期支付或者适当的减免。

二、人力资本入股的市场规制法规范

(一) 证券法

证券法关于人力资本入股的配套规定主要表现在：

1. 职工股的转让规定

根据上面的分析，职工股应不享有转让权。因此证券法应将职工股的转让情况作为股权转让的一种例外，明文进行规定，并对职工非法转让其股票的情况，规定具体的处理措施，如认定该转让行为无效，其转让所得的利益归公司所有，对情况严重给公司造成损失的，应由职工负责赔偿。

2. 对内幕信息知悉人员的规定，范围需要扩大

《中华人民共和国证券法》规定，知悉证券交易内幕信息的知情人员或者非法获取内幕信息的其他人员，不得买入或者卖出所持有的该公司的证券，或者泄露该信息或者建议他人买卖该证券。因为职工成为股东，享有重大事项的表决权，那么他们势必对公司的重大事项享有知悉权，是否应将他们列入该条所列的人员之类，为了体现公平和权利义务一致性原则，既然职工作为股东享有基本股

权，也势必要承担相应的义务。为了广大投资者的利益，对职工股东也应作出这方面的限制。

3. 构建完善的证券监管制度，以规范职工股权的行使

证券监管机构应该针对人力资本所有者股权的特殊性质，对职工所持有的这部分股票给予特别的管理和监督。由于职工股东人数繁多，管理起来有诸多的不便，因此可以通过法律设立一个专门的管理部门，对人力资本所有者持股的相关信息公开制度、股票的设立、发行、登记、结算进行统一的管理，要求企业在中期报告和年度报告中把职工股权的变动事项作为法定必须记载的事项向公众公布。职工的离职、岗位变动等情况的发生都会导致员工股权的临时变动，因此证券监管机构也要密切留意这些情况，并记录在案，作为企业的重大事项以公告书的形式向社会披露。

（二）税法

各国的税法对职工股所享有的股权收益都给予了相应的税收优惠。本文所论述的人力资本入股这种方式，由于职工不能通过转让自己的股权，在证券市场上获得股票权益，那么他们所享有的只是分享公司利润的权利，本身就应该在税收上给予补偿。目前，我国的各省市规章中对职工持股的优惠措施有如下的规定：深圳规定经营困难企业实行员工持股，经政府有关部门批准，员工股的分红可享受税收的优惠政策；浙江省鼓励职工将红利留在企业增加投资，扩大股本，对红利用做再投资入股的，暂免征个人所得税；安徽省也鼓励职工将红利用于企业增资扩股，对将红利转作入股资金的，暂免征个人所得税。虽然，从以上的规定可以看出，一般是对经营困难的企业和职工将红利用于企业增资扩股这两种情况才可享受税收优惠，但人力资本入股也可借鉴他们的做法。对职工以人力资本入股参与企业分配而获得的股息、红利，应按"利息、股息、红利"项目征收个人所得税，为了弥补其不能通过转让股权而获得经济收入的损失，可以适当降低税率，但不应全部免除。

（三）会计法

会计法主要是规范企业的财会制度，监督企业的经济运行。在

人力资本出资入股时对人力资本进行评估，企业的财会账簿可以作为给人力资本定价的依据；在企业进行利润分配时，财会账簿也是人力资本所有者分配企业利润的依据所在。因此，会计法应该规定企业的财务制度应有利于对人力资本入股的全过程进行法律规范，把人力资本定价、入股到参与企业利润创造和分配的情况作为主要的会计事项记录在案，并将信息持续公开，以供职工股东、其他股东和第三人查阅。

首先，应根据专门评估机构的评估结果，对于人力资本入股的情况（包括在企业总股份数中所占比例，每一位员工所占的股份数）、职工股份的变动情况、企业利润的分配情况都应该进行会计核算，并且对于会计凭证、会计账簿、会计报表和其他会计资料必须符合国家统一的会计制度的规定，保证会计资料的合法、真实、准确、完整。不得伪造、变造会计凭证、会计账簿，报送虚假的会计报表。

其次，要加强会计监督工作。对于人力资本入股的情况除了企业内部的会计机构和会计人员进行监督以外，企业也要接受财政、审计、税务机关的监督。对于相关的账簿记录与人力资本入股的实际情况不相符的，应该按照法律规定处理，对于会计人员拒不履行会计监督职责，导致企业或者员工的权利遭受损失的，应该追究其法律责任。对于企业的股东、经营管理人员或其他人员伪造、变造、故意毁灭会计凭证、会计账簿等会计资料，或者利用虚假的会计凭证、会计账簿等会计资料损害企业或者人力资本所有者股权利益的，应该由相关部门进行处理；触犯刑法的，依法追究其刑事责任。

三、人力资本入股的经济程序法规范

（一）人力资本入股的程序

就目前我国人力资本入股的法律实践情况，可以制定专门的人力资本入股的程序规则，增强这一制度的可操作性，便于提高企业参与的积极性。

第一，人力资本可经法定评估机构评估作价，也可先由全体股东协商作价并出具由全体股东签字同意的作价协议，再由法定的评估机构复审。人力资本作价入股应当提交由法定验资机构出具的验资证明。

第二，以人力资本出资登记的，股东应当将人力资本的出资方式、作价方式以及人力资本入股股东承担有限担保责任等事项在公司章程中予以载明。

第三，以人力资本出资登记的，除法律、法规规定应当提交的材料外，还应当向登记机关提交下列文件：（1）协商作价的，应当提交全体股东就该人力资本作价入股达成的协议；评估作价的，应当由具有评估资格的资产评估机构出具人力资本价值评估书；（2）具有法定资格的验资机构出具的验资证明；（3）人力资本的出资人就该人力资本一次性作价入股的承诺书。

第四，人力资本应当一次性作价入股，不得重复入股。以人力资本方式出资的公司可以对外投资。

第五，规定一定的公示期。在公示期内，职工、其他股东和第三人可以对人力资本入股情况提出异议。

第六，构建一个发达的公司资信咨询网络，以满足债权人的需要。针对允许人力资本入股可能导致的债权人对公司资产不信任的情况，应赋予债权人对公司的资产进行咨询、检查的权利，并应安排专人对有关人力资本出资状况、评估方法、市场前景等情况，给予解释。另外，还应建立严格的责任机制，以保证信息披露的真实性。当公司未履行该项基本的公示义务或故意隐瞒真实情况，弄虚作假，损害其他股东或债权人利益时，其不仅会受到相应的责任追究，而且公司主体的法人资格也可能遭到否认。

第七，人力资本出资入股的公司因人力资本所有者任职情况发生变动而转让股权的，应当按照《公司登记管理条例》的规定办理股权变更登记。人力资本的退出，应当按照《公司登记管理条例》的规定办理减少注册资本的变更登记。

（二）相关的法律救济程序

1. 申诉程序

由于是否施行人力资本入股完全是企业的微观行为，政府及强制性法规不宜过多介入，所以在职工寻求法律救济之前，应给予企业自我纠正错误的机会，即每个实行人力资本入股的公司应在公司章程中明确出资入股员工的权利义务，并规定员工如果认为受到不公正待遇时可以向公司有关机关提出申诉。有关申诉程序的规定，可以参照美国的做法，对公司职工在以其人力资本入股及利润分配的时候认为企业侵犯其应有权利的，可以在下列情况下提出申诉：（1）员工在法定的期限内未从公司获得任何的答复；（2）申请人虽然在适当的时间内获得公司的书面答复，但仍不满意。

如果申请人在法定期限内接到通知后，需要提出申诉，必须作出书面申请。当申请人准备申诉时，有权复印和查阅公司有关的文件，公司相关机构应该在接到书面申诉后复审，并在法定期限内作出终局决定，该决定应以书面形式作出并需详细阐述与作出决定有关的依据。

如果职工对于公司的申诉决定不服，可以依据其他的相关的法律申请仲裁或提起诉讼。但是内部的申诉程序应作为其他法律救济手段的前置程序。

2. 仲裁程序和诉讼程序

因为人力资本入股与人力资本所有者的劳动有直接的关系，特别是因企业开除、除名、辞退职工和职工辞职、自动离职发生劳动争议时，如果该企业允许人力资本入股，这些劳动纠纷就必然引起相关的人力资本入股的股权争议，那么劳动仲裁委员会在解决这些劳动纠纷的时候是否可以附带对人力资本入股的相关争议进行仲裁？人力资本入股就是对劳务进行作价，以所评估的劳动力价值作为投资，参与到公司的运营中，分享公司利润的行为，虽然是一种投资行为，但它更多的是与职工的劳动和劳动力价值相联系，因此应该可以由劳动仲裁委员会就相关的人力资本入股所引起的纠纷进行处理。

当然，如果是与劳动争议无直接关系的纠纷，还是应该按照普通的民事诉讼程序对相关的人力资本入股所引起的纠纷进行处理。至于相关的民事诉讼程序不属于经济法研究的范畴，而且这方面的法律也已经比较完善，当事人完全可以按照法定的程序依法进行诉讼，在此不作过多的介绍。

第四节　结　　语

随着人力资本入股理论的不断发展和法律制度构建的不断完善，人力资本入股制度必将得到法律的认可。我们惟有从活劳动力价值的角度来考察和分析人力资本入股制度，赋予人力资本所有者与物力资本所有者相同的股东权利，才能真正发挥人力资本在企业发展中的重要作用。同时，也只有通过建立完善的法律制度体系，才能让人力资本入股成为现实。但是制度的完善需要一个过程，不是一蹴而就的，需要在法律理论和法律实务上不断发展，才能发挥其应有的作用，从而为经济的发展和社会的进步作出贡献。

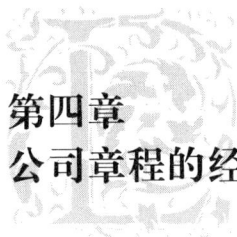

第四章
公司章程的经济法学研究

公司是人类进行财富创造的工具。经济学家普遍认为，自由的企业是经济发展的必要条件。企业自由也是我国社会主义市场经济所需的现代企业制度的目标。但无论何种经济体制，国家对公司的监管必不可少。在协调公司自治和国家监管之间凸显了制度设计的要求。从公司内部视角观察，章程是公司内部成员自由达成的协作劳动和分配财富的契约。从公司外部视角观察，章程是调控公司设立和运行的宪章性法律文件，是国家监管公司的制度手段，是实现公司自治和国家监管良性互动的法律制度，故对章程的理论研究甚为必要。

第一节　公司章程规范的法属性考察

一、公司的本质和章程关系研究

公司章程涵盖了公司从设立、营运到解散等方方面面的事项，对于公司而言，在某种程度上比公司法更为关键和根本，因此首先需要对公司和章程之间的关系作出总括性探讨。

（一）公司的本质探究

现代企业理论是过去 20 年间主流经济学中最瞩目的成果之一，与博弈论、信息经济学、激励机制设计理论以及新制度经济学相互交叉，是对古典经济学进行反思和修正。[①]

新古典经济学立足于经济学的经典假设，将企业预设为追求利润最大化的理性经济人，根据利益最大化的原则来开展自己的经济行为，并将企业视为一种生产函数，不可再剖开探讨的"黑箱"，只需考虑其投入产出的技术关系。现代制度经济学对企业本身进行剖析，试图归纳出企业的本质是什么，它缘何能以资源配置组织的面目与市场同在并不被取代，两者之间是何关系；企业作为资本、劳力等资源持续性投入的组织，其产权如何作最优安排，企业内委托人、代理人的角色如何分配、如何有效地对企业内部成员进行激励等问题的答案。针对上述问题，现代企业理论提出了它的核心观点：企业是一系列（不完全）契约的有机组合；企业行为和制度是所有企业成员及企业与企业之间博弈的结果；企业和企业成员的目标函数都是约束条件下的个人效用最大化。现代企业理论的两个主要派别：交易费用理论和委托代理理论分别从企业的内外两个角度对企业所涉及的经济关系进行了分析。交易费用理论着重研究企业与市场的关系，认为企业是一种规制结构，其外部经济结构实际是以企业为连接点与外部市场、外部人如消费者以及政府发生关系的一系列契约。委托代理理论的研究切入点是企业内部机构和成员之间的关系，逻辑推演出企业的内部经济结构主要是企业内部各要素之间的合约，内容涉及委托人与代理人的设置以及公司所有权在不同主体之间的安排。

现代企业理论的分析触角深入到企业的内部，揭示了企业的契约本质，其所辖两大流派分别从企业与市场的关系和企业内部成员间关系对企业进行考察，不仅提出了许多真知灼见，还展示了一种

---

① 文中所借鉴的有关企业理论的研究成果参见张维迎：《企业理论与中国企业改革》，北京大学出版社 1999 年版，第 30～53 页。

对企业进行全面研究的进路。但它们只考虑了经济因素的主流经济学研究方法，却没有将企业的社会属性予以揭示。近年发展起来的经济社会学以社会学的角度来考察企业，企业被视为"嵌入"社会大网络的小网络，是一个典型的具有内在结构和外在功能的经济系统，其本质是一种以经济目标为主要取向的经济组织，它只有在与其他社会因素的互动中方可实现其经济和社会职能。[①] 从内部而言，企业是个复杂的人际关系网络，通过一定的方式由投资者、经营者和职工等内部利益相关者组成。其内部结构包括公司的各种机构（如股东会、董事会、监事会等）、各种人员（如股东、董事、经理和职员等）以及管理、决策、劳动、财务会计等方面的关系和内容。从外部而言，它作为一个整体定位于社会结构之中，建构于社会网络之间，与社会的其他成员发生联系。外部结构包括公司与各种充满竞争的市场（产品市场、产权市场、经理市场、劳动力市场和资本市场等）、政府、消费者等方面的关系以及公司合并、分立、重组、出售、融资和清算等各环节中公司的外部关系。[②] 因此，企业的现实结构就是企业内部和外部各种要素及其相互关系。对公司进行全面的考察必须认识到它所具有的内部"有组织的复杂性"问题和外部与环境互动的问题，公司的存在过程就是内部因素和外部社会因素互相作用的过程，一切公司问题的解决都必须从这两方面加以考虑。

经济社会学与现代企业理论相结合所揭示的公司本质不仅为法学对公司研究提供了可资借鉴的知识资源，还体现了一种系统论和整体主义观点，这应该成为法学对公司进行制度研究和设计的方法论。一般的系统论分析方法通过把系统视为一个整体，分析系统内部各子系统以及系统和环境之间或与其他系统之间的互动、沟通以

---

① 席恒、李鼎新："公司治理的社会学分析：结构与功能"，载《人文杂志》2002 年第 2 期，第 76 页。

② 王红一：《公司法结构和功能法社会学分析——公司立法问题研究》，北京大学出版社 2002 年版，第 182 页。

及系统的结构和功能问题的分析来对系统的存续和完善作出适当的判断。① 整体主义观点则倡导把不同层次的系统作为一个整体来考察，综合考虑各种因素。具体到公司而言，要把公司与其他市场主体和政府分别视为整体考察它们之间的关系，也要考察作为整体的公司内部成员之间的关系。

（二）章程与公司的内在联系：章程是内生于公司的制度

组织的定义必然包含章程因素，靠共同控制来聚合资源必须以章程为基础，章程将单项资源的所有者结合起来，形成一个组织。② 公司是典型的经济组织，它的内部结构和外部结构要求其组织和行为需要制度调整。作为法律上拟制的人，其权利能力和行为能力的获得也需要一定的制度基础，这决定了章程与公司相伴而生。用章程来规范公司组织的目的在于维护组织的稳定存在，规范其行为的目的在于调整各种利益关系，最终要实现效率、公平和交易安全的统一。学界对公司章程的定义并不统一，如"公司章程是关于公司的组织、内部关系和开展公司业务活动的基本规则和依据"；③ "全体发起人共同的书面意思表示，为申报股份公司的必备文件和股份公司的成立条件"；④ "公司章程是就公司组织及运作规范、对公司的性质、宗旨、经营范围、组织机构、活动方式和权利义务等内容进行记载的基本法律文件"；⑤ "公司章程是指规范公司的组织和行为，规定公司与股东之间、股东与股东之间权利义务关系的公司必备的法律文件，是公司组织和活动的基本准则，是公司

---

① 张守文："经济法系统的系统分析"，载杨紫烜主编：《经济法研究》（第 2 卷），北京大学出版社 2001 年版，第 156 页。

② ［德］柯武刚、史漫飞著，韩朝华译：《制度经济学》，商务印书馆 2002 年版，第 323 页。

③ 石少侠：《公司法教程》，中国政法大学出版社 1997 年版，第 77 页。

④ 江平：《新编公司法教程》，法律出版社 1994 年版，第 172 页。

⑤ 刘志文："论公司章程"，载梁慧星主编：《民商法论丛》（第 6 卷），法律出版社 1997 年版，第 195 页。

的宪章";①"所谓章程是记载有关公司组织和行为基本规则的法律文件"。② 从对章程的不同定义可以发现，研究者从功能的角度强调它是公司获得权利能力和行为能力的制度基础，为调整公司的组织和行为建构秩序。但对章程的性质以及由此而来的作用范围界定不一，有的学者仅强调章程对公司组织的内部作用，有的学者将其拓展到公司外部。

学理上出现定义上的差异是基于对章程性质理解的不同造成的。解析事物的内在规定性是对事物进行分析的第一要务。文中对公司本质的分析表明公司作为行为主体抑或组织体具有内部和外部两层经济结构，它包含复杂的社会关系的同时作为一个整体也置身于错综的社会关系网络之中，因而它的目标从来都是综合的，其实现也受综合因素的制约。公司的现实目标是内外各种利益主体通过各自所追求目标的妥协，是以经济目标为主兼顾社会目标的契合。公司作为组织体，将分散的人、资本和劳动聚合在一起共同协作创造财富；公司作为制度体，本身就是一组规则，是权利、风险和收益在各利益相关人之间的分配规则。章程内在于公司之中，涉及公司组织和行为产生的内外两种秩序，其性质也必然与内外的利益主体相关联，因而对其性质也应从公司内外两角度加以分析。

二、章程是公司内部成员间的协作创造和分配财富的契约

公司是一系列契约的联结，具体而言，是由各拥有不同专用资本的人通过互相以及与公司缔结契约的方式向公司投入其专用资本而组成的组织。由不同资源所有者结合形成组织，目的在于通过协作劳动创造出比单个生产要素所有者单干更高的效率。"所有侧重于经济的组织都以增进其成员的利益为目的，其特有和主要的功能

---

① 徐燕：《公司法原理》，法律出版社1997年版，第151页。
② 毛亚敏：《公司法比较研究》，中国法制出版社2001年版，第76页。

是增进由个人组成的集团的共同利益。"① 但不可否认的是，假定一个组织的成员拥有共同利益，他们显然也拥有不同于组织中其他人的纯粹的个人利益。公司就是在特定环境中由投资者、经营者、职工等拥有不同利益倾向的利益主体构成的组织，体现了不同的利益格局：公司利润最大化、每股盈利最大化、股东财富最大化、管理者个人报酬最大化或内部职工报酬最大化等。公司成员的个人利益只有在公司追求共同利益的行动中实现。利益实现的方式有多种，通过契约加以实现是其中的典型做法。契约不单纯是一种市场机制，更是一种促进交换的社会制度，其目的在于使人们分享分工带来的益处。② 为了能协调各方面的利益，尽可能使公司共同利益最大化最终实现成员的利益，在分工不同的成员之间签订契约是必需的。

（一）契约及契约的精神特质

随着经济的发展，大量的契约现象影响了人们认知社会现象的进路。契约关系成为构建新型社会组织的理论来源，成为解构各种社会关系的模式，大至国家，小至家庭，公司也概莫能外。契约是一种交易各方同时为了获得更大的利益而进行的基于平等地位的自由交易，各方由此建立一种权利义务关系。③ 契约所隐含的平等、自由、功利和理性的精神特质，所体现的社会性、合作性、持续性和面向未来的特性直接和公司章程的本质内在契合。

人们之所以可以通过订立契约进行自我权利义务的约定，是因为人们享有一种自然赋予的权利，即自由和平等的权利。契约是自由的，缔约人有决定缔约对方、缔约形式和缔约内容的自由，契约就是自由合意；契约只存在于平等主体之间，隐含着平等的内蕴，

---

① ［美］曼瑟尔·奥尔森：《集体行动的逻辑》，上海三联书店、上海人民出版社1995 年版，第 5 页。

② 李永军："契约效力的根源及其正当化说明理论"，载《比较法研究》1998 年第 3 期，第 225～241 页。

③ 苏力："从契约理论到社会契约理论"，载《中国社会科学》1996 年第 3 期，第 89 页。

体现着平等也实现着平等。

契约是世俗的。它应商品经济交换需要应运而生，功利和理性是它的原则，人们缔约的目的就是趋利避害。通过契约实现权利的交换，是基于认为这是对各方均有利益的交易；契约是权利的代名词，因为契约不仅是通过创设和分配权利来实现它的功利和理性原则，其本身就是一种权利、一种权利观念、一种权利意识和权利精神。[①]

契约具有社会性。契约调整的不限于个别性，即时完成的交易，它更是着力调整当事人之间复杂的社会关系。麦克尼尔指出，契约的基本根源在社会之中，社会关系已经不再是背景，没有社会的结构和稳定，契约就像远离社会的人一样不可思议，因而把单纯追求个人私益的孤立的个人作为当事人的典型会妨碍正确认识契约的本质，在完全孤立、追求功利最大化的个人之间的契约不是契约而是战争。[②] 可见，契约的初始根源必定是特定社会或社会共同体，其拘束力也源于契约背后的社会关系和共同体的规范。契约在社会生活的组织化、技术化和法制化中重要性的增加，使它渐渐扬弃了个别的契约自由而成为以遵从社会普遍意志和特定社会共同体需要为前提来设定权利的一种方式，实现着从孤立性往社会性的转变。

契约体现了合作的色彩。契约形成的前提是劳动的专业化、权利异质和交换的意愿及必需，契约的缔结必然包含拥有不同要素的多方主体。为了实现交换利益，各方不是在对立中各谋利益，而是在统一体观念的指引下，通过合作劳动，互予互取。只有使各方获利的意愿实现即实现"正和博弈"，契约设立的本旨才能达致。陌生人之间的交易关系慢慢结成复杂的、现实的、互相依存并体现凝聚性的契约网络关系。在此种意义上，契约论的思想渊源是共同体

---

① 邱本："契约总论"，载《吉林大学社会科学学报》1995 年第 4 期，第 42 页。
② ［美］麦克尼尔：《新社会契约论》，中国政法大学出版社 1994 年版，第 2 页。

主义。①

契约具有持续性并彰显着着眼未来的意识。从法社会学的角度看，契约是"有关规划将来交换时的当事人之间的各种关系"，强调对未来交换的统筹安排。② 人们订立契约之时契约并未履行，其利益处于期待状态。为了实现未来利益，人们制订计划和活动，当这些行动和计划涉及交换时，这种交换就被规划到以后了。当事人之间存在一种持续性的契约关系，在彼此之间造成这样一种期待：未来交换必定发生，并以现存关系为动力，以部分可预见的模式发生。可见契约包含了时间维的扩张、空间维上的拓展、在承诺和期待的基础上进行规划的非一次结算性等因素。③ 契约的持续性和展望未来的特性要求契约内容的设置必须兼顾分配的正义、程序的正义、自由、平等和人的尊严。

契约体现的自由、平等、功利和理性精神特质，包含的社会性、合作性、持续性以及展望未来的特性决定了契约规范不仅要实现当事人的意志和计划，更要有助于当事人各自角色的保全、相互之间关系的保持和良性互动、契约性团结以及与特定社会共同体的协调。

（二）章程是公司内部成员间协作创造和分配财富的契约

1. 公司章程契约性质的理论探析

公司是一系列契约的联结，章程是其中的根本契约，章程具有契约的本质属性。公司章程由发起人在公司成立之前通过自由平等的协商决定其内容，股份有限公司的章程还须经成立大会通过，而成立大会是自由股份认购者自由行使表决权的地方。经由经济民主程序通过的章程，被视为自由意志的产物，"约定"这一契约效力的根源闪烁其间。章程订立的目的在于确立公司成立的制度基础，使其获得权利能力和行为能力，并规范公司的组织和行为。章程使

---

① 季卫东：《法治秩序的建构》，中国政法大学出版社1999年版，第382页。
② ［美］麦克尼尔：《新社会契约论》，中国政法大学出版社1994年版，第4页。
③ 季卫东：《法治秩序的建构》，中国政法大学出版社1999年版，第374页。

公司具有从事民事行为的资格，它所确立的规范不仅调整公司的组织形式而且规制公司的行为，使具有合乎目的的组织结构的公司在制度环境中最大化逐利。这无疑体现了理性和功利的契约色彩。

公司是特殊的社会共同体，由具有不同利益诉求和要素的成员组成。在对公司成员的理解上，随着"资本基本主义"观念的摒弃，公司不再被视为仅由物质资本组成的单因素经济组织，而是由物质资本和人力资本相结合组成的双因素经济组织。美国 29 个州公司法的修改在立法上体现了"资本雇佣劳动"这一曾被奉为圭臬的资本主义精神的异化，资本和劳动相互合作共同创造财富才是公司存在和发展的真实描述。由此，公司的成员必然包括物质资本所有者和人力资本所有者，也就是说，公司内部利益相关者是由股东、经营者和一般职工组成。对"公司成员"外延的拓展，体现了公司内部社会关系复杂化的趋向。公司已经成为拥有复杂内部关系的小社会，章程的初始根源正是这种特定社会。因而，章程源于公司，必然以调整公司成员间的社会关系为己任，契约的社会性在章程中体现无遗。

公司是社会化大分工的产物，同时也是社会化分工的聚合体。在公司内部，成员根据其投入到公司的要素的不同，分工合作。股东在公司设立时投入资本，资本是公司的生产要素之一；职工投入直接运用生产资料进行生产的劳动力，是公司的另一生产要素；管理者则管理公司事务，指挥公司的生产与经营。分工与合作是社会化生产方式不可或缺的两翼，因而合作性是公司的本质特性。股东、职工和管理者只有通过合作劳动，生产和实现公司的剩余，方可实现自己参与公司的利益目的。公司成员协作劳动以最大化的创造财富是公司存续的必要条件，对创造的财富及创造财富的过程公平合理的分配和加以规定以增强公司成员之间的凝聚性，使之成为有效合作的保障。基于合作对公司的重要性，合作性成为公司制度的手段性价值。公司制度必须主要对股东、职工和管理者如何利用这些条件更积极地进行合作创造财富予以公平合理的权利义务配置，而公司成员内部权利义务的分配是由公司章程担纲的，契约的合作性色彩也就随着章程的职能凸显出来。

章程效力的时间范围涵盖了公司自成立到终止的全过程，它调整的成员间的关系持续性的存在于同一时间维度之中。章程订立之时，公司并未成立，发起人的行为可以视为对未来公司事务的一种预先筹划。发起人通过自由协商将他们的预期以章程条款的形式确立，由此保证预期可以以章程条款所确立的模式得以实现。章程由此具备契约的持续性特征和展望未来的品格。

公司章程体现了自由、平等、功利和理性的契约精神特质，同时也包含了社会性、合作性、持续性以及展望未来的契约品格。章程条款实质具有契约规范的性质，它不仅帮助实现公司参与人的意志和计划，更有助于公司成员各自角色的保全、相互之间关系的保持和良性互动、契约性团结以及与特定社会共同体即公司本体的协调。

2. 章程调整的社会关系：公司成员协作创造财富和分配财富的关系

在社会经济发展过程中，契约所调整的社会关系已经逐步偏离原来的与商品相联系的财产流转和所有关系。[①] 社会发展使社会分工与专业化越来越细致，社会的组织化程度越来越高。组织所包含的等级、权力、命令、管理等因素，组织机构所需的有机联系和协调的要求以及组织要实现的目的，需要组织成员的广泛合作与联合。这种人的合作与联合关系需要契约的确认、约束和激励。

一般认为公司由人和资本组成，以营利并在其成员间分配为目的。但资本只有与人体内的活劳动结合才能使财富增值。劳动是体力劳动和脑力劳动的总称。就公司实现财富创造所需的劳动而言，包括了投资者的决策劳动，即重大事项和选择管理者的决策权；管理者的管理劳动，包括对公司的战略规划、日常具体事务的管理和人事管理等；一般员工的劳动，包括了技术型员工的研发劳动和辅

[①] 史际春、邓峰："合同的异化与异化的合同——关于经济合同的重新定位"，载《法学研究》1997 年第 3 期，第 44 页。

工的简单劳动等。形式各异的劳动构成公司财富的根源，同时也形成了复杂的协作劳动创造财富的关系。公司法并未就公司内部成员如何协调彼此之间的关系作出详尽规定，因为这在很大程度上属于公司自治的范围并且不会对社会公益产生溢出效应，但协作劳动关系需要制度化，公司章程便承担了对此进行调整的功能。

作为劳动前提的劳动力是存在于人体内的物，它的最大特点是欲使其效用充分发挥只能依靠激励而非强制或监管。激励劳动者可使其参与公司的管理和分享公司的剩余分配，以此唤起他们的归属感、积极性和创造性。股东拥有三大决策权和剩余索取权，管理者拥有管理权和一定程度的剩余分配权，这在各国立法中已是常例。普通劳动者在其工资收入以外，凭借其劳动力产权参与剩余分配，在法律上却鲜有体现。究其原因，在于根深蒂固的财产所有权观念和社会不同利益集团的力量对比。而且，欲就股东、员工等利益团体对公司所贡献之程度或创造之价值进行比较或量化分析，不论对法学或其他社会科学来说，诚属极为困难之课题。[①] 一般劳动者分配财富和参与管理的关系有得到制度确认的正当性，现实中也存在调整此种关系的制度，如我国的《中共中央关于国有企业改革和发展若干重大问题的决定》和德国《共同决定法》，证明了确认此种关系的现实性。但法律基于其本质特征，很难普遍性地就此作出强制性规定。公司章程在决定公司治理结构上扮演着积极的角色，[②] 事实上，大部分关于调整公司本身业务活动及各行政机构和人员的权利义务关系的内容都在章程中规定。[③] 公司章程还包含灵活的利润分配条款，这使其自然具有调整公司成员参与公司管理和分配财富关系的功能。

---

① 王志诚："论公司员工参与经营机关之法理基础"，载王保树主编：《商事法论集》（第3卷），第169页。

② Cindy A. Schipani Junhai liu, Corporate Governance in China：Then and Now ，Columbia Business Law Review ，2002 Vol. 1.

③ 公司法一般不规定公司职员的权利和作用，典型的公司条款只写明公司每个职员具有公司章程为其规定的权限并应当履行其责任。

3. 章程契约性质的具体体现

英美法系从章程效果的角度出发，将其理解成为一种契约，认为公司章程一经登记便对公司及股东产生了约束力，如同公司的成员均在章程上签字一样。[①] 法律的规定使英国学界认为章程是公司与股东之间以及股东与股东之间的契约，因而它把股东约束在内又使公司受到股东的约束，同时还使股东之间互相约束。英美法系的公司章程是复合性法律文件，不仅包括我们所理解的通常意义上的章程，还包括章程细则。章程细则类似于纯粹的契约，其作用范围完全限于公司的内部关系，用以规范公司的内部事务。在不违背法律和公司章程的前提下，章程细则的内容可以自由安排和修改。可见，章程细则体现了强烈的自由意志的色彩。

章程的条款体现了章程的契约性质。章程以统一的内容安排将不同要素投入者之间的契约予以整体上的规范化、简约化和格式化。章程的内容即章程的记载事项，经过长期的商业实践和立法实践，立法体例不同的各国在对章程记载内容的规定上几趋一致。理论上章程的记载事项可以划分为三类：绝对必要记载事项、相对必要记载事项和任意记载事项。我国公司法并没有对章程的记载事项进行理论上的分类，但通过公司法上的强制规定的章程应当具备的内容已表示了绝对记载事项的意味。

章程的记载事项包括三个方面：公司成员的权利与责任；公司的组织规则；公司的权力与行为规则。绝对记载事项是每个公司章程必须记载的法定事项，这些事项涉及公司根本性质的重大事项，缺乏其中任何一项将导致整个章程归于无效。[②] 各国公司法都对公司章程的绝对记载事项作了规定，一般而言包括如下几个方面：公司的目的；商号；公司发行股份的总数；发行额面股时每股的金

---

① 英国《公司法》（1989 年）第 14 条：根据本法之规定，公司章程及章程细则经注册以后对公司及其成员发生效力。相当于此等文件经每一位成员签署并蜡封之效力，并包含每一成员遵守公司章程及细则所有条款之约束。参见甘瑛：《公司章程研究》，对外经贸大学硕士学位论文，2000 年。

② 徐燕：《公司法原理》，法律出版社 1997 年版，第 160 页。

额；公司设立之际发行的股份总数；公司所在地；公司进行公告的方法以及发起人的姓名和住所等。我国公司法对公司章程记载事项的要求除了涵盖以上方面以外，特别强调了股东的权利义务；公司的机构及产生办法、组成、职权、议事规则；公司的法定代表人；公司利润分配办法等事项。

公司章程的绝对记载事项可抽象为以下几个典型的子契约：发起人与公司之间的契约，以发起人的姓名和义务条款表示；股东基于出资而达成的产权契约即投资人契约，以股东的权利义务条款表示；股东与公司之间关于公司权利的分配契约，以公司的利润分配条款表示；股东间关于分配后公司权力行使的契约以及股东与其授权的经营者之间关于公司治理权力的授权及分配契约，以公司机构的组成、任期、职权和议事规则条款表示。很明显，公司章程不仅仅是发起人之间签订的存在于股东之间的契约，单就关于公司机构、任期、职权和议事规则条款而言，它实质确立的是公司的治理结构，调整公司内部全部利益相关者之间的关系。公司治理结构是以实现公司最佳利益为目的，由投资者、经营者和职工组成，通过指挥、控制和激励等活动而协调投资者、经营者、职工、债权人、政府以及社会公众等利益相关者之间关系的制度安排，其本质就是公司与其成员之间的一种契约。[①] 可见，公司章程包括了从公司的发生到公司的营运，在公司的股东、管理阶层和一般员工之间基于不同发生原因[②]所形成的纵横交错的契约关系，调整彼此之间的权利义务。

不仅立法上章程体现了包括由投资者、经营者和一般职工在内的公司内部利益相关者为主体的契约关系，理论上章程调整的也不限于股东之间的关系。在存在多元利益甚至多元利益目标相互冲突

---

① 漆多俊：《市场经济企业立法观——企业、市场、国家与法律》，武汉大学出版社 2000 年版，第 349 页。
② 有的基于劳动行为，有的基于委任行为，有的具有代理权，有的不具有代理权。

的情况下，为了确保经营者独立进行经营，又防止经营者损害投资者利益，必须在两者之间建立一条国家干预下的"通道"，这一"通道"就是公司章程。在此意义上，章程的本质就体现为投资者与经营者之间在法律约束下的"契约"，是经营者对投资者的一种行为承诺与法律保障，也是投资者对经营者进行监督，提起诉讼的法律依据。[①]

现代组织理论认为，"所谓组织，是有意识调整了的两个人或更多人的行为或力量的系统，不是集团而是协作的系统，是人相互作用的系统"。[②] 结合奥尔森所论述的"组织的目的是为了增进其成员的利益"，我们可以推演出公司的功能或目的就是在完成各种生产要素投入后由其成员合作劳动创造财富实现公司的共同利益，再通过公平合理权利配置方式对共同利益加以分配以最终实现各个成员的利益。章程就是保障这种机制发挥作用的制度方式。尽管章程是在公司设立阶段由发起人通过协商的方式订立的，公司的经营者和一般职工在此阶段并未进入公司成为公司成员，他们与发起人之间不存在一个谈判以分配权利义务的过程。但是，公司作为组织的属性决定了为实现公司的目的，发起人在公司成立阶段就必须考虑到日后将成为公司成员的潜在经营者和职工的利益，在章程之中对他们的权利予以原则性和概括性的规定。[③] 章程的公示性原则使社会公众必然知晓其内容，可以当然的认为，公司成立以后进入公司成为其成员的经营者和职工接受了章程的内容，这便可视为与发起人和股东就契约所设置的权利义务达成了合意并加以签署。因此，英美法系主张的章程是股东之间以及股东与公司之间的契约的观点只是一种"片面的深刻"，章程是公司全体成员间的契约。

[①] 刘志文："论公司章程"，载梁慧星主编：《民商法论丛》（第6卷），法律出版社1997年版，第199页。

[②] 朱国云：《组织理论：历史与流派》，南京大学出版社1997年版，第191页。

[③] 章程作为公司的总契约，是一个"不完备契约"，不可能包含公司在组织运行和生产运行中的所有契约。在任何情况下章程都不可能就一个经济组织的所有活动订出计划并加以指挥，这就决定了章程之外，公司还必定有其他的一般规则和个别契约。

　　章程并没有包括公司与经营者签订的委托——代理契约和与职工签订的雇佣契约。委托——代理契约和雇佣契约是潜在经营者和职工成为公司成员的前提，反映的是两者与公司之间的交易关系，并不由章程来调整，而是由民法、劳动法调整。章程超出了民法，在调整公司内部经济关系方面填补了民法和行政法的空白。[①] 当经营者和职工与股东一起成为公司的成员时，他们之间便产生了一种协作创造财富并共同地以一种公平的方式对财富加以分配的关系。[②] 公司成立后在其内部形成的投资者、经营者和职工之间协同利用生产资料、协同支配生产过程和协作生产产品和分享盈利、分担风险的关系由公司章程来调整。

　　综上所述，公司章程以其通过包括公司的设立到公司的清算解散的条款所表现出的作用于公司存续全过程的效力时间，通过权利义务配置条款所体现的"对未来事务的筹划安排"，显示了契约所具有的过程性色彩；公司投资者、经营者和一般职工这三类主体所形成的公司内部复杂的社会关系网络，要求章程对此加以理顺并通过合理公平的权利配置对相冲突的利益加以协调，体现出契约所内涵的社会性特征；公司成员之间的协作劳动关系通过章程的调整可以实现公司整体利益的最大可能的达致，反映了契约的合作性特质，关注到了契约团结性、相互性和整体经济合理性；公司成员在法律规定之内自由协商订立章程，通过公平合理的权利配置条款实现各自的利益，更是凸显出契约所内涵的自由、平等、功利和理性的精神内蕴。章程对公司治理结构的规定，对公司成员权利的具体安排以及对利润的分配，体现了对公司成员间协作创造和分配财富关系予以调整的功能。因此，从公司内部视角审视章程的性质，公司章程是公司内部利益主体之间协作劳动和分配权利义务的契约。

---

　　① 　程信和："中国经济法的定位"，载《商学论坛》1997 年第 4 期，第 66 页。
　　② 　德姆塞茨的企业团队生产契约理论便认为，在企业的契约关系中，除了长期的物品和劳动等交易行为以外，还存在着团队精神，即各种要素所有者之间的合作与信任关系。

三、章程是超越私法秩序的宪章性法律文件

公司的经济结构包括公司外部和内部各种经济要素及其相互关系。公司章程是公司内部成员之间协作创造和分配财富的契约，是从公司内部经济结构这个侧面对章程性质进行描述。从公司外部视角来看，章程是超越私法秩序的宪章性法律文件。

（一）章程是公司的宪章性法律文件

契约是私法自治的典型表现，章程具有契约的性质，但也与纯粹的契约有所差别。首先，章程具有对外的法律效力，它不仅对参与制定章程的股东或发起人有约束力，而且对后加入公司的股东、经营者和职工也有约束力。此外，章程经过公告以后对公司的交易相对人也将产生约束力，如尽管"越权无效"原则已经被修正，但章程的经营范围条款仍然对交易对方有约束力。反观纯粹的契约，它的效力只及于签订契约时的各方当事人。其次，契约一旦达成就贯穿意思自治原则，其变更必须由各方当事人达成合意。但章程的修改毋须公司全体成员一致同意，我国《公司法》第104条规定：股份有限公司章程的修改必须经过三分之二有表决权的股东一致同意。再次，公示原则是章程的基本原则，《公司法》规定，股份有限公司必须将章程置于公司以备查询，社会公众和交易相对人可以通过章程了解公司的经营范围、组织形式和财产状况，以便正确评估交易风险，保障交易安全。契约在一般情况下不公开，法律也无此要求，相反，由于有的契约包含商业秘密，法律基于保护商业秘密的考虑，要求契约当事人负有保密的义务而不能公开契约的内容。最后，在生效时间上两者也不尽相同。除法律特别规定以外，契约一经成立即产生效力，附条件契约在条件实现时发生效力。章程必须经过政府有关部门登记以后才发生效力。[①]

章程与契约的不同，表明章程不是一种纯粹的契约。日本学界

---

① 徐燕：《公司法原理》，法律出版社1997年版，第152页。

通说认为章程是一种自治法规，甚至将其视为公司法的一种渊源。章程之于公司如同宪法之于国家，正如刘清波先生所言，"社团之章程为社团之宪章，系社团组织与实现其目的之准则"。① 公司章程之所以被称为公司宪章是由其作用铸就。从词源上考察，宪章意指规定机构、组织宗旨、原则和结构的文件。② 亚里士多德在《政治学》中认为，宪章是规定国家机关的组织和权限的法律，普通法律应该以宪章为依据。③ 通常意义上，宪章总和社会共同体的根本制度、组织机构以及共同体成员的基本权利义务相联系。章程之所以可以被誉为公司宪章，首先在于章程是公司成立的制度基础和行为要件。两大法系公司法都普遍规定，章程一经登记，公司便宣告成立。德国公司法规定，"当一个公司在州务卿或其他州登记机关注册了章程以后，公司的设立过程便完成"；④ 英国公司法认为，章程的注册造就了一个新的公司实体。⑤ 公司的成立必须具备三个要件：人的要件——股东或发起人的人数；物的要件——最低资本额；行为要件——公司章程。⑥ 章程要件是复合要件，而其中的一些具体要素是公司成立所必不可少的。由此，章程也就成为公司成立和运营的制度基础，公司的其他具体规章制度必须以章程为母本。其次，章程是公司对内管理的依据，它通过公司机关条款确立了公司的组织原则和机构，以赋权控权的方式明确了公司机关的职

---

① 刘志文："论公司章程"，载梁慧星主编：《民商法论丛》（第6卷），法律出版社1997年版，第199页。

② 中国社会科学语言研究所编：《现代汉语词典》，商务印书馆1983年版，第1250页。

③ 胡肖华、肖北庚：《宪法学》，湖南人民出版社、湖南大学出版社2001年版，第13页。

④ Susan-Jacqudine Butler, Model of Modern Corporation: A Comparative analysis of German and U. S Corporation Structure, Arizona Journal of International and Comparative Law, Fall 2000.

⑤ Bruce N. Davis, Steven R. Lainoff, U. S Taxation of Foreign Joint Venture, The New York University Tax Law Review , Winter 1991.

⑥ 郑玉波：《公司法》，三民书局1981年版，第30页。

权界限。再次，章程宪章性的另一重要体现是它规定了公司成员的基本权利义务。《公司法》、《上市公司章程指引》、《到境外上市公司章程必备条款》以及《到香港上市公司章程必备条款》等与章程有关的法律、法规和规章都明确要求章程必须对公司股东、董事、监事、经理和职工的权利义务予以规定。最后，章程是公司对外的信誉证明，这是以盈利为目的的共同体存续和发展不可或缺的制度保障。

（二）章程是超越了私法秩序的制度安排

超越公司内部视角，将公司置于社会宏观大网络之中，比较章程和纯粹契约的差异和体味其宪章地位的评价，不难得出结论：意思自治原则在章程中不能完全适用，章程超越了私法秩序。这是由章程效力的涉他性和章程部分内容的法定性所决定的。

1. 章程的效力具有强烈的涉他性

公司章程并非仅仅是公司内部成员之间的契约安排和私法秩序，而且是一种涉他性法律文件。[1] 这种涉他性主要体现在记载事项方面。抽象分析章程调整范围，大体可以分为两方面：公司内部组织、成员关系事项和有关公司外部事务事项。前者包括公司内部机构之间的权利及划分、公司的利润分配方法、公司的法定代表人等条款；后者包括公司合并、分立、解散等。[2] 章程条款的两个方面都与公司的外部结构有密切的关系。如公司的利润分配方法对资本市场的潜在投资者决策会产生决定性的影响；公司的内部机构的组成及其权利的配置必然具有作用于经理市场的外部性；法定代表人条款是代表权的内外宣告，对外部人来说，还有着鲜明的诉讼意义。公司的合并分立、重组出售以及融资清算条款与公司债权人的利益休戚相关，同时涉及与政府的关系，还将影响到资本市场上对公司的并购收购；公司的经营范围确立公司权利能力的范围和公司

---

[1] 本文所称的涉他性是指涉及公司内部以外的各种社会关系的性质。

[2] 蒋大兴：《公司法的展开与评判——方法、判例、制度》，法律出版社 2001 年版，第 284 页。

解散事由产生的标准，这对公司的交易相对人来说至关重要。此外，它还是国家工商行政管理部门对公司进行管理监督的依据；章程中的设立方式条款不仅关系到公司设立时是否向社会公众发行股票、以何种方式接受投资，还关系到公司设立时应当经过哪些程序、报送哪些文件。此条款对公司的潜在投资者、对第三人、对社会公众以及政府都有相当的影响力，具有强烈的社会性；公司的股份总数、每股金额和注册资本是公司实力的表征、商誉的来源和偿付能力的保障，为交易相对人提供了信息和交易信心，有利于交易安全的实现；发起人的姓名、认购的股份数及其住所条款实质是公司发起人自身状况的对外公示。发起人个人的资信及其在拟设的公司中所占股份的比例影响着社会公众对拟设公司的信心，并由此作出是否认购该公司股份的抉择。它还将影响设立后公司的形象和交易相对人与公司交易的信心；公司的解散事由与清算办法条款关系到公司财产的清理、债权收取、债务清偿、股份分配剩余资产以及最终结束公司法律关系的具体措施和方法，与公司的股东、债权人和其他利害相关人之利益密切相关；公司的通知和公告方法条款更是具有涉他性。

2. 意思自治原则的限制——章程内容的法定性

公司发起人通过协商拟订章程内容不仅是契约行为的表征，而且是公司自治的重要内容。但随着时代变迁，公司的社会影响力急剧扩大，很多跨国公司具有左右社会经济生活的力量，甚至成为准公共机构，享有"私人政府"之称。公司自治的内涵开始改变，自由意志渐受限制，国家的意志逐步渗入。公司自治的实质逐步以社会为本位，成为法律合理干预下的法人自治。[①] 公司发起人为设立公司并维持其存在而订立的章程是公司成立的制度基础，体现了内部成员之间的合作性色彩并具有涉他性特征，因此相较于民事契约而言，它性格之中的契约一面具有组织性和关系性特色。此种契约一经形成，渗透于交易契约中的意思自治、意思自由原则将受到

---

① 王红一："公司自治的实质"，载《中山大学学报》2002 年第 5 期，第 100 页。

较大的限制。① 章程中意思自治原则受到限制的深层背景是公司自治实质的演变，体现为章程条款必须遵循公司法、公司法规以及规章的强制性规范的规定，不得改变或违背。②

"公司法是公法与私法的融合"，公司法规范中既有强制性规范也有授权性（任意性）规范。美国法学家爱森伯格把公司法分为强制性规则、赋权性规则和任意性规则。强制性规则是指不容公司参与者变更的仅能规整特定问题的规则。赋权性规则是指公司参与者一旦依照特定方式采纳便具有法律效力的规则。任意性规则是指除非公司参与者明确采纳其他规则，否则这些规则便可规整特定问题。不难看出，赋权性和任意性规则为公司参与人构筑了意思自治的空间。为了界定不同规则的作用范围，他将规则的调整对象区分为结构性规则、信义关系规则和分配性规则。结构性规则是指调整决策权在公司机关、机关代理人之间配置、行使决策权的条件、对公司机关和代理人控制权的配置以及有关公司机关和代理人行为之间信息流动等事项的规则；信义关系规则指调整经理人和控股股东义务的规则；分配性规则指调整对利润进行分配的规则。他主张在封闭性公司里，结构性和分配性规则应该以赋权型和任意型规则为主，而信义性规则应该以强制型规则为主。在公开性公司里由于涉及的利益面很广，信义性规则和结构性规则应该以强制型规则为主，分配性规则以授权型和任意型为主。③ 我国学者有代表性的观点是将公司法规则分为普通规则和基本规则，前者指有关公司的组织、权利分配和运作以及公司的资产和利润分配等具体制度的规则，后者指涉及公司内部关系的基本性质的规则。有限公司法中的普通规则应以任意性规范为原则，以强制性规范为例外，其基本规

---

① 蒋大兴：《公司法的展开与评判——方法、判例、制度》，法律出版社 2001 年版，第 328 页。

② 涉他性行为总是容易受到法律的管制。一般而言，行为的涉他性因素越强，法律的管制程度越高。

③ ［美］M. T. 爱森伯格："公司法的结构"，载王保树主编：《商事法论集》（第 3 卷），第 390～442 页。

则正好与之相反。股份公司法中的基本规则和有关权力分配的普通规则应该是强制性规范，有关利润分配的普通规则应有一定的灵活性。①

在章程中，私法自治原则受到限制，国家的强制意志得以渗透。章程的内容和公司法的内容有一致之处，即也包括公司的组织、权力分配、机构的运作以及资产和利润分配条款等普通规则和公司机关的设置条款等基本规则。对于公司的组织形式，公司的机构运作、公司的资产和利润分配，法律认为只要公司参与人制订的规则没有带来危及社会的负的外部性，章程便可以自由安排。然而，当章程对公司内部关系进行调整的条款即股东会、股东、董事会、董事、监事会以及监事的权利义务予以设计时，必须遵循公司法已经作出的制度安排，不可自由赋权或控权。除了公司法以强制性规范不可违反的原则对章程的制订进行干预以外，中国证监会颁布的《上市公司章程指引》、国家体改委颁布的《到境外上市公司章程必备条款》和《到香港上市公司章程必备条款》对章程的总则、经营宗旨和经营范围、股东、组织机构、财会审计、通知公告、合并分立以及解散清算和修改都予以了强制性规定，这些都证明了章程的内容已经超越了私法自治的秩序安排。

揭示章程具有宪章性法律文件的性质意在指明，章程不仅仅表现为一种张扬的自由，国家的强制意志也渗透其中。自由和强制融合在章程这一统一体中，共同促使章程目的的实现。

第二节　公司章程的法理念研究

理念是日本学者在引进西方学术、文化、制度时由德语 Idée

---

① 详细论述参见汤欣所著《公司法与合同自由》、《公司法的性格》。另外，澳洲学者柴芬斯、我国学者张开平等对公司法的性质也有论述，诸多观点尽管表述不同但异曲同工之处在于都将公司法规则分为自治和强制两大类，前者允许公司参与人自由适用或在没有适用与之作用相似的规则时才发生效力，后者则不允许自由更改。

翻译而来，它被理解为一定世界观之下的某种基本观念、立场和追求。[①] 理念和制度相对应，理念之于制度如同灵魂之于躯体，是蕴藏于中的精神内核，它贯穿着制度设计的始终，指导着制度发挥作用的方式和方法，体现着制度背后的意志诉求，彰显着制度作出的价值判断。从学术的角度上看，理念是制度及其适用的最高原理；从功能上看，理念是安排社会关系和指导制度操作的基本准则；从实践上看，理念是社会成员及立法、执法或司法者对待制度的基本态度、立场、倾向和最高行为准则。

初瞥公司章程，内容纷繁细琐，众多条款涉及公司从成立到终止的全程。其实章程并非缺乏理论指导的技术条款的堆砌，而是有着内在规律的存在。章程的性质、地位和功能凸显着章程制度设计的追求，利益均衡、安全和发展是章程所企求达致的精神意境。

一、利益均衡观——公司章程的制订理念

利益是人们受客观规律制约的、为满足生存和发展产生的、对一定对象的客观需求。行为科学表明，人的行为发端于动机，而动机源于需求。"人不能逆着利益的潮头走"，"人们奋斗所争取的一切都同他们的利益有关"，马克思和爱尔维修的经典表述表明利益是人类行为的"阿基米德支点"。

现代公司尽管被赋予了很多超越经济意义的社会价值，但在最大意义上它是一种经济手段，是其参与者谋求专用资本增值的工具即获得利益的手段。[②]因而从结构的角度看，公司被视为多元利益主体的集合。不仅如此，随着公司影响力对社会生活各层面的渗

---

① 史际春、李青山："经济法的理念"，载《华东政法学院学报》2003 年第 2 期，第 42 页。

② 近年来经济学界的研究成果主张，对专用资本的理解要摒弃仅指物质资本的观念，人力资本也是专用资本的一种。《经济研究》上一系列文章对此展开了讨论，代表性论述有：杨瑞龙、周业安：《一个企业所有权安排的规范性分析框架及其理论含义》；方竹兰：《人力资本所有者拥有企业所有权是一个趋势》；周其仁：《市场里的企业：一个人力资本与非人力资本的特别合约》等。

透，利益相关者理论日渐勃兴，它重视公司外部结构所形成的经济关系，要求公司的组织和行为必须考虑到公司的外部利益相关主体。事实上，整体主义的研究方法的确要求我们将公司置身于社会关系的网络之中，清晰地认识到公司的内外经济结构以及由此产生的内外利益主体。

利益的实现依赖于制度。制度经济学鼻祖康芒斯认为："如果说支配人类活动的自我利益是'蒸汽能源'的话，那么引导动力便是制度这台发动机。"法律制度是重要的利益实现和调整机制。罗马法时代，乌尔比安就根据利益享有主体的不同来划分公法和私法。18、19世纪的功利主义者法学家边沁和耶林则把法律视为利益的体现。边沁云："法的一般和最终目的不过是整个社会的最大利益而已。"耶林则看到了权利的本质："权利是法律的目的和根本标志，而权利就是法律所保护的利益。"近代的社会法学派更是高举利益的大旗，"法律的功能在于调节、调和与调节各种错杂和冲突的利益……以便各种利益中的大部分或我们文化中最重要的利益得到满足，而使其他利益最少的牺牲"。① 在这种意义上，法律不仅是一个逻辑的结构，而且是各种利益的平衡。法律的最高任务是平衡利益，法律就是在对利益的控制过程中体现其生命力。

现代公司法的重要作用之一是为公司法上的利益主体提供法律上的保护，作为广义公司法渊源之一的公司章程也内涵着此种作用。章程具有意志性，意志的背后是不同主体的利益。利益主体希望以正式制度来确认和实现自己的意志，章程就是这种制度的最典型表现。公司内外存在着多种利益格局，如股东追求每股盈余最大化和利润最大化；管理者追求个人报酬最大化；内部职工追求薪金最大化和在公司中地位的提升；公司作为独立法人追求整体价值最大化、发展前景的无限优化；公司债权人追求请求权得以实现的安全最大化；公司的交易相对人追求获利最大化；社会公众追求公司

① ［美］庞德：《通过法律的社会控制法律的任务》，商务印书馆1984年版，第36页。

社会责任承担最大化；政府追求公司利税最大化和对国民经济促进最大化。法律的功能就是对人类行为背后的利益进行调控。[①] 章程通过其条款体现的权利义务设置对各种利益关系加以选择、确认或拒绝，通过这种机制来表达和重整利益以达到利益的均衡，由此实现对利益的调控。[②]

（一）章程的内部利益均衡观之体现

公司内部相互冲突且需要协调的利益关系不仅存在于股东与董事、监事、高级管理人员以及公司职工之间，在股东这一同质利益群体之中还存在着控股股东与中小股东的利益差异和冲突。

本世纪中期美国学者伯利以《没有财产权的权力》一书揭示了公司经营权和所有权分离是一个不争的事实，"经理人革命"的兴起导致在公司治理结构中"股东会中心主义"的衰落和"董事会中心主义"的昌兴。股东作为公司的最终所有权人相对于公司管理层变成了弱势群体，股东遭受因与管理层利益目标不一致而导致损失的现象并不鲜见，这种现象在公司法律制度上产生了回应。经济民主观念和人力资本理论的广受认同不仅使人们对曾奉为圭臬的"资本雇佣劳动"命题产生质疑，职工参与管理也因其法理基础和经济合理性得到论证而获得了正当性基础，有些国家已经将其体现到了制度层面。[③] 现代公司法律制度开始对保障职工参与管理的利益和利润分配的利益有所关注，章程对此亦有积极表现。大股东投资公司的目的往往和中小股东不一致，在股东大会作出的决议有可能会牺牲中小股东的利益，纠正这种状况同样也是章程的使命。

利益均衡的前提是确认利益保护的偏重。章程是在对公司管理

---

① 赵震江：《法律社会学》，北京大学出版社 1998 年版，第 231 页。

② 由于股份有限公司的内外利益关系远较之有限责任公司复杂，对其分析比有限责任公司更有社会意义。况且对股份有限公司的分析结论在很大程度上适用于有限责任公司，反之则不然。故下文中的"公司"和"章程"都是以股份有限公司为模本。

③ 如美国 29 个州公司法变革后要求经理必须考虑到股东以外的公司利益相关者的利益和德国的《职工参与法》、《共同决定法》等。

层赋权的同时通过强调股东和职工的利益对前者进行控权，由此实现利益的均衡。

1. 股东与董事、监事和高级管理人员间的利益均衡

公司法律规范首先要调整的即为股东与管理层之间的利益关系，特别是上市股份有限公司。由于股东众多，股东投机和搭便车心理很强，公司的控制权实际是掌握在管理层手中。章程通过明确其作用，强调股东权利和管理层义务的条款来均衡他们之间的利益差异。[①]

《上市公司章程指引》（2006 年修订）（以下简称《指引》）第 10 条规定章程自生效之日起便成为规范公司组织与行为、公司与股东、股东与股东之间权利义务关系的具有法律约束力的文件。股东可以依据章程起诉公司、其他股东和公司的董事、监事、经理和其他高级管理人员。第 34 条规定股东大会、董事会决议违反法律、行政法规，股东有权向人民法院提起要求确认无效的诉讼。股东依据章程获得诉权，诉权的存在象征着一股威慑力量，这不仅建立了股东权利遭侵犯的事后补救机制，更重要的是这也对管理层可能滥用权力的行为建立了事前预防机制。

《指引》第 32 条列举了股东享有的权利，将公司法赋予股东的三大权利细化，其中特别强调股东可以依照法律和章程规定获得有关信息。信息获得权的赋予保障了股东知情权的实现，可有效避免公司管理层利用信息不对称的优势在信息黑幕中作出不利于股东的决定，是对管理层的一大制约。《指引》赋予了股东对董事会和监事会的质询权，规定董事会和监事会应该对股东的质询和建议作出答复或说明。质询权和建议权的作用在于使股东能较充分的了解公司各种事务和决议的形成原因并有效的参与到决策形成的过程

[①] 规定章程必备条款的法律文件不仅有公司法，还有《上市公司章程指引》和《到境外上市公司章程必备条款》等行政法规规章。后两者是由中国证监会颁布的行政规章，它所列举的条款是上市公司章程的必备内容，对于不符合其要求的章程，证监会将不会受理该公司的上市事宜，因而它对上市公司有很强的约束力。它们所规定的内容实际就是章程内容的体现。下文中分别简称两行政规章为《指引》和《必备条款》。

之中。

公司法只对董事和监事的义务作了原则规定,《指引》借鉴了国外立法特别是英美法系的完备规定,强化了董事和监事的义务。《指引》第 97 条和第 98 条十分详尽地列举了董事的忠实和勤勉义务,要求董事应当遵守法律、法规和章程的规定,忠实履行职责,维护公司利益。公司和股东利益至上原则的确立,将较好的保护股东权利不受侵犯,以义务条款的方式要求董事尊重股东的利益意味着违反的不利法律后果的招致,对董事有较强的制约作用。

亚里士多德有句世人耳熟能详的名言:"掌握权力的人有滥用权力的倾向,这是亘古不易的真理。"公司经理管理公司日常事务,制定各项具体规则,而董事会对此有审查权和批准权。考虑到效率因素,董事可以兼任经理等管理人员,为了防止管理层的过于集中而难以监控,《指引》的第 96 条对兼任经理的董事人数予以限制,禁止兼任经理、副经理或其他高级管理人员职务的董事超过公司董事总数的二分之一。

章程对公司内部的利益均衡尽管是以强化董事、监事和经理等的义务为偏重,但股东义务的履行也是利益均衡的一种方式。《指引》明确了股东应该承担的义务。法律允许章程给予管理人员一定的特殊保障,如纽约州公司法允许公司通过章程减轻或免除董事损害公司或股东的利益的个人责任,只要不是出于故意滥用权力或恶意。[1]

2. 公司职工与公司股东、管理者之间的利益均衡

公司与其职工之间的关系依两者在劳动力市场签订的劳动雇佣契约来调整。职工作为公司的内部成员,不参与公司利润的分配和管理,只能依据雇佣合同享受既定的合同薪金。但无可否认的是,现代经济是双因素经济,物资资本和人力资本是财富创造的两大必备要素,劳动也应参与产权的分配。现代法学理论也开始将公司视

---

[1] Brian Scott Lyda, The Y2k Problem and Direct Liability : Does the Business Judgment rule apply, Albany Law Journal of science & Technology Vol. 167.

作"一个法律框架，作用在于治理在公司的财富创造中作不同投资的主体间的相互关系"。因而，将职工排除在公司利润分配和管理之外是公司内部利益失衡的表现。公司法要求公司监事会必须吸纳一定比例职工来纠偏这种失衡的利益格局，章程将这种比例具体化，以强行的方式固定下来。《指引》第143条规定，监事会应当包括股东代表和职工代表，职工代表担任的监事不得少于监事人数的三分之一。

3. 大股东与公司及中小股东间的利益均衡

大股东特别是控股股东与广大中小股东的利益目标的差异很大，尤其是在大股东是法人代表的公司。公司往往是成为大股东为谋求自身发展的一个工具，股东的提案不是从本公司利益最大化的角度出发，而是服从于持股公司利益最大化的需要。中小股东持股则是出于投机的需要，希望通过凭借公司利益最大化来实现其个人利益最大化。两者利益目标的差异和力量的对比决定了大股东特别是控股股东的行为很可能损害中小股东的利益，利益的天平朝大股东方向倾斜。公司章程对大股东的行为作出了要求，《指引》规定，公司的控股股东在行使表决权时，不得作出有损于公司和其他股东合法权益的决定。《到境外上市公司章程必备条款》还将控股股东的行为禁区加以明示：除法律、行政法规或者公司股份上市的证券交易所的上市规则以外，控股股东在行使其股东权力时，不得因行使表决权在下列问题上作出有损于全体或者部分股东的利益的决定：免除董事、监事应当真诚地以公司最大利益为出发点行事的责任；批准董事、监事以任何形式剥夺公司财产，包括任何对公司有利的机会；批准董事、监事剥夺其他股东的个人权益，包括任何分配权和表决权，但不包括根据公司章程提交股东大会通过的公司改组。

（二）公司外部利益均衡观之体现

网络性是公司的特征之一。它不仅本身是多种社会关系的集合，作为整体，它是嵌入社会网络之中的经济细胞，必须和外界进行资源的吐纳，方可实现其经济和社会目标。公司在市场中的角色又决定了它必然是政府经济调控和监管的对象。显然，公司的外部经济结构包括了与消费者、交易相对人和政府的关系。社会利益独立性的凸显和日益强调以及公司社会责任理论的兴起，要求公司不仅要将其行为对社会公众所可能产生的负的外部性降至最低，更是赋予了公司一种积极作为的义务，即要在一定程度上服务于社会利益。从以上角度而言，公司的外部利益均衡包括了公司与明确的主体间的利益均衡以及和社会公众之间的利益均衡。

1. 公司与外部明确主体间利益平衡的章程内容体现

公司在其生成、存续和终结的全过程中，需要面对其产品的单纯消费者、专业化生产中有业务往来的纵向横向的合作者、服务劳务的提供者以及作为管理者的政府等明确主体。市场交易的目的无疑是为了获利，而政府的管理行为究其本原也是出于管理利益，即终极目的在于公共利益的获取。

（1）章程对关联股东和关联董事的权利制约

《指引》和《必备条款》都对关联交易进行了规制，要求关联股东和关联董事在与之有利害关系的关联交易的相关事宜的表决程序上实行回避制度。这是由关联股东和董事的特殊身份所决定，即兼具公司内部人和外部交易人的面貌。在与公司相关的关联交易问题上，关联股东表决权和董事决策权的掌握使其实质性的控制了关联交易是否达成、公司利润如何获得以及获得的程度的全过程。只有适当的限制其权利的行使，才可防范关联股东和董事出于一己私利作出损害公司和其他股东利益的举动，实现三者间的利益均衡。

（2）章程对公司交易相对人和潜在投资者的利益保护

公司法明确规定了章程必须包含公司经营范围条款即公司的目的条款，其用意不仅在于对安全的考量，通过信息披露的方式实现公司、交易相对人和潜在投资者间的利益均衡也是其追求的意境。公司本质上是获利的工具，"工欲善其事，必先利其器"。只有在明确了公司的经营范围之后，公司外部人方可判断公司的发展方向是否与自己内心预期一致。在此前提下，交易相对人享用商品、服务或劳务的利益和潜在股东期望的资本增值利益与此过程中公司的利润增长才可同时达致。

(3) 章程对会计师事务所的利益保护

公司的财会制度至关重要。《公司法》和《指引》都要求公司须聘用会计师事务所进行会计报表审计、净资产验证及其他相关事项的咨询服务等业务。会计师事务所凭借其服务获利，这种服务必须是合法的。但现今涌现的假账黑幕揭示了公司特别是上市公司与会计师事务所勾结作假的经济痼疾。现实是，假如会计师事务所不与公司配合做假账将得不到续聘或遭任意解聘，会计师事务所的权益得不到充分保护。针对此，《指引》第 162 条规定公司解聘或者不再续聘会计师事务所时必须提前通知事务所，会计师事务所有权向股东大会陈述意见，这一规定可以有效改变公司和会计师事务所之间的力量对比，通过限制公司权力，遏制其恣意损害会计师事务所利益的行为。

2. 公司与社会公众间利益均衡之章程内容体现

公司是经济人也是社会人。公司效益目标函数的实现不仅有赖于与之直接相关的明确的利益相关者关系的协调，社会公众对它的认同和它在公众心中的商誉也不可或缺。不仅如此，日渐昌盛的公司社会责任理论研究更是超越了法律对公司义务规定的水准，为公司勾画了遵守经济伦理、乐于社会善行的行为维度。要求公司的制度设计、角色定位、营运和管理充分体现包括投资者、劳动者、消费者、竞争者、债权人、用户、客户、所在社区和社会公众的利益和意志。[1] 公司章程不仅直接体现了对社会公众利益的关注，还通过服从政府管理的方式实现与社会公益的协调，因为政府行为背后所彰显的就是社会公益。

公司法要求章程必须公开公司的设立方式。公司的设立方式是

---

[1] 学者刘俊海认为公司的社会责任是指，公司不能仅仅以最大限度地为股东们营利作为惟一的目的，而应当最大限度地增进股东利益以外的其他所有社会利益。这种社会利益包括职工利益、消费者利益、债权人利益、中小竞争者利益、当地社区利益、环境利益、社会弱者利益及整个社会公共利益等内容。

具有鲜明外部性的行为，以何种方式设立公司不仅关系到是否向社会公众发行股票、公司以何种形式接受投资，还关系到公司必须向主管行政机关履行哪些程序。更重要的是，设立行为会对第三人、对社会将产生程度较深的影响。① 因此公布设立形式对保护公众利益至关重要。公司章程经发起人签字或创立大会通过以后并不当然生效，公司登记是其生效的惟一途径。公司登记行为便是政府意志和作用渗入的具体形式。通过公司登记时对章程合法性的审查，政府将不符合资格有侵害公众利益之虞的公司摒除于市场之外，章程显示公司形式合格的公司方可获得准入资格。通过这种方式，章程实质是为公众利益的保护筑就了一道防火墙。

二、安全观——公司章程的保障理念

由自然界和人类社会组成的人类生活环境充满了太多的不确定性、偶然性和意外，人类的生命、健康、财产和自由面临着种种风险的冲击甚至丧失的可能，因而以各种手段尽可能的达到安全成为源于人性的亘古追求。从人类的幼年到今天社会的高度复杂化，人类生活中的风险随着人类控制风险能力的提高和新问题的层出不穷而改换着面目。原始氏族的成员面对神秘未知的自然力量和凶猛野兽的侵袭时，只能依靠团体的力量，遵循氏族的普遍心理、观念和习惯、惯例，服从首领的权威和指挥方可获得继续生存和发展的机会。以农业为基础的封建社会有着鲜明的等级划分，每个人只需安守于基于身份的等级序列中的地位，遵守封建主制定的为维护其土地所有的财产制度和财税制度以及巩固阶级统治的刑事制度，便可在风险最小化中享有自给自足的生活。资产阶级革命后掀起的工业革命所确立的资本主义生产方式从根本上改变了人类的生活。人本主义张扬自由、平等等自然权利的同时深刻认识到财产权是一切自

---

① 范健："股份有限公司章程记载事项"，载《南京大学法律评论》1997年（秋季号），第55页。

然权利的归依，新兴的资产阶级确认了人们私有财产的神圣不可侵犯，并建立了交易规则，促使和保障财产的流转安全。与之而来的是，"从身份到契约"的社会运动使封建社会中相对静止的生活状态被打破，安守于"熟人社会"中的个人一下子被抛入了"陌生人社会"，对交易对方的不了解，相互交易习惯的分殊使交易风险骤然陡增。为了祛除风险，民商法勃兴成为时代的要求。进入现代社会，"复杂性"问题和"现代性"问题凸显出来，表征为生产的社会化和专业化并存，市场失灵和政府失败同在，人口的高流动性，信息的电子化，交易的虚拟化、远程化和非即时性，国际国内市场高度依存化以及相伴而生的经济危机的越国境波及化。现代社会的风险开始超越微观层面迁跃至宏观层面。

经济组织的嬗变史就是人类逐利本性和规避风险本性相结合的历史，深刻反映了人类为在风险最小化中实现获利最大化的卓然智慧。早在中世纪意大利及地中海沿岸城市中就出现的家族经营团体是后来无限公司和其他家族经营式公司的原始形态。由于经营者要以自己的财产承担很大风险，便出现了康孟达组织这一变体，使出资者只需以有限的出资去面对不可测知的海上漫漫风险。康孟达的优越性使它成为后世隐名合伙和两合公司的雏形。最早出现的公司形态是无限公司，尽管其与合伙存在诸多相同之处，但前者具有的组织形态稳定、股东权利义务明确的特点使无限公司内部关系可受到更多强制约束而降低了经营风险。两合公司确立的出资者承担有限责任、出力者承担无限责任的组织模式实质是根据对行为和事务控制权掌握的大小来分配风险和负担。股份有限公司和有限责任公司的出现实现了真正的资本增值风险最小化，它所确立的公司和股东人格独立，财产分离，股东责任有限的三大原则，成就了公司法律上"人"的地位，同时使股东只需以有限的投资去搏击市场。正是这种理论上能以最小风险获得最大利益形态，使股份有限公司和有限责任公司成为现代企业的典范和最普遍形式。

公司是降低风险的稳压器，但它同时也是把"达摩克利斯之剑"，是风险的策源地。现代公司应复杂的现代社会经济生活需要而生，具有鲜明性格：一是股东众多，所有权与直接控制权分离，内部关系复杂，是自由民的自治实体但要服从渗入到其内部的国家强制意志的干预。此间的风险产生了对投资者股东权益、经营者经营权益和职工劳动权益安全实现的需求；二是公司与外界发生经济往来，交易安全成为公司、消费者和债权人以及其他利益相关者的首要考量；三是现代公司具有巨大的社会影响力。通常在一个工业部门里，那种由两个、三个或四个大公司控制着本工业部门一半以上地盘的"集中"体制已不鲜见。"公司本身是一种举足轻重的政治机构，因为在这些公司内部就像在一个正常的民主环境下所可能做到的那样，人们互相服从并服务于共同的目标；……公司所做的一切，例如其作出设立或关闭工厂的决策、其经营的成功或失败，具有政府所不可忽视的后果，政府必须努力去促成或限制这种后果。……在各种大机构中，股份公司是仅次于国家本身的机构。"[1]公司的社会影响力表明其行为不仅辐射到与之直接交易的相关人，还可以对国家的经济秩序造成冲击，这种风险危害甚大，它损害的是不特定社会公众和国家的经济利益，需要有力的风险控制手段加以防范和补救。

概而言之，以公司为行为主体所可能产生的风险触及一国的宏观和微观经济安全。消除风险追求安全需要良好的风险控制手段，制度尤其是法律制度是最好的风险控制手段。法律给予社会生活以一定程度的确定性和连续性。[2] 公司法在此方面的功用自不待言，作为公司制度基础的公司章程更是以安全作为贯穿其间的保障性理念。

（一）章程对微观经济安全的保障

章程通过其赋权控权功能、规范制裁功能和信息公开功能建构

---

① 梅慎实：《现代公司治理结构规范运作论》，中国法制出版社 2002 年版，第 113 页。

② ［美］博登海默：《法理学——法律哲学与法律方法》，中国政法大学出版社 1999 年版，第 293 页。

秩序。在此，秩序成为实现安全的工具性价值，因为"秩序意味着在社会中存在某种程度的关系的稳定性、结构的有序性、行为的规则性、事件的可预测性以及财产和心理的安全性"。① 秩序的核心是安全，通过秩序实现章程力求达到的对微观和宏观两个层面安全的保障。

赋权控权功能和规范制裁功能是章程力保微观经济安全的体现形式。以公司为原点产生的需要实现的微观经济安全包括公司本身的经营和获利安全、股东的投资者权益安全、经营者经营权益安全、职工劳动权益安全、社会潜在股东的投资安全和交易相对人的交易安全。

1. 章程以赋权控权的方式作为安全理念的实现途径

公司法概括地规定章程要设置公司机构以及分配其成员职权。从积极的方面，《指引》将股东的获取红利的权利、表决权和选择管理者的权利具体地予以保证。为保障管理权力有效而独立的行使，章程不允许股东会任意解聘董事、监事和其他高级管理人员；章程确立固定的薪金制度并许可公司自主制定合理的分配制度以保证管理者管理权益的充分实现。从消极的方面，为了抑制不安定因素，章程设定了诸多义务负担和禁止性规定。章程不仅一般性地明确了股东应承担的义务，要求其遵循公司的根本大法——公司章程，要依其所认购的股份和入股方式缴纳股金并不得随意退股。章程还针对有特殊影响力的股东，如发起人和大股东有更严格的规制，限制他们股份转让的自由，要求前者持有的公司股票在公司成立之日起1年内不得转让，目的在于防范发起人以成立公司为手段不当获利；对于后者，章程剥夺了其投机股票交易获利的权利，若其在将所持有的公司股票在买入之日起6个月以内卖出或在卖出之日6个月买入，收益归公司所有。大股东的举动往往是资本市场的风标，既是资本市场的稳压仪也是震动器，其股市交易行为对广大中小股东投资决策的影响不可低估，严重的甚至会引起与公司有关

———————
① 张文显：《法哲学范畴研究》，中国政法大学出版社2001年版，第197页。

的资本市场的动荡。此条款的目的在于预防大股东的投机行为损害公司利益。章程禁止公司董事、监事、经理和其他高级管理人员在任职期间和离职后 6 个月内转让所持公司股份的规定的考虑也同出一辙。章程以大幅笔墨渲染了董事、监事、经理等管理人员的忠实和勤勉义务、保密义务和禁止越权的义务，并且要求任职未结束的董事要对因其擅自离职给公司造成的损失承担赔偿责任，防止他们因行为目标函数与公司以及股东不一致而滥用公司控制权，损害公司和股东的利益。职代会和工会有权就有关职工工资、福利、安全生产以及劳动、劳动保险、解聘（或开除）职工等涉及职工切身利益的问题与公司的管理层磋商，通过意愿表达渠道的建立使职工劳动权益的实现和安全在两个阶层的谈判中得以保证。

2. 通过章程的规范功能为公司以及成员的行为设立准则，来达到公司行为的有序化

所谓章程的规范功能，是指章程是公司的制度基础和组织以及行为的根本准则，具有规范公司的组织和行为的作用，规定了公司的权利、性质、组织原则、组成机构、经营范围和发展方向等。在规范功能发挥的过程中，安全同时达致。公司的资本是公司的基石，也是安全得以实现的最根本物质要素，即它是公司营运安全、内部人的各种安全、交易相对人的交易安全、国家税收安全和市场秩序安全能否实现的根源性因素。公司法确立的资本三原则是资本制度的内核，章程除了予以细化外，还通过其他的制度安排，完善和夯实着资本制度的安全保障功能。

在一般情况下，根据资本不变原则，公司不得随意减少注册资本，但出于效率因素的考虑，章程可以允许公司减少注册资本，但同时规定了严格的程序，即不但要符合法律和章程的减资条件，还必须由股东大会以特别决议通过。公司回购本公司股份也会带来注册资本的实质减少，章程为了防止回购行为的任意化，规定了回购的程序要件、目的要件和方式，并要求公司在回购后的法定期间内注销该部分股份，公司还必须及时向工商行政部门申请办理注册资本的变更登记，向社会公布其资本的变动情况。章程要求公司必须

公开其注册资本的数额和股权结构，有利于社会潜在投资者进行判断以实施正确的投资行为，防范投资失败。此类条款亦利于交易相对人评价公司的资本信用，判断公司的偿债能力，目的旨在保障交易安全。章程要记载公司的经营范围，公司在其经营范围内才具有权利能力和行为能力。章程要求董事必须保证公司的商业活动不得超越营业执照规定的业务范围，违反之虽不必然导致交易无效，但很可能给公司或交易相对人造成损失，董事由此要承担责任。基于同样的原因，为了防止没有代表权的公司管理者以公司的名义对外代表公司，章程对董事的行为进行规范，规定未经章程规定或董事会授权，任何董事不得以个人名义代表公司或者董事会行事。为了防范可能由董事和经理等管理人员造成的经营风险损害公司利益，如基于人品和能力的原因非法为自己谋取私利或导致公司经营不善利润下降甚至破产，章程提出了比公司法更为严格的董事任职条件，提高了经理人市场的进入条件，强调能力因素与道德因素并重。

3. 章程具有的制裁功能对危害安全的行为预制了一道具有威慑作用的防火墙

制裁功能意指章程可以制定责任条款，对违反章程规定的行为予以制裁并或多或少地影响当事人在法律上的权利义务。[①] 章程的制裁功能还体现在它赋予了权利人诉权，可使违法或违反章程的行为受到法院的制裁，同时章程还是法院制裁的依据。章程规定股东大会或董事会的决议违反法律、行政法规，侵犯股东合法权益的，股东有权向法院提起要求停止该违法行为和侵害行为的诉讼。章程一经生效，便可成为公司起诉股东、监事、经理和其他高级管理人员的依据；股东起诉股东的依据；股东起诉董事、监事、经理和其他高级管理人员的依据。违反章程中的诸多义务条款和禁止性条款将会导致法律上的不利后果，最典型的表现是董事、监事或经理等

---

① 孟鸿志："社团章程的法律调控"，载《行政法学研究》2000 年第 3 期，第 32 页。

其他高级管理人员若不履行章程加负的义务或违反其禁止性规定，将会导致任职期间被股东（大）会解职。可见，章程的制裁功能之于安全保障的功用在于依靠它的威慑和实际惩罚，对可能危害安全的行为起事先预防和事后补救作用。

（二）章程对宏观经济安全的促进

公司所可能造成的宏观经济风险的表现形式就是扰乱国民经济秩序。公司是生产资料和劳动者聚集的最大也是最佳场所，是对全社会经济资源予以配置的最重要市场主体。美国华盛顿政策研究所的研究报告《经济二百强：全球公司经济力量的崛起》可对公司经济力量窥见一斑：世界最大的经济一百强实体中，51 个是公司，国家只有 49 个。其中丰田公司强于挪威，三菱公司强于印度尼西亚，福特公司强于南非，通用公司强于丹麦，即使位列第 12 的美国瓦而玛特公司也比包括以色列、波兰和希腊在内的 160 个国家要强大。[①] 公司的经济力量越来越集中，决定着市场上提供的最为重要的商品和服务的种类、数量和质量，左右着重要的产品市场、资本市场和服务市场的行情变化，千万个公司的经济力量汇集到一起，与当地乃至全国的经济发展事态息息相关。因此，应辩证地看待公司，应看到在其能促进整体经济发展的同时，它也能对整体的经济秩序造成冲击。

章程作为公司法律制度的一种，要求公司遵循国家法律法规和产业政策是题中应有之意。除此风险控制手段以外，章程独有的信息公开功能可起到非常行之有效的风险防范作用。公示性是章程必须具备的特性，各国公司法大都规定了公司章程必须公开。章程记载的是公司重要信息，章程又必须公开，这样实质就使公司的利益相关人和社会公众对公司可做详尽的了解。风险源于对对象的未知，未知产生不确定性，由此带来对安全的威胁。章程公开了公司的重要信息，避免了信息偏在，就打断了风险传递的逻辑链条。同

---

① 刘俊海：《公司的社会责任》，法律出版社 1999 年版，第 15 页。

时，登记生效了的章程必然与国家所期望建构的秩序内在契合，公司公开了其制度基础，意味着其组织和行为必须符合由这一制度建立起的秩序，在理论上可以推演出公司的行为必然符合国家的要求，而不会对国民经济的整体经济秩序造成冲击。

三、发展观——章程的目标理念

（一）经济组织、制度与发展关系简论

"发展"是一个内涵非常丰富的字眼。在哲学意义上，发展是指人通过主体性的活动实现自己目的的过程。[①] 从经济的角度而言，发展意指社会物质财富的增加。将两者结合，发展可以表述为人通过主体性的活动实现财富的增加。发展作为目的性价值需要手段加以实现，因此，研究如何实现发展成为各国的首要大计。西方的主流经济学家也将自由市场的私人企业视为其国民经济前进的不竭动力。经济组织与发展之间的因果关联由此可见一斑。与此相呼应的是，现代社会是组织社会，现代经济是组织经济的界定，已经成为广为接受的观念，"有组织的复杂性"问题还日益成为人类所面临的社会现实并成为学术界关注的前沿问题。[②] 之所以会产生"有组织的复杂性"问题，其本原内在于组织的特质之中。组织在现象上是将人力、物力、财力和智力资源结合起来协调运作的共同体。为了使共同体更富有效率，任何组织尤其是经济组织都关注如何将分散的、地位不同、角色不同、更重要的是利益不同的个体结合在一起，使他们能共同劳动又满足彼此的利益，存在冲突却又保持一定的秩序。可见，组织良性运营的前提是协调好人们之间的社会关系。发展不仅以生产力的增长为实质内容，以合适的方式调节人们在生产力增长过程中的关系和分配生产力增长带来的成果同样

---

① 鲁鹏："制度与发展关系论纲"，载《中国社会科学》2002 年第 3 期，第 15 页。

② 张守文："经济法系统的系统分析"，载杨紫烜主编：《经济法研究》（第 2 卷），北京大学出版社 2001 年版，第 185 页。

是其应有含义。"贫穷问题深深植根于制度构架之中，特别是植根于制度内部的政治权力和经济权力的分配之中。"①这个结论适用于国家，同样也适用于经济组织。

1. 制度通过协调组织的内外社会关系，整合社会力量，为发展创造前提条件

制度规范人们的行为，通过规范人们的行为来调节交往主体间的相互关系，承担起限制冲突，增强合作的职责。当制度发挥这一功能时，它就成为一种工具和手段。凭借它，主体可以保持他们在互动中的稳定和秩序，确立起对发展有极大影响力的特定社会关系。②

2. 制度以其特有的信息机制和激励机制激发主体的创造性、积极性和潜能，为发展提供了动力

制度传达了人们有关行动的信息，人们不但可以知道自己行为的后果，同时也可获知他人的可能行为。基于这种给定的信息，主体可以做出合理判断，科学设计自己未来的行为。制度可以为主体设置权利和义务，奖励和惩罚，对主体的行为表示赞成或反对，鼓励或抑制。发展动力学认为只要组织成员能始终富有积极性、创造性，潜能得以充分发挥，组织就可长期保持发展的动力和自我更新的能力。制度的信息和激励机制正有助于实现这一点。

3. 合理的制度安排可以降低成本，提高效率

在组织的发生、存续直至最后终结的全程中，组织、组织中的成员以及与组织外部的利益相关人的各项活动都要投入相当的成本，如排他成本、协调成本、交易成本、组织成本、代理成本以及

---

① ［澳］阿恩特：《经济发展思想史》，商务印书馆 1999 年版，第 110 页。

② 鲁鹏："制度与发展关系论纲"，载《中国社会科学》2002 年第 3 期，第 17 页。

服从成本等。① 这些成本的运用无可避免，但并不会成为使社会财富增加的要素。为谋求快速发展和有效率发展，用制度降低发展成本就尤为必要。制度对降低成本的作用是通过减少经济活动的复杂性和不确定性来实现的。② 通过产权制度、资本制度、分配制度、行为规则等表现形式，制度可以有效的减少经济活动中的复杂性和不确定性，由此提高经济活动的效率。

（二）章程是促进发展的有效制度

公司是其参与人为谋取各自利益而结合成的经济共同体；公司参与国民经济的循环；公司进行新产品的开发、商品的生产和服务的提供；公司提供就业岗位，发展专业化协作；公司向国家缴纳巨额的税收，维持社会的公共需要、缓解社会基本矛盾、履行社会责任。公司是发展的最重要的最终载体。

公司章程是公司的基石性制度，是公司成立的行为要件，是公司的组织纲领，它通过其具有的控权赋权功能、规范功能、准据功能、信息公开功能和制裁功能践履着对利益均衡和安全的追求。但利益均衡和安全只是公司的工具性价值，其目的性价值在于财富的创造即发展，不仅在于公司的发展、股东的发展、投资者的发展和职工的发展，也在于其外部利益相关者的发展，最终通过制度张扬其行为正的外部性，抑制负的外部性，惠及整个国家的发展。

公司章程对公司组织及运作规范，对公司的性质宗旨、经营范围、组织机构、活动、权利义务分配等事项予以规定。抽象这些条

---

① 排他成本在人们想要确保不让他人擅自使用其产权时发生。协调成本在个人与他人交往以结合他们所拥有的产权时发生。交易成本在人们靠市场交易产权运用资源时发生。组织成本在人们将自己拥有的资源与他人拥有的资源结合起来以追求共同目标时发生。服从成本在个人和组织服从政府规章制度时发生。代理成本在组织委托人对组织进行经营管理时发生。参见［德］柯武刚、史漫飞著：《制度经济学》，商务印书馆2002年版，第322页。

② 王跃生：《没有规矩不成方圆——新制度经济学漫话》，生活·读书·新知三联书店2000年版，第45页。

款，可发现它们分属结构性规则、信义性规则和分配性规则。① 章程所要记载的股东的权利和义务，董事会和监事会的组成、职权、任期和议事规则；经理及其他高级管理人员的职责、任命；公司的法定代表人；职代会、工会和职工的权利等条款属于结构性规则。章程的信义性规则是道德义务的法定化。《指引》用大量的篇幅规定了董事、监事和经理等管理人员的忠实义务、勤勉义务，赋加给控股股东不得损害其他股东的义务和股份自由转让受限的义务。公司章程的结构性规则和信义规则作用在于通过明确公司内部各种地位不同、角色不同的组成人员的地位和权利，型塑各主体的活动空间，明确行为的范围和界限，化合他们不同的意志，协调其间的利益差异，使他们甘愿通过共同协作创造财富满足彼此的利益，相互之间存在冲突却能在互动中保持有利于发展的秩序。通过结构性规则和信义性规则，章程可以限制冲突，增强合作，协调组织内的社会关系，整合分散主体间的力量，为发展创造前提条件。分配性规则主要指调整对资产和盈余进行分配的事项的规则，在公司章程中以利润分配条款为具体表现。很多公司章程不仅遵循利润向股东分配的原则，还规定了管理人员拥有股票期权和职工参与利润分配的条款。分配性规则对于以获利为组织目标的参与人来说，本质就是动力机制，起到激励作用。它不仅可以激励公司成员为了获得更充分的分配而尽可能发挥自己的潜能和积极性创造更多的财富，充分、公平、合理的分配机制本身亦是发展的表征。②

公司章程可以通过降低公司行为的成本，提高效益来实现发展的目标。"良好的法律制度总是在保障社会稳定与促进社会发展的前提下，力图最大化地保护社会财富，使社会财富不被随意破坏，使社会财富被恰当使用或被最经济地使用。"③ 章程就是这么一个

---

① ［美］M. T. 爱森伯格："公司法的结构"，载王保树主编：《商事法论集》（第3卷），第390～442页。

② 公平的分配机制是扩大需求的一大根源，因而也是可持续发展的原因。

③ 卓泽渊：《法的价值总论》，人民出版社1999年版，第68页。

有效益的制度，它能提供一组有关权利义务和责任的规则，能为一切创造性活动提供广大空间。章程为公司提供适当的行为模式，公司的组织和行为必须在其规定的范围内活动以争取最优化的实际效果。章程为公司设定最经济的行为模式，从而使公司可以以较小的投入获得较大的产出，在程序上，章程可为公司设立最经济的程序模式，保证公司以最简便的手续、最小的时间耗费达到法律与其成员希冀的目的。

公司章程的制度安排彰显着内在于其精神中的对利益均衡，对安全、对发展的追求，其涵盖公司全程方方面面的具体条款也实际践履着它的理念。通过均衡利益，确保安全，章程力图实现着之于个人、之于公司、之于社会、最终之于国家的发展企求。也正是在此过程中，公司章程显示出其他制度所不可企及的独特功用和价值。

第三节　公司章程的定位研究

章程是公司获得人格的制度基础，公司成立的行为要件。在某种程度上，公司的生命源起于章程的给予。章程在公司制度中处于基石性地位，此定位可以在章程与其他具有可比性的类似的动态比较中加以体现，并通过由比较过程表现的独特功用加以确认和强化。章程的基石性地位在与法律（主要是公司法）、公司设立协议和公司规章制度的比较中凸显并由其功能予以证成。通过揭示章程的基石性地位，意在阐析章程在适用中的序列问题，唤起实践中匮乏的章程意识，维护章程的权威性和严肃性。

一、章程与法律

公司行为的调整一靠法律，二靠章程，说明法律与章程的功能存在交集。两者功能的交叉决定了两者在适用和效力上有优劣之分，对两者关系的探究也因此显得必要。

（一）章程是准法律

如果要以法律语言来表述我们所见证的社会关系和思潮的巨大变革，可以说，契约与法律之间的僵死划分已经越来越趋于松动，这两类法律逐渐不可分地渗透融合。[①] 对于公司内外利益关系人而言，章程无疑是准法律，具有法律的一般特质。

1. 章程具有意志性

黑格尔认为，法的基地一般是精神的东西，它的确定的地位和出发点是意志。意志是自由的，所以，自由就构成法的实体和规定性。任何定在，只要是自由意志的定在，就叫做法。一般说来，法就是作为理念的自由。[②] 卢梭声称，法是"意志的记录"、"公意的宣告"。马克思主义法学更是强调"法是统治阶级意志的体现"。可见，意志性是法的本质的一个侧面。章程也具有意志性，它不仅体现了国家的意志，而且体现了公司内部成员的意志。

一些国家的公司法明确规定了章程的绝对必要记载事项和任意必要记载事项，更多的国家是以列举的方式规定了章程应该具有的内容。章程内容若是缺乏法律所要求必须记载的事项，整个章程将归于无效。除此之外，公司法中的强制性规范为章程制订者树立了游戏规则，不允许他们基于降低交易成本或其他考虑通过自由协商的方式作出与公司强行法不一致的安排。可见，国家意志是通过法律对章程内容安排的要求加以实现的。

章程的契约性质表明其又是公司内部成员意志的协调。在公司强行法的作用空间以外，法律允许公司内部成员本着"私法自治"的精神制订章程。有限责任公司内部成员可以就公司的组织、权力的分配及运作、公司的资产和利润，股份有限公司的成员可以就公司的利润分配等条款进行意思表示真实的协商，制订出既有利于己又有利于社会的治理规则，只要这些章程条款没有对社会产生负的

---

① ［德］拉德布鲁赫：《法学导论》，中国大百科全书出版社1997年版，第77页。
② ［德］黑格尔：《法哲学原理》，商务印书馆1965年版，第10页。

外部性，就会得到法律的认可和保护，因此，它们是公司内部成员意志的体现。

2. 章程具有规范性

法律是调整社会关系和人类行为的规范，"法律是肯定的、普遍的、明确的规范"。① 如同法律一般，章程也具有规范性。章程的规范性是指章程具有规范公司组织和行为的作用。章程是公司设立、运作的基础，是公司权利能力和行为能力的载体。章程之规定乃是公司之基本准则，章程要规定公司的性质、组织原则、组成机构、经营范围以及公司未来的发展方向等；章程要规定公司的代表机关、董事会、股东（大）会、经理、监事（会）以及一般成员的职权。公司依章程而设，章程内容外化出来的组织形式就是公司，在公司的经营活动中，公司除遵守法律和相关政策以外，必须遵守章程的规定，一切超越和违背章程的活动没有法律效力。

3. 章程具有权利义务的调整模式

章程条款中的重要内容就是规定公司机关及其成员的职权，此类条款是对公司法中所规定的公司机关及其成员权利义务的再分配、具体化和补充。这种权利义务的调整模式使公司成员由此知道自己该如何行为，以此为基础估计自己与公司与他人之间该如何行为，并预计到行为的后果和章程及法律对此的评价。

4. 章程具有公示性

从十二铜表法开始，法律就摆脱了专为立法者知晓和适用的神秘色彩，使公示性成为法律之为法律的应有之意。章程具有公示性即指章程具有公开揭示公司情况之功能。章程的公示性表现在不仅对投资者公开，而且对包括债权人在内的社会公众公开。各国公司法基本都规定了章程必须公开，供股东、债权人、债务人等查阅。如我国《公司法》第97条规定，股份有限公司应该将章程、股东名册、股东大会会议记录、财会报告等置备于公司。英国公司法律

---

① 李光灿、吕世伦：《马克思恩格斯法律思想史》，法律出版社1991年版，第59页。

规定，任何人只要交付 5 便士就可以在伦敦城市路 55－71 号公司大厦公司注册人员那里查阅公司章程和条例。①

5. 章程具有稳定性

法律以社会生活为调整对象，是对社会现实的一种制度回应，其功能在于建立和保持一种可以大致确定的预期，以便于人们的相互交往和行为。从这个角度而言，法律是保守的力量，具有相当的稳定性，其废、立、改都要经过严格的法定程序。章程也具有相对稳定性，它为公司建立稳定的秩序，其内容不得随意变动。章程的稳定性是通过章程的制订修改特别是修改体现出来的。章程的变更和修订是个相当复杂的法律过程，一般而言首先应由股东或董事会提出修改草案并将提议修改的内容提前通知股东（大）会，由股东（大）会表决。表决是章程变更的实质性阶段，也是要求颇为严格的阶段。综合各国规定可以发现，一般章程的修改变更都须经公司总股份的 2/3 以上或者更多多数通过，如果涉及公司特别股东的利益还要经过公司特别股东大会通过。有的国家法律甚至许可章程中规定高于法律规定的增加表决要求。我国《公司法》规定，有限责任公司修改章程的决议须经代表 2/3 以上表决权的股东通过，股份有限公司则须经出席股东大会的股东所持表决权的 2/3 以上通过。保证表决权在总股份中占较大比例，体现了公司决策的普遍代表性和民主性，也保证了章程的稳定性。

章程一经生效便由国家认可并以强制力保证其实施，它所具有的意志性、公示性、稳定性和规范性，以及以权利义务模式调整公司内部关系的方式显示了其所蕴涵的法律特性。但章程的制订权是源于公司参与人协调所产生的自治权，章程的效力也仅仅及于公司内部利益相关者，如股东、董事、监事、经理和职员等，对外部利益相关者有一定的约束力和对社会公众有一定的影响力，并没有法律效力的普遍性。因此，章程具有法律的特质，是准法律。

---

① ［英］REG. 佩林斯、A. 杰佛里斯：《公司法》，上海翻译出版社 1984 年版，第 72 页。

（二）章程与法律的关系

章程是准法律并不意味着章程的法律效力低于法律，章程与法律的关系的恰当表述是两者之间是从属关系、补充关系和贯通关系，即章程内容受制于法律的强行性规定和在公司法律制度中章程位于优先法律适用的次序。

1. 章程内容受制于法律的强行性规范

公司法规范以不可违抗性为标准可以分为强行性规范、授权性规范和任意性规范。对于有限责任公司而言，当事人一般能就有关公司的组织、权力分配和运作及公司资产和利润的分配进行真实的协商。公司法对这些内容所适用的是授权性和任意性规范，股份有限公司中的利润分配方式由于比较灵活，公司法也以授权性和任意性规范相待。但公司法中的强行性规范对有限责任公司中涉及公司内部关系和股份有限公司的组织形式、机构设置、权力分配、公司运作等事项有强制性规定，章程制订者只能按照公司法中此类规范的规定设置条款，不可以自由改变。除此之外，针对上市公司所具有的巨大社会影响力，《上市公司章程指引》和《到境外上市公司章程必备条款》对其章程的内容作了十分详细的指导。虽然这两部行政规章在表面上不具有法律的效力，在实践中，上市公司章程与之不符者，却会因无法通过审查而不能上市，其强制力可见一斑。故在与法律和具有法律效力的规范性文件的关系上，章程必须服从于它们的强制性规定。

2. 公司法法源的适用上章程处于最优先的序列

章程在制订时，其内容受制于法律的强行性规定，但公司章程一经登记便具有法律效力，成为广义的公司法渊源。公司法的各种渊源中，在公司法律的强行规定以外，章程处于最优先适用的地位。公司法渊源在适用上次序如下：公司章程——其他有关公司的特别法规——公司法——民法——商事习惯——判例——法理。①

---

① 郑玉波：《公司法》，三民书局 1981 年版，第 8 页。

具体而言，法律已经作了强制性规定的，章程无须也无权另作安排；法律的规定属于任意性的，章程对法律有优先适用的效力；法律对某些事项未作规定授权章程规定时，章程对于法律规定有补充效力。

章程是准法律，因而具有极高的法律效力；章程内容虽应遵循法律的强行性规定，但不违反法律的章程，一旦生效便取得了优先法律适用的优位序列；法律只对公司的部分事项予以强制性规范，章程条款却涵盖了公司活动的全部。相对于法律之于公司的权威性和不可违抗性，章程对于公司是基础性和根本性的，是公司的基石性制度。

二、章程与公司的规章制度

"在任何情况下都不可能就组织所有的活动定出计划并加以指挥，所以规则在组织内部的协调中具有重要的作用，组织内的规则服从于组织的章程，左右着组织资源的运用，并在向组织提供了资源的各类所有者之间分配总产品。"[①] 如果把"规则"理解成公司中的一般规则，那么这句话比较精辟的揭示了章程与公司规章制度之间的关系。

章程不能就公司所有的活动事先作出制度安排，它只是公司的组织及运作、公司的性质、宗旨、组织机构以及机构的设置、成员的权利义务分配等基本性问题的制度设计，因而它被称为"系社团组织与实现其目的之准则"，在有关公司的各种制度中处于根本规范的地位。但也正是从这个角度而言，章程因其不可能就公司活动的方方面面作出规定而被视为一种"不完备契约"。公司内外关系的调整需要一个完整的制度空间，"不完备契约"需要其他的制度予以配合使用，公司的规章制度就是对章程的补充。我国《公司法》第 47 条在董事会的职权中规定有"制定公司的基本管理制

---

① ［德］柯武刚、史漫飞：《制度经济学》，商务印书馆 2002 年版，第 322 页。

度"，第 50 条在经理的职权中规定其"制定公司的具体规章"。这里的"管理制度"和"具体规章"就是公司的规章制度，类似于英美法系公司法中的公司章程细则。公司的规章制度的内容涉及公司活动且是内部活动的各个方面，具体而详细，包括公司的人事安排、经营运作、公司的行政机构和人员的权利义务关系、奖惩办法等。

公司的规章制度在其本质上是公司章程的延续和具体化，在公司的制度环境中，它必须以法律和公司章程的内容为基础，以不与它们抵触为原则，否则便没有法律效力。与章程相比，公司的规章制度的效力范围仅限于公司内部关系，对外部人和社会公众没有约束力。在诉讼中，公司规章制度不能成为其内部成员起诉公司或其他成员的依据，也不能成为法院审判的依据。总而言之，公司章程是公司规章制度的基础，公司规章制度是公司章程的展开，章程位于比规章制度更高的效力序列。

三、公司章程与公司设立协议

公司设立协议又称发起人协议，是在公司设立过程中由发起人订立的关于公司设立事项的协议（中外合资经营企业合同和中外合作经营企业合同在性质上也属于设立协议）。公司设立协议的效力涉及了公司设立的全过程，尽管在公司成立以后，设立协议被视同为合同履行完毕而终止，在实践中协议内容往往会包括章程没有涉及但又确属公司存续和解散中可能遇到的事项，相应的条款仍然具有涉及契约发起人的效力，设立协议不能不被视为对公司内部成员有约束力的制度。

章程是公司组织和行为的基本准则和制度基础，设立协议的作用在于设置权利义务协调发起人之间的关系，事先确定所设公司的基本性质和结构，两者之间关系密切。其一，两者内容有相通之处。公司章程应规定的事项通常也是设立协议需约定的事项，如公司的名称、注册资本、经营范围、股东构成、出资形式、组织机构、增资减资、合并、分立和终止等事项。其二，发起人订立协议的目的除了约定设立过程中的双方的权利义务，协调发起人的设立行为以外，还为未来公司的性质、框架及内外法律关系作出总体设计。章程通常是在设立协议基础上根据法律的规定制定的，在没有争议和符合法律的前提下，协议内容通常为章程所吸收。① 但章程和设立协议的性质和法律效力迥异。设立协议是任意性文件，根据当事人即发起人的意思形成，内容几乎全都体现当事人的意志和要求，是纯粹的民事契约。章程是必备性法律文件，除了反映公司参与人的意志以外，更体现法律对公司内外关系的强制性要求，必须包含法定的记载事项，遵循公司法的强制性规定。从效力的角度来看，设立协议的效力仅仅及于发起人，而章程调整的是股东之间、股东与公司之间、公司机构与股东以及股东、管理者和一般职工之间的法律关系，并且对公司交易相对人和社会公众有影响力。在效力期间上，设立协议一般只存在于公司的设立过程中，而章程则存在于公司的整个存续过程直至公司终止。

由此不难得出结论，设立协议是章程的蓝本（在中外合资企业和中外合作企业中则必须是制定公司章程的前置程序），两者相辅相成。但在效力等级上，章程具有远高于设立协议的效力。

在对章程与法律、公司规章制度以及设立协议的对比中，可以对章程在由上述制度构成的公司制度环境中的相对地位有所认识。法律是国家意志对公司自治的干预，正是国家意志的渗透，使公司自治的实质从传统的股东自治转变为以社会为本位的法律调控下的自治。公司规章制度和公司设立协议完全是公司内部成员对公司的自由制度安排，体现着私法自治的原则，它的作用在于使公司这个以盈利为目的的"人"能最大限度的按照自由意志逐利并在其成员中加以分配，符合市场经济中"个人是自己利益最佳判断者"的理念。公司章程是三者的综合，它以遵循公司法强制性规范的方

① 赵旭东："设立协议与公司章程的法律效力"，载《人民法院报》2002年11月。

式尊重了国家意志对公司的渗入，多方利益得以兼顾；在公司法的授权性规范和任意性规范的作用空间内，它充分体现了公司内部成员的自由意志，因而很好的协调了公司内外经济和社会关系。正是通过与公司的其他正式制度的比较，我们才可发现，公司章程是公司的组织纲领和宣言书，是公司设立和运作的基础，具有宪章的地位。

第四节　公司章程的发展理路

一、公司章程理论研究的意义

本文试图论证公司章程是内部契约和外在宪章性法律文件的复合体，在公司生存的制度环境中具有基石性地位，具有自己独特的精神追求，其理念的弘扬过程是通过均衡利益，保障安全，实现发展的过程。从内部视角考察章程可观察到其作为公司成员协作创造财富并加以分配的长期性契约的性格侧面。契约隐含的是平等、自由的精神，以合作、追求共生的方式达到两方获利的效果。契约从签订、生效到履行完毕而终结当事人之间的权利义务关系的全程，是当事人理性的共同参与，平等协商，外化自己意志实现功利目的的过程。如果我们将经济民主的内涵理解为"人们在一定经济关系中享有的某种自主的权利，是人处于主人地位分享经济利益"，[①]或"成员有权力选择他们所要追求的经济目标以及达到这些目标的经济手段"时，[②]便可发现经济民主实质也是一种契约隐语。不仅如此，经济民主甚至涵括了自由、平等和共生这三大契约精神。自由意味着"自我决定，免受束缚"，[③]揭示自由的人可以自主地安排自己的生活、生产规则；平等意指按正义的标准使在事实上相

---

① 王慎之："经济民主论"，载《新华文摘》1987年第12期，第66页。
② ［美］科恩：《论民主》，商务印书馆1988年版，第117页。
③ 张文显：《法哲学范畴研究》，中国政法大学出版社2001年版，第207页。

同或相似的人或情形要得到相同或相似的对待。① 民主意味着控制过程的共同参与，决策力广泛而平等的分布；共生力求实现共同体的共同利益和相互依存的各自利益。

揭示公司章程的契约本质所包含的自由、平等、共生和经济民主的元素，旨在强调，正是因为这些积极因素，使章程具有建构型制度的品性，使章程迸发出激励的功用。章程由此成为公司成员实现公司自治的工具，在自治的过程中，激发出成员的积极性和创造力，与国家和社会互动。

外部视角审视下的公司章程是超越了私法秩序的宪章性法律文件。与章程的契约性中的自由意志相比，作为宪章性法律文件的章程反映了其一体两面中的国家意志因素，是国家之手作用于公司发展的制度体现，也是国家通过监管微观经济主体以干预经济的突出表现。公司是建设市场经济的最重要主体要件，也是可能危及市场秩序甚至波及宏观经济发展的振荡器。公司行为的负外部性是私人成本由社会负担的表现，公司无力也无意消弭。现实的需要和国家本来就具有的经济社会职能使国家必须将公司的行为纳入其管辖之内，公司法是一表现，公司章程也是一表现。国家对公司的监管不是公权力对市场主体的控制，恰是章程所体现的宪章性文件的一面证明，国家意志的渗透是有节制有范围的，并且制度化、法定化。国家意志渗透入章程证明章程之中有强制性因素，强制性因素意味着章程是保守的，具有维护型制度的品格，发挥着约束的作用。正是这种特性，使章程又成为国家干预的工具，公司自治成为国家调控之下的自治。

章程是自由与强制的同构，是激励与约束的结合。章程的发展要一方面着眼于发挥自由的因素，让公司内部成员自主表达，建立更适合本公司的具体制度，更好地缓和内部冲突，调整公司内部权利安排，维护内部各种主体的利益，实现公司及其成员的发展；另

---

① ［美］博登海默：《法理学——法律哲学与法律方法》，中国政法大学出版社1999年版，第286页。

一方面要重视强制的作用，以外力降低公司行为的外部性，使公司个体与外部交易相对人以及社会利益相协调。两者殊途同归，终极目的在于实现共同发展。

二、作为契约的公司章程发展构想

章程作为公司成员协作创造财富并加以分配的长期契约，其发展应朝向更能激发主体积极性和创造力，更能强化契约性团结和组织性凝聚力的道路前行。这一发展理路的实现不仅需要精神因素的激励，即给予公司及公司成员更多自由和民主，也需要章程在形式上更趋于完善合理。

（一）借鉴章程与章程细则分离的模式，凸显更多自由意志

我国和奥地利、日本等少数国家的公司章程通常仅由单一法律文件构成，即章程的正本。此法律文本制定以后经工商行政管理部门登记并备案后生效，欲得以生效的章程在内容上必须符合法律的强行规定，生效后的公司章程具有相对稳定性，如必须修改，得经由特殊程序提起和通过。[①] 单一性公司章程受国家意志干预的因素很大。

英美法系国家和大陆法系的德国、法国、意大利等国的公司章程由两部分构成，分别具有不同的内容和作用。这两部分文件在英国被称为公司组织大纲和组织章程，在美国被称做公司组织章程和公司章程细则。公司组织大纲与组织章程主要是用以指导公司与外界关系的，被称为公司外在宪章，是法定的必须向政府注册机构递交的公司设立必备文件。组织章程和章程细则是用以规范公司内部管理事务的规则，通常被视为公司与股东以及股东与股东之间的契约。在程序上，美国各州的公司法基本不要求将细则提交州务卿处

---

① 我国公司法规定章程的修改必须由董事会提出章程修改草案，有限责任公司须经代表 2/3 以上表决权的股东通过。股份有限公司须经出席股东大会的股东所持表决权的2/3以上通过。日本公司法规定，章程修改应经代表已发行股份过半以上的股东出席并以其代表权的2/3以上同意。

备案，英国的股份责任有限公司则必须提交细则。[1] 在内容上，细则涵盖的事项非常之广泛，大部分关于调整公司本身业务活动及公司各行政机构和人员权利义务关系的内容都包括其中，大体有公司的办公地点、股东大会的时间、地点和法定人数、表决程序、董事人数、任期及缺额、董事会的相关规定、职员、其头衔和职责、被选择的方式及报酬、股份的分配、不同级别股份持有人的权益、分红及投票权、公司的财会制度等。[2] 章程细则包含如此之广的内容充分体现了公司自主安排事务的自决权，只要不是与社会公众有密切关系以及特殊或特别重要的事项，细则都可以在不违反法律以及章程大纲的前提下予以规定。细则不仅在内容上具有相当的灵活性，其修改也很自由。相比于章程大纲严苛的修改程序，细则修改相对简单，法律一般将修改、废除和重新制定的权利赋予股东会或董事会以普通程序行使。只要股东会或董事会认为根据实际的经济情况需要修改细则，他们便可行使此权利。美国《示范公司法》就规定，除法律或章程大纲明确规定专属于股东权限以及有关股东行为的事项，董事会可以制定、修改或废除公司细则。[3] 细则内容的自由设置、修改权的自由行使以及无须强制备案，分担了章程大纲的部分职责，使章程大纲简明便于公司设立。细则非常类似纯粹的契约，使公司内部参与人可以在法律和章程大纲支撑的空间中自我安排，自我协调、自我激励，最终自我实现。

反观我国章程制度，所规范的章程是单一性法律文件，没有类似于章程细则的概念，公司成立的所有内容都必须由章程规定，稍现僵化之感。但公司法在赋予董事会的职权中包括了"制定公司基本管理制度"，经理的职权包括"制定公司的具体规章"，这种基本管理制度或具体规章制度在内容上与章程是一脉相承的，是章

---

① 沈四宝：《西方国家公司法概论》，北京大学出版社 1988 年版，第 61 页。
② 沈四宝译：《美国标准公司法》，北京大学出版社 1981 年版，第 22 页。
③ "美国示范公司法"（修订本），载卜耀武主编：《外国公司法》，法律出版社 1995 年版，第 75 页。

程的具体化和延续化，除了法律地位和效力的差异以外，它和章程细则高度相似。鉴于章程细则能充分体现自由的精神并且具有种种优越之处，我国章程在形式方面应该朝着章程和细则分离的模式发展，在立法上将"管理制度"、"具体规章"的法律地位提升到"章程细则"的高度。在内容安排上可就有关公司事务的所有事项予以记载，尤其是一些与公司内部成员密切相关并重要易变的事项。

应该认识到的是，英美法系章程细则中的许多内容都是我国公司法所要求在章程中记载的绝对必要记载事项，这体现了对自由和秩序强调侧重的不同。其深层原因在于前者的市场经济是一种"自发演进"的秩序，而我国的市场经济是政府主导设计并引导建立的结果。在这个"催熟"的过程中，自然要尽可能的遏制消极因素，注重安全和秩序。认识到这点，对我国章程制度的保守性格便不难理解和认同了。因此，细则的内容设置应该结合本公司的性质、特点、人员组成等实际情况，集中于外部性较小的事项，如内部成员权利义务的分配条款，并且不得与法律和章程相悖。这样，才可在安全中实现自由的激励效果。

（二）发扬经济民主，激励公司成员的合作创造

从促发激励的角度出发，章程应该向更自由的方向发展。实行章程和细则相分离的做法，在形式上为自由提供保证。但在经济领域，经济自由不是目的，它只是作为工具性价值存在以实现发展。强调章程的自由契约性质，为的是让主体能更充分地从自己的角度出发，通过权利义务的自由且公平设置，协调多元利益主体的利益冲突，整合参与到经济组织内部的成员的分散力量，更好地协作实现发展。章程应通过权利义务的自由配置来实现对成员的激发，具体而言就是要使公司事务的参与权和利润的分配如何有效率且公平地在所有合作创造财富的公司内部成员之间配置，细则中应贯穿经济民主精神，将公司参与管理的权利和分享利润的权利在包括公司职工在内的所有公司内部成员之间合理分配。

经济民主是民主在经济领域的体现，其基本内涵是在充分尊重

经济自由的基础上，通过公众的平等参与，多数决定，保护少数的机制，在共同体内实现财富、机会、权力（利）的均衡。① 经济民主有如下衡量指标：一是利益共享。即在一定意义上使各个利益主体都能从利益共同体中平等的享有经济发展的机会、财富、权力（利）的利益配置机制。二是合作参与。经济共同体中利益主体的个体差异会带来利益的对立和冲突，但各主体因置身于同一共同体中而利益相互依存，这就需要各主体为了缓解矛盾和理顺社会关系而合作。② 三是结构均衡。结构均衡的实质是多元经济利益的均衡、多元发展机会的均衡和多元控制机制的均衡。③

民主之所以从政治领域进入经济领域并为人们越来越珍视和强调，原因在于经济民主有助于效率并具有正当性。经济民主通过经济过程的共同参与体现了促进经济增长的积极因素，是一种有效的社会组织方式和发掘人的潜力的最好手段，具有鼓动充分自由交流、通过达成共识解决冲突，满足人的需求的作用。公司等经济组织是一种不完备契约，欲使这种契约运作良好，也需要以共同参与为表征的经济民主的作用发挥。经济民主有助于各种参与人的充分对话、谈判和相互理解，提高信息的显示程度，降低交易成本，进而实现组织及其相关人的和谐发展。

在经济组织内部实行经济民主具有正当性基础。现代的经济组织是双因素经济，物质资本和人力资本缺一不可。故有经济学家认为："市场里的企业是一个人力资本和非人力资本的特别合约。"④ 其实，公司的内部成员在公司的发展过程中分别投入了专属于自己

---

① 王全兴、管斌："经济民主与经济法"，载《中外法学》2002 年第 6 期，第 641～670 页。

② 徐勇："治理转型与竞争——合作主义"，载《开放时代》2001 年第 7 期，第 28 页。

③ 王全兴、管斌："经济民主与经济法"，载《中外法学》2002 年第 6 期，第 641～670 页。

④ 周其仁："市场里的企业：人力资本和非人力资本的特别合约"，载《经济研究》1996 年第 6 期，第 58 页。

的劳动，投资者投入了决策劳动，管理者投入了管理劳动，职工投入了一般劳动。① 不同性质的劳动相互汇合共同作用才促使了财富的增值。因而，公司的作用被视为"治理所在企业的财富创造活动中作出特殊投资的主体间的相互关系"，② 为公司财富创造作出贡献的任何一方都有权参与到公司控制权的行使过程中，并对剩余提出要求。对这种分配机制的认可不仅是正当的而且是有效率的。

经济民主在公司中的体现就是劳资合作和劳资同权。投资者、管理者和一般职工对公司控制权的共同参与和利润的分享即治理权，由劳资双方共同行使，职工不仅仅享有雇佣合同所规定的固定工资收益，也可以在一定程度上参与公司利润的分配。这种设想已经超越了应然的理论形态层面，在许多国家得到了制度上的认可。③ 也就是说，公司应在章程细则中对职工参与和分享利润作出制度安排。之所以在章程中对此加以规定，首先是经济民主的要求。由此类制度体现出的经济民主与章程所具有的自由契约精神在目标价值和工具价值上同声相应，内在契合。经济民主所体现的效率和正当性与章程作为契约通过自主的权利义务配置实现发展的目的具有一致性。其次，我国法律对职工参与和利润分享制度规定得不尽完善。在公有制的思维逻辑下，职工被理所当然地视为企业的主人而不存在分享利润的问题。公司法作为以国企改制为政策目标

---

① 陈乃新："论经济法之内物权及其应用"，载《湘潭大学学报》2002 年第 1 期，第 12 页。

② 玛格丽·M. 布莱尔："共同的所有权"，载《经济与社会体制比较》1996 年第 3 期。

③ 在职工参与方面有德国的《企业职工委员会法》，它创造了在所在企业中选举产生职工代表机构的条件；《煤钢工业参与决定法》给予煤钢工业大企业中的雇员以重要的参与决定权；《企业章程法》使几乎所有企业的雇员得到人事和福利方面的参与决定权；《普遍参与决定法》增加了职工董事在监事会中的比例。在利润分享方面，法国的《商事公司法》有"职工认购和购买股份"专节，并颁布了《关于职工分红、职工参与分享企业成果和雇员股东制》的法令；德国《公司法》有职工持股的规定并有包含职工持股内容的《鼓励雇员储蓄法》；丹麦《公司法》中有向雇员分配新股的规定；美国在实践中有大量的公司实行职工持股计划和股份奖金计划的公司。王全兴、管斌："经济民主与经济法"，载《中外法学》2002 年第 6 期，第 641~670 页。

的制度产物，强调的是股东本位，职工自然被排除在利润分享之外。公司法对职工参与公司管理和其他权益强调不够，[①] 仅要求监事会要有一定比例的职工代表，经理在处理职工切身利益的事项时要听取工会或职代会的意见。尽管我国法律对职工参与和分享利润的规定还不完善，但可以肯定的是，法律的精神对此类制度是持积极态度的，法律的强制性规定没有禁止或反对公司对此自由安排。章程细则可以在法律许可的空间内，根据本公司的需要和实际状况，自主决定如何让职工参与治理权的行使和利润的分享。最后，职工参与和利润分享制度尽管具有理论上的正当性和高效性，但这种公司内部权利的分配只要不侵犯财产权利和不外溢出负的外部性，就当属公司自治的领域，国家不可强制干预。章程细则以其自由的性格成为自由安排此类制度的最优选择，可以根据本公司的具体情况，如公司的规模、技术状况、行业特点、职工素质等因素，对职工参与管理和利润分享的参与度予以综合考虑，自由地确定其广度和深度。

三、作为公司宪章性法律文件的公司章程发展构想

外部视角审视下的公司章程已超越了私法秩序成为调整公司组织和行为的宪章性法律文件。公司章程的影响和作用力由此辐射出公司内部范围。在这种意义上，章程的直接作用在于建构一种秩序，其背后反射的是国家意志。国家通过章程间接地规范公司的行为，监管公司的发展，使公司自治成为一种受限制有节制的自治。有学者将其概括为"以社会为本位，建立在法律合理干预股东自治基础上的法人自治"。[②] 从外部角度思考章程的发展道路，应该着重于如何使国家通过制度完善章程，在其从制定到实施的全过程中保证其应有作用的发挥，实现其内在的价值诉求。

---

① 漆多俊："中国公司立法与实施的经验、问题及完善途径"，载《中南工业大学学报》2002 年第 3 期，第 87 页。

② 王红一："公司自治的实质"，载《中山大学学报》2002 年第 5 期，第 100 页。

（一）章程价值实现所遭遇的障碍分析

章程所包含的理念的实现以章程内容制定合法合理为前提，以其实效性得到保证为手段。但章程的制定和实施过程也是问题迭出的过程。

1. 权利滥用：章程制定过程中的顽疾

章程的制定行为是市场行为。市场行为抽象而言就是平等主体行使权利谋取利益的行为。享有权利的人行使权利就有滥用权利的可能，这在章程的制定过程中并不鲜见。权利滥用意指权利人行使权利违反法律赋予权利之本旨因而法律不承认其为行使权利之行为之谓。① 权利滥用的特征在于权利的行使逸出了社会的、经济的目的或社会所容许的界限。章程制定过程中的权利滥用表现为有权制定章程的人在章程条款的拟订上任意扩张自己的权利，减轻自己的义务或加重别人的负担，不当限制别人的权利，规避法律，超越法律或违背法律。

章程的契约性质决定了章程的内容可以在不违反法律的强制性规定前提下自由设定。因而很多上市公司为了防范对手的恶意收购，在其章程中设定了通常被称做拒鲨条款或豪猪条款的反收购条款，其中较典型的包括超级多数条款、公平价格条款、分组分期董事会条款、累计投票条款和超级投票权条款。② 这类反收购条款反的是不经过目标公司管理层的、带破坏性质的恶意收购，其建设性作用为法律的精神所首肯，因而是有效的，也是权利的正常行使。但在实际经济生活中，目标公司的管理层为了维护其地位，针对出于扩大市场份额提高公司竞争能力、有利于资产重组和优化、有助于股东和社会利益的良性收购，在章程中也设置阻碍收购或限制收购公司股东权益的障碍。如曾经在社会上引起很大争议的"爱使章程之争"，就缘起于爱使公司管理层在章程中非法对董事和监事提名的方式和程序施以限制性规定，使股东遭遇管理层更换不能的

---

① 汪渊智："论禁止权利滥用原则"，载《法学研究》1999 年第 5 期，第 17 页。
② 殷召良：《公司控制权法律问题研究》，法律出版社 2001 年版，第 141 页。

尴尬，收购目的难以在预期时间内实现。爱使公司管理层在章程中设置的反收购条款实质上限制了股东的董事提名权，任意扩大了现有董事会的权利，即垄断了本应属于股东的董事提名权。在股东权的分类中，此提名权属于共益权中的提案权，是股东的基本权利，对这种权利的保护属公司法中的强制性规范，非经法律规定，不能以任何方式加以限制和剥夺。① 爱使公司管理层的行为属于典型的权利滥用行为，后遭中国证监会的谴责性评价，确认章程中的此项内容违法，必须加以改正。爱使章程之争是个案，但其反映的权利滥用现象却在章程的制定过程中普遍存在。权利滥用损害的可能是股东的利益，可能是职工的利益，可能是管理者的利益，也有可能兼而有之，甚至可能殃及公司外部利益相关者和社会公众。鉴于此，国家如何监控章程制定过程中的问题，是章程制度完善所必须考虑的。

2. 章程的实效性：值得追问的章程实施效果问题

"法律不是为了法律自身而被制定的，而是通过法律的执行成为社会的约束"。② 法律的生命在于其实效性的实现，具有法律性质的章程概莫能外。章程必须具备法律规定的绝对必要记载事项方可登记生效并由此产生公示性。然而以一纸文书昭示众人公司的情况，宣称公司应该做什么以及如何做，并非难事，欲使章程真正成为公司的组织和行为的基础，就必须保证其每一条款内容的实现。章程条款根据记载内容的不同，实效性有较明显差别。用以规范公司组织和反映静态事实的条款一般不存在实现与否的问题，如公司的名称住所、公司的设立方式、法定代表人等。但旨在约束公司行为，其实现处于动态过程的条款或在章程制定之时就有虚假记载之嫌的条款，就存在履行过程中违反章程应有本旨的可能。如公司的经营范围、注册资本、股东的权利、公司的利润分配、公司机构的

---

① 有关"爱使章程之争"的具体情况可参见吕红兵、徐晨："大港油田收购爱使股份的操作实录与法理分析"，载《中国律师》1999年第6期，第51～53页。
② ［英］洛克：《政府论》（下篇），商务印书馆1982年版，第89页。

组成、任期和议事规则以及公司的解散事由和清算办法条款等。以公司的经营范围条款为例，传统公司法认为经营范围条款即公司的目的条款决定了公司权利能力和行为能力的界限，是股东和债权人利益的保障。在现实经济生活中经常出现公司代表人超越公司目的行为的现象，给交易对方带来很大风险。尽管出于对效率及追求财产流转安全的考虑，"越权无效"原则的绝对性已经被修正，但超越公司目的行为往往会遭致大量诉讼或公司内部对责任人的追究，总体而言是提高社会成本。实践中还存在实际公司资本与章程记载不符的现象，股东利益或分配利润不能依照章程实现等章程实效性得不到保障的情况。提高公司章程的实效性固然要依靠公司自身及其内部参与人的自律履行和遵守，然"用什么来保障法律的实行呢？第一，对法律的实行加以监督；第二，对不执行法律的加以惩办"。① 章程实效性的强化更有赖于他律机制的监控，即国家作为外力要加强对章程实施的监督和管理。

（二）外力保障章程完善的制度构想

国家可通过法律的强制性规范来引导章程的内容，以此实现对章程的控制。引导章程内容的制定可被视作诱发章程内部的自我完善机制，同时，国家还必须构建章程的外部监管制度。从公司章程发展存在的问题出发，应着重以下三方面：

1. 建立公司章程示范文本制度

法律规定章程的绝对必要记载事项对章程的制定起引导作用，但这种引导无疑是原则性的。国家应该通过立法为公司和社会公众提供标准章程示范文本。建立章程示范文本制度优点有三：一是可降低公司的成立成本。细致而全面的章程示范文本可帮助公司尤其是中小型公司在没有专业人员的帮助下自行制定没有疏漏的公司章程，以免在章程登记时因章程实质要件不符而不能生效，以至于公司不能成立。二是增加交易安全。章程示范文本可起到信息公开的

---

① 列宁：《列宁全集》（第2卷），人民出版社1984年版，第358页。

作用，使对公司以及公司法律不熟知的人可以较容易的知晓章程应该具有的内容，由此他们可依据所掌握的信息审视目标公司的已有章程并作出判断决策。这对公司交易相对人和潜在的投资者的利益无疑是有力保护。更重要的是，章程示范文本对于涉及非常复杂利益关系的上市公司章程制定的指导和规范，可起到风险防范的作用。三是从调查研究的角度考虑，有利于政府及有关部门的审查、统计、分析和反馈决策。

章程示范文本制度已有成熟立法例可供借鉴。我国香港地区除了对章程制定、修改的程序作了规定外，对章程条款记载的具体要求、格式、公告都作了细致规定，甚至章程的印刷字体、字号在条例上也有明确要求。① 英国在公司法里规定了章程的样本，以供当事人制定时参考。我国在章程示范文本的探索上已有一定经验，证监会已经颁布《上市公司章程指引》、《到境外上市公司章程必备条款》和《到香港上市公司章程必备条款》3 个行政规章，也已产生良好的效果。鉴于章程示范文本对效率和安全的积极作用，应该在已有的 3 个行政规章基础之上，建立涵盖各种类型和规模的公司章程示范文本制度。

2. 完善公司章程的法律审查制度

公司章程法律审查制度的建构是基于对安全的保障，此制度的关键在于审查机构的设置和职权的配置。目前我国的做法是：一般的有限责任公司的章程只需在登记时接受工商行政管理部门对其形式要件的审查，章程记载真实与否在所不问；股份有限公司的章程还须经过主管机关的审批；上市公司的章程得经由中国证监会审查。同时应建立统一的章程法律审查制度，明确具有审查权力的机构，严格按照法律的规定对章程条款进行审查。除章程形式必须完整之外，对公司的注册资本、公司成员、公司性质和形式等具有强烈外部性的实质性内容要特别严格审查，以确保其真实性和合法

---

① 顾耕耘："公司章程存在的问题与对策"，载《经济与法》1989 年第 9 期，第 40 页。

性，保障经济安全，防止权利滥用现象的出现。

为了防范章程制定实施过程中实效性不强的现象，工商行政机关要经常检查章程的遵守状况，利用年检制度检查守章情况，对违反者予以经济、行政制裁甚至吊销营业执照。

3. 实施彻底的章程公示公告制度

公司章程的重要功能之一是公示功能，它能确保与公司从事交易的相对人正确估量自己将承担的风险。章程的公示性因而要求经济社会的任何人都可以随时查阅。为了便于社会公众方便地了解公司章程，一些国家采用在政府主管机关指定的报刊上发布公告，公示公司章程。英国公司法律赋予了公众随时获得公司章程的权利，规定任何人在缴纳了一定费用后，就可以在公司大厦公司注册人员那里获得章程的复本或摘录。我国没有针对公众的章程公示制度，法律也无要求公司在指定报刊上公示章程的强制性规定。法律赋予股东在缴纳一定费用之后可获得公司章程的权利。《公司法》第97条虽然要求公司章程等文件必须置备于公司，却未说明可否供非股东的交易相对人或社会公众查阅。在工商登记部门，章程作为登记文件之一虽可供查阅，但能否真正查阅取决于行政部门的作为行为。为了更有效率和充分地使社会公众获得章程信息，我国应该建立章程公告制度。

第五节　结　语

公司章程并非是缺乏一般理论指导的技术条款的堆砌，而是有其内在规律性。因此，需要借鉴以往对章程的技术性研究成果，对章程的性质、理念和定位予以抽象理论分析，在此基础上对与章程相关的制度性问题给予思考和建议，以期应然状态中的章程对实际经济生活中的章程制定和实施有借鉴意义。

第五章
"内部人"控制行为的法律制度分析

　　近年来，随着经济全球一体化、世界经济环境的变化，现代公司治理问题及实践，已日益成为国际性的经济学、管理学、法学、社会学等多学科的关注焦点和研究热点。由于环境的变迁，公司以前拥有某种传统竞争优势的可能性已不复存在或者退居次要地位，任何公司都必须通过不断创新以适应竞争的需要，它们的成功将取决于对相关内外环境因素的合适反应机制的采纳及推行，所以，上述客观情况的变化自然而然引起了人们对公司核心竞争力的关键因素——公司治理结构的关注。"公司治理目前已成为全球市场经济国家共同面临的问题，尽管发达国家（比如英国）的公司法已有数百年的历史，但它们同样面临着公司治理的问题。研究公司治理问题，对于提升一国的经济水平乃至市场体系的完善具有重要意义。健全的公司治理对世界经济的重要性并不次于国家治理，而且一国经济的繁荣也极大地依赖于公司的良好业绩。"[①]

　　我国正处在经济转轨的进程中，尤其是面临着国有企业改革、

---

　　① 于东智：《转轨经济中的上市公司治理》，中国人民大学出版社 2002 年版，第 8 页。

建立现代企业制度的重要时期。但如同一些从计划经济向市场经济转轨的国家（比如原苏联、东亚以及东欧的一些国家）一样也同样出现了严重的事实上的"内部人"控制现象，这极大打击了投资者的信心，妨碍了国家经济体系的健康发展并有可能造成其经济体系的崩溃，因此急需在理论上对转型国家的治理模式取向作出解答。① 但实际上，内部人控制问题并非仅存于转轨经济的企业之中，而是现代企业制度中的一个内生现象和普遍问题。自19世纪末至20世纪初，随着股份在数量和规模上的蓬勃发展，促使了以"所有与控制相分离"为主要特征的现代企业制度的形成。"在此过程中，中高级管理人员逐渐掌握了企业的控制权和主导权"，② 从而形成了被现代公司理论称之为内部人控制的问题。"日本学者奥村宏作了一个危言耸听式的预言：内部人控制是现代公司最终导致现代股份公司制度土崩瓦解的普遍问题。"③

公司制作为现代企业组织的主要形式，所有权与经营权相分离是其重要特征。社会分工的发展和专业化的趋势使得经营权成为公司发展的主导，并由此引发了公司治理结构中的"内部人"控制问题。在世界各国普遍采用公司制的条件下，掌握公司控制权的"内部人"往往为谋取私益而侵犯其他公司参与主体的合法权利，导致"内部人"控制行为成为当前世界各国公司治理结构中的主要问题。市场经济是法治经济，要求法律在市场经济活动中起到重要作用。尽管各国的法律法规都对公司治理结构作出了规定，并在实践基础上从内外部环境对其不断作出调整、完善和深化，但依然不能很好地解决"内部人"控制问题。究其原因，当前对公司治理结构的法律规制主要从传统的财产权出发，建立在所有权的基础

---

① 于东智：《转轨经济中的上市公司治理》，中国人民大学出版社2002年版，第8～9页。
② ［美］小艾尔弗雷德·钱德勒著，重武译：《看得见的手——美国企业的管理革命》，商务印书馆1987年版，第1～12页。
③ 孙天法："内部人控制的形式、危害与解决措施"，载《中国工业经济》2003年第7期，第53页。

之上，却恰恰忽略了高级劳动力已成为市场的稀缺资源，剩余的生产、组织和分配必须转移到劳动能力权上来，这也符合社会主义理论从"按资分配"到"按劳分配"的发展过程并有新的解读。

因此，对公司治理结构进行研究，尤其是对其中的"内部人"控制进行研究，有助于早日完善我国公司制度，尤其是公司治理结构的理论体系，在法学理论和法律实践上对"内部人"控制进行探求，以完善我国公司制度安排和提升我国公司制度安排的效率，形成一个科学合理、和谐高效的公司制度体系。同时，构建公司法律制度实现的良好机制，正确处理公司法律制度与其他制度规则的关系，并考察公司法律制度演变轨迹的内在逻辑，以尽可能为我国公司法律制度建设提供可行的方案。

第一节　公司治理结构中的"内部人"控制行为

一、"内部人"控制出现的必然性

回顾企业组织发展的历史轨迹可以发现，由古典企业到现代企业的发展过程，也就是企业治理结构的创新和完善过程。在资本主义发展的初期，由于生产力发展水平较低，市场相互分割，尚未形成一定的规模，因此，企业一般规模较小，多为独资或合伙企业，在法律上称为自然人企业。这类企业在公司治理结构上，企业的所有者既是企业的管理者，所有权与经营权是统一的；在管理方式上，其层级较为简单，只有管理者与工人两个等级，企业中的工人得到固定工资，而企业的所有权人则获得从总收入中减去固定工资后的剩余部分。因此，企业的所有权人也是企业的监控者，完全拥有企业的剩余索取权。在这样一种多权相合的集权模式下，能够有效维护所有权人的利益。但随着社会生产力的迅速发展，市场规模急剧扩大，产业革命使大规模生产成为可能，使得企业规模迅速扩大以适应市场需求。原先的自然人企业的组织形式所存在的所有权转让和流动性差、交易成本过高、众多所有权人之间搭便车等弊端便逐渐浮出水面，从而带来公司组织形式的重大变化。首先，所有权与经营权发生分离，企业的管理者不再是自然人企业中的所有者，而是受资本雇佣的劳动者，经营者的行为受到严密的企业治理结构的制约和监督；其次，在企业内部形成了多层次的决策和管理体系，不仅是在生产过程中，而且在经营管理过程中出现专业化发展的倾向，导致转换成本逐渐提高。更重要的是，形成了企业的法人财产权。企业法人财产权是独立于所有者（主要是指股东）的所有权，受到法律保护，具有独立性和排他性。企业所有权人无权直接干涉企业的日常经营活动，其对企业经营活动的影响需通过特定的机构与程序（主要是指股东大会）才能实现，公司制成为现代市场经济条件下企业的主要组织形式。

现代公司制度有三个基本特征：一是法人特征；二是有限责任；三是公司治理结构。这三个基本特征之间的关系是：现代公司制度的核心是法人制度；现代公司制度的基础是有限责任；现代公司制度的关键是公司治理结构。[①] 当前对公司治理结构的研究，主要集中在以下两种观点：一是股东主权绝对主义，即股东大会中心理论，该理论认为股东大会是公司的最高权力机关，它除了对公司的重大决策事项作出决定外，还可以对公司经营范围内的任何事项作出决定。但股东大会在组织形式和运作方面存在着自身的局限性，包括程序复杂、决策缓慢、集体决策成本过高、股东大会空壳化等。结果是法律上的股东大会中心主义，在公司运作的实际权力配置中，实质上早已扭曲为经营者操纵的董事会中心主义或者大股东中心主义。二是股东相对主权主义，即董事会中心主义理论，该理论认为董事会是公司治理结构的核心，以董事会为中心使得公司经营管理快捷、高效，顺应现代商事活动的需要，因为物质资本所有者以所有权的形式对公司的投入虽然是获取利润的一个因素，但

---

① 高程德：《现代公司理论》，北京大学出版社 2000 年版，第 32 页。

公司作为一个知识结合体，它通过知识积累过程获得新知识融入到公司之中，形成公司法人发展的主导力量。因此，公司内部的知识积累等特殊智力资本资源是公司获得超额利益的关键。但董事会中心主义也同样存在着自身的弱点，如严重的委托代理成本问题、经营者内部人控制问题、董事会空壳问题等，这造成公司权力的实际配置并未形成董事会中心主义，而是形成了以经营者为权力中心。因此，事实上，董事会中心主义演变成为经营者权力中心主义。

著名的美国管理学家钱德勒曾经给现代企业制度下过一个定义：由一组支薪的高中层经理人员所管理的多单位企业，可以恰当地被称为现代企业。很明显，现代公司（除了无限公司）的一个重要特征就是所有权与经营权相分离，也就是说，在公司治理结构中，主要是由所有者（股东）、董事会、高级经理人员和监事会（大陆法系国家立法中有监事会制度，而英美法系国家则并不设立监事会制度）组成。随着世界经济的不断发展，市场化程度逐渐提高，伴随着公司规模的扩大，筹集资金数额的增加，公司股东也在日益增多并呈分散化趋势。在这种趋势下，如果每一个股东都参与公司的决策，或者公司的每一项决策都经过每一位股东的同意才能付诸实施，那么不仅因股东意见不一致所产生的协调成本会大大提高，而且还会延误决策的时机，给股东带来决策效率的损失。同时，在股东不具有经营管理知识和技能为要件，并缺乏对该行业的了解的情况下，股东与经营管理者存在着信息不对称，为了进行理性决策，股东必须付出一定的信息成本，而往往股东在决策之前，为作出理性判断而搜寻信息的成本要大于因该种选择所获得的利益，导致股东不会积极去行使决策权。另外，如果每一个股东都参与公司的经营管理，则必然会造成公司经营管理的混乱，给股东带来经营管理效率的损失。而从中小股东自己的意愿上来说，每个股东从自利性的角度出发必然存在着机会主义倾向，即希望其他股东积极行使监督权以使自己获利，结果是使得原本在公共产品领域才有的"搭便车"的现象在公司监督权范围内出现，客观上个人的有限理性也让他们自身没有能力去积极收集委托股票权来影响公司的决策。作为股东，他们一般只需要关心公司运营的结果，也就是对股权价值最大化的追求，而不需要关注其运营的过程。因此，在股东既无必要也无能力、所有权与经营权不属于同一主体的情况下，"内部人"控制成为现代企业发展的必然结局。

二、"内部人"控制行为法学研究的重要性

企业的发展可以通过众多指标来体现，但企业追求经济效益最大化或企业利益最大化是企业发展的永恒主题，对企业利益（主要是利润）的追逐是企业的生命价值。纵观企业的发展进程，在当前的市场经济条件（主要是形成了买方市场）下，企业参与市场活动，已从过去的以顺利交易为内容过渡到以公平竞争为内容，企业行为不再以能进行顺利交易、公平交易为着眼点，而是以如何在市场竞争中获得优势地位，如何通过竞争能够获得超额利润为主要目的，以致交易的目的不再是单纯的"物物交换"或者是"货币与物的交换"，而是为了更好地参与竞争，获得竞争优势，交易成为竞争实现的途径，它是竞争的"外化"，交易与竞争的关系在新的市场背景下有了新的发展。

法律是调整人与人之间的社会关系的。经济法是调整以社会化生产为基础的市场经济中人与人之间的增量利益关系的法律规范的总称，是调整以社会化生产为基础的、以营利为主要目的的交易型竞争经济的法律形式。① 也就是说，经济法调整的主要着眼点是在市场竞争为基础的市场经济中的社会关系。传统理论认为，企业是个体之间的合同关系，是投资者、经营者、劳动者、消费者之间的合同链条、合同网络，在法律意义上体现了民事合同关系。诚然，企业的设立、变更和终止，以及企业的交易活动从表现形式上来看的确是通过民事合同形式来体现，但民事合同仅仅体现的是交易关

---

① 陈乃新：《经济法理性论纲——以剩余价值法权化为中心》，中国检察出版社2004年版，第164页。

系，而在企业存续期间内，企业内部的关系却不是交易关系。马克思主义政治经济学的剩余价值理论则认为，劳动是剩余价值创造的源泉，利润是剩余价值的表现形式之一。企业对利润的追逐，从某种意义上来说，只有通过企业内部各主体的共同劳动。承认企业不仅仅因民事合同而存在，更重要的是应承认企业是多种劳动力的结合，是一个结合劳动力的组织，同时确保企业内部各种劳动力权的实现，才能发挥出企业的全部潜力，才能在市场竞争中获得优势地位。由于企业内部存在多种劳动力权人，即存在着投资者、经营者、直接生产者之间协同劳动、创造利润的复杂社会关系，因此，各种劳动力权人之间难免会存在着冲突和斗争，存在着各种劳动力权人之间的博弈，企业要想可持续发展必须首先理顺公司内部关系。而事实上，在各种力量的博弈过程中，现代公司的权力往往已转移到组织本身，转移到公司的专家组合中，即转移到经营者这些劳动力权人手中，现代公司逐渐变成了经营者支配的公司，"内部人"通过自己的行为控制公司，因此这就涉及对公司内部人控制行为的研究。

众所周知，当今世界的企业组织形式以公司制为主，各国对于公司的"法治"以公司法及相关法律制度为主，而"公司所有和控制的分离是当代公司法面临的主要问题和出发点"，[①] 这就产生了如何对公司制度的核心——公司治理进行法律规制的问题。公司治理的问题最早可以溯及到 1776 年亚当·斯密的《国富论》。1904 年社会学家凡勃伦发表了《企业理论》已开始探讨所有权与经营权相分离的理论问题。1932 年美国著名的法学家伯利和经济学家米恩斯著书《现代公司与私有财产》一书，被誉为世界第一部关于现代意义上的公司治理著作。他们对公司所有权与经营权相分离、有经营者实际控制公司的事实以及公司如何委托——代理的问题作出了深刻揭示，得出了"公司实际控制权已落入经理人员手中，经理人员由此具有不追求股东利润最大化而以公司资产谋取

---

① ［美］罗伯塔·罗曼诺：《公司法基础》，法律出版社 2005 年版，第 2 页。

私利之倾向”的结论，这其中就隐含了“内部人”控制的问题。该书开创了法学、经济学予此合力研究之先河，因此，在法学框架内研究公司治理结构，包括研究“内部人”控制行为，是一个继承传统的过程。

另外，从法学理论的角度看，公司治理结构是指公司作为一个独立的法人实体，为维护股东、债权人及社会公共利益等多元利益，保证公司正常有效的运营，以股权为基础建立起来的、由法律和公司章程规定的有关公司组织机构之间权力分配与制衡的制度体系。① 一般情况下，公司治理结构包括公司的机构设置及运作规则，主要是通过《公司法》等法律法规进行规制，这便涉及《公司法》等法律制度的探究。同样，在内部人控制上，所有权与经营权相互关系的处理及公司内部间的组织关系、权利义务关系等也属于法学研究的领域，更重要的是在公司整个设立、发展、经营过程的各个方面，包括公司章程这个具有公司内部“准法律”性质的文件对公司各组成部分的权利义务设置；并且由于存在着现代公司的董事会中心主义向事实上的经理层中心主义延伸以及董事经理的角色转变或混合的现实，导致对董事及经理角色定位都变得更为复杂，使得法律都不可避免地起着不可或缺的作用。因此，在内部人控制行为的研究上，从法学的角度入手进行深度剖析，是一个顺理成章的过程，也将提供一个崭新的视野和角度，以求对内部人控制行为的研究有所裨益。

---

① 沈乐平：“公司治理结构的法律透析”，载《经济问题》2003 年第 1 期，第 13 页。

第二节　公司"内部人"控制行为的
法律制度缺失

一、"内部人"控制行为的价值辨析

从当前公司理论与实践的发展情况来看，公司治理结构中的"内部人"控制行为出现有其必然规律，但"内部人"控制行为是否就是对企业发展的不利因素，学术界却一直存在着争论。有学者认为"内部人控制"是市场选择的结果，具有很强的合理性，并不是问题;[①] 但更多的学者认为，内部人控制对于企业发展具有很强的危害性，更多地体现出经营权对所有权的侵害，必须对内部人加强控制，并从经济学、管理学、政治学等角度提出了许多理论及措施，对该问题进行探讨，力求在公司治理结构的构建上有所贡献。但从近年国有企业改革进展相对缓慢、众多上市公司爆发出的一系列丑闻及美国的安然、世通公司等案件来看，"内部人"控制问题在国内外依然没有得到很好的解决，俨然成为当前公司治理结构理论及实践发展中的瓶颈问题，并日益引起各方关注，这就需要从正反两方面为基点对其作一个客观评价。

（一）"内部人"控制行为的积极方面

从哲学角度讲，"存在即是合理"，更何况"内部人"控制在客观上适应了社会生产力发展的要求，是现代企业制度演进的必然结果，在实践中显现出较强的活力和优越性。

1. "内部人"控制能够真正保证公司自主权得以实现，适应市场经济发展的要求

在市场经济中，公司必须是独立的市场主体，拥有自主的经营

---

① 孙国峰："内部人控制问题是问题吗？——对公司治理理论有关内部人控制问题的质疑"，载《生产力研究》2004 年第 5 期，第 29～30 页。

决策权。这个经营自主权的行使必须要求有一个适格的主体。只有内部人控制企业，有了自主的经营决策权，才能及时地根据市场的变化，调整本公司的生产或经营管理，以适应市场的需要，在激烈的市场竞争中求得生存和发展。如果公司内部人没有经营自主权，不能控制企业，一切要由所有者决定，必然不能对市场变化作出及时灵敏的反应，很难作出科学正确的决策，延误许多较好的发展机遇，导致经济效率的损失。因此，"内部人"控制并非完全是坏事，而是保证公司自主权得以真正实现，促进效率提高的需要。

2. "内部人"控制是在当前市场条件下保证公司经营目标得以实现的必要条件

公司经营好坏、盈利与否，公司内部各个职能部门都负有责任，对于主要掌握公司经营权的"内部人"来说，更是如此。公司作为一个独立的经济实体，其经营目标主要是追求利润最大化。按照委托——代理理论，主要是由经营者代替所有权人控制和管理公司，经营者必须全力实现公司的经营目标，否则就会被所有权人解聘。而经营者要实现公司的经营目标，必须在实际上能够控制公司，即公司资源（包括物质资源和人力资源）由经营者支配、使用和处置。因为只有这样，才能为经营者与所有权人的良性合作，真正实现公司目标提供可能性（当然，也同时为经营权人侵犯所有权人的利益提供了可能性）。

3. "内部人"控制有利于经营管理者的能力得到充分发挥

"内部人"控制表明"内部人"在企业中处于核心和支配地位，决定着公司的兴衰成败。"内部人"的能力与素质是直接影响公司命运的关键因素。要在激烈的市场竞争中把公司控制好，并获得长远发展，"内部人"必须是具备高知识、高能力与高素质的职业企业家，这是市场对在公司中处于领导地位的"内部人"所提出的根本要求，而且在"内部人"控制下的公司也为"内部人"的能力发挥和才干展示提供了优良的发展平台。在当前市场经济条件下，尤其是在西方发达国家，大多数掌握公司的经营管理者都不是公司资产的所有者或者最大的股东。"内部人"控制公司有效地保证了公司经营管理权由所有者向经营者转移，促成了职业经理人阶层和市场的形成与发展。美国著名的经济学家加尔布雷思曾经公开宣称，现代大公司的控制权已经转移到"技术结构阶层"，即经理及技术人员混合结构的阶层中了。从历史上看，"内部人"控制对战后西方发达国家公司的发展与整个经济繁荣起到了不可估量的作用。

（二）"内部人"控制行为的消极方面

任何事物都不可能是完备的，就像前面提到的两种可能性并存的情况，"内部人"控制就如同硬币的两面，也不可避免地存在一定的缺陷。

1. "内部人"利用控制企业的特殊地位与权利，有无限扩大自身权利，弱化所有者约束的倾向

按照委托——代理理论，"内部人"控制企业，尤其是掌握经营管理权的经营者，是在所有权的严格约束下进行公司运作的，股东把资金投入公司成为公司的主要物质资本，经营管理者从根源上说是受股东委托具体行使资产的营运权和管理权等权利，所有权约束着经营权，否则所有者权益便有可能受到损失。股份制企业的性质决定，一旦形成法人财产权便无法直接控制，而直接由"内部人"控制。所有者作为董事会成员，他们虽然具有最终否决权，即可以否决董事会或者经理层的决议，也可以用其他的职业管理者取代现在的在职管理者，但却很少能提出正面的切实可行的可供选择的方案。到最后，在董事会兼职的所有者与金融家和公司的关系也就等同于一般的股东了，公司只是其收入的渠道，"工具"掌握在他人手中。就像美国经济学家戴伊说的那样："由于这个集团（指经理层）对这个组织及其技术和业务问题了解得比较透彻，因此，在董事会里投票的影响也得到加强。"[①]

2. 在两权分离的情况下，由于追求目标不同，容易造成公司

---

① ［美］托马斯·戴伊著，张维等译：《谁掌管美国——里根年代》，世界知识出版社 1985 年版，第 42 页。

经营目标发生偏离

对于公司股东，追求的是股东利益最大化，即其投入公司的资产能够得到最好的营运，得到最大限度的保值增值，从而分得更多的股息和红利。由于经营管理者，尤其是经理层属于支薪阶层，基本不掌握或者很少掌握本公司的股权，即使是掌握了很大一部分的公司期权，但毕竟期权是对未来的期待，而未来任何人都不可能确知，期待未来不如把握现在，因此股息与红利与其并无太多关联。经营管理者只是代理人，不是所有者，按照理性人的假设，其必然追求自身利益最大化。经营管理者的利益不仅包括薪金收入，还包括地位、权力、津贴、可支配资金、荣誉等。在薪金收入既定的情况下，他们则力求地位的巩固、权力的扩大、津贴的提高及可支配资金、荣誉等的最大化。"内部人"控制企业，越是利用权力追求自身利益最大化，则越偏离所有者追求的目标。尽管当这种偏离达到一定程度，也就是所有者权益受到明显严重损害时，股东便会转换股权或行使最终决定权否决"内部人"人选，但对于公司成本（包括损失的沉淀成本和重新寻找管理者所带来的成本等）的支出无疑是昂贵的。

从以上的分析可以看出，"内部人"控制公司具有两重性，既有积极作用，又有一定的消极作用。从整体上说，它是适应生产社会化、股权高度分散化的需要而生产的，能够促进经济效率提高和社会生产发展，笼统地把"内部人"控制行为当成反面典型是缺乏理论和事实依据的。当然，它潜在的负面效应同样也是不可忽视的，而且在一定的内外部条件下它的两面性是可以相互转化的。但从当前的市场环境，尤其是对公司的竞争力来说，负面效应仍然只是处于次要地位的，属于第二性的。公司是一个内部充满着合作和竞争的社会组织，按照博弈论的一般理论，各行为主体只有采取共同合作的方式，才能达到均衡，才能使各自的利益都实现最大化。"内部人"控制企业就如同"潘多拉的盒子"一样，"成也萧何，败也萧何"，可以说"内部人"控制行为本身不是问题，只有当"内部人"超过其本身应属的活动区域时，或者说当"内部人"的控制权出现滥用时，突破了公司治理结构的平衡制约机制，侵犯"他人"的合法权益，造成法益间冲突时，"内部人"控制才成为公司治理结构中存在的问题，也才称之为"内部人"控制问题。"内部人"控制行为是天使还是魔鬼，关键在于对其制度的设计。所以，通过法律制度来规制"内部人"控制行为，积极发挥其正效应，降低其负效应的基础目标主要来源于此。

二、"内部人"控制行为的法律缺失

我国对于公司治理结构法律制度的规定有一个逐渐提升和拓展补充的过程。1993年《公司法》在第八届全国人民代表大会常务委员会第五次会议上获得通过。《公司法》第2条规定："本法所称公司是指依照本法在中国境内设立的有限责任公司和股份有限公司。"因此，我国的《公司法》仅对有限责任公司和股份有限公司的治理结构进行了规定。1999年、2004年和2005年全国人大常务委员会又3次修改《公司法》，其中第三次对《公司法》的众多方面进行了修改，是修改幅度最大的一次。根据《公司法》的相关规定，我国有限责任公司和股份有限公司的治理结构是由股东大会、董事会和高级管理人员（由过去的经理概念转化而来，理论上范畴更广，但绝大部分角色仍可归为经理层）以及监事会构成的，按照权力机构、业务执行机构和监督机构的权力分立和制衡体制建立的制度体系。尽管我国公司治理结构除了遵循股东会、董事会、监事会和高级管理人员的制约关系外，还对职工参与公司治理机构进行了"例外"规定，但从《公司法》的规定来看，在构筑公司治理结构时，依然主要还是受股东本位、追求股东价值最大化理念的影响。

可以说，对于我国公司治理结构，内部治理结构的规定主要以《公司法》的规定为主，而外部治理主要以《证券法》等法律法规和规章的规定为主。《公司法》是我国第一部系统规定公司事项的法律，对我国恢复建立公司制度，推进企业公司化改造，保护股东和债权人的合法利益有着重要作用。同时,《证券法》等法律法规对我国上市公司的制度设计的意义也应该得到充分肯定。但由于我国公司改革实践起步比较晚,公司法和上市公司制度理论研究薄弱,加之《公司法》、《证券法》等法律法规起草和修订的时间比较仓促,规定的内容又较为宽泛,且法律法规自身规定存在滞后性,因而,现行的法律制度在公司治理结构方面,尤其是对于"内部人"控制行为的规制不可避免地存在着缺陷。

(一)股权结构不合理,对股东权保护不足,中小股东权益易受侵害

《公司法》第104条规定:"股东出席股东大会会议,所持每一股份有一表决权。但是,公司持有的本公司股份没有表决权。股东大会作出决议,必须经出席会议的股东所持表决权过半数通过。但是,股东大会作出修改公司章程、增加或者减少注册资本的决议,以及公司合并、分立解散或者变更公司形式的决议,必须经出席会议的股东所持表决权的三分之二以上通过。"我国现行的公司法没有顾及股权结构不合理的现实,虽然在董事会、监事会成员的构成表决上使用了累积投票制,但在表决其他决议时仍坚持简单的一票一权为基础的资本多数原则,并且使用累积投票制也只是"可以"而并非"必须"。由于几大股东之间的持股量相差悬殊,这样在大多数的情况下,中小股东所持有的表决权仍然很难在股东大会议案的表决中达到法定数额的要求,结果股东大会依旧演变成事实上的大股东会,并很有可能在董事会中占绝对优势,为董事会、高级管理人员操纵股东大会创造了条件。因此,中小股东难以通过股东大会对公司实施有效治理,使得中小股东对公司治理还是缺乏足够兴趣。股权高度集中不仅造成中小股东的合法权益难以得到有效保护,而且也容易使得治理效率低下。

(二)试图强调职工在治理结构中的作用,但操作性和应用性不强

我国的《公司法》重视职工在公司治理结构中的作用,关注

劳动力权在控制权中的地位，但限于公司职工的"弱势"地位，往往容易成为"美好愿望"。如《公司法》第 18 条第 3 款规定："公司研究决定改制以及经营方面的重大问题、制定重要的规章制度时，应当听取公司工会的意见，并通过职工代表大会或者其他形式听取职工的意见和建议。"第 38 条规定："股东会行使下列职权：（一）决定公司的经营方针和投资计划；（二）选举和更换非由职工代表担任的董事、监事，决定有关董事、监事的报酬事项；……"这些规定隐含提出了职工也可担任公司董事，但这显然是不符合实际情况的，也是不可能实现的。而且法律规定只是听取工会和职工代表的意见和建议，并没有规定具体的操作程序、内容以及影响程度，容易导致在实践上缺乏操作性和应用性。

（三）控股股东、实际控制人、高级管理人员等概念界限模糊易混淆

《公司法》中引入了控股股东、实际控制人、高级管理人员等概念，并在附则第 217 条中作了具体规定，但显然从概念定义上来看，存在一定的模糊性。尤其是实际控制人的定义为："是指虽不是公司的股东，但通过投资关系、协议或者其他安排，能够实际支配公司行为的人。"这就涉及实际控制人在公司治理结构中事实的角色定位，其是否属于公司"内部人"范畴，属于高级管理人员还是董事，其与高级管理人员的区别为何等问题。而且如何明确界定实际控制，实际控制的现实及理论划分的标准等都缺乏明确的学术依据，也容易引起与其他概念的混淆。另外，高级管理人员的权利、义务、责任与实际控制人的具体区别，实际控制人是否包括"外部人"，这些都是需要严格明确的问题。

（四）董事会角色简单，对成员的任职条件及监督机制缺乏明确规定

董事会在公司治理结构中处于关键位置，董事利益的维护很大部分取决于董事的尽责行为。可是《公司法》在董事会的组成上只简单规定了人数，没有区分"内部董事"与"外部董事"，也没

有对董事会组成中外部董事的最低比例加以规定，使得透明度不高。而且对董事的任职条件无明确性规定，未规定专职董事须为股东、须持有一定量的公司股份，因此，由于《公司法》未将所有董事的利益与股东利益紧密相关，造成在公司的实际运作中，对并不持有该公司股份的董事在职务上缺乏足够的利益驱动，导致董事会在公司治理结构中的作用大为降低。此外，由于《公司法》对董事的监督机制规定不明确，对于董事在执行其职务中给公司造成损害时，公司股东缺乏足够的法律和事实依据进行自我补救，缺乏足够现实激励。

（五）董事会与经理层关系不够明晰，无法形成有效的监督机制

一般认为，在现代公司制下，股东除了保留大部分的剩余索取权和少数的最终决策权之外，已将多项决策权授予董事会行使。在公司治理结构中，按照股东利益最大化理论，董事会将本着股东利益最大化、诚信、勤勉工作的原则，就公司重大事务作出独立于管理层，或者说是执行层的客观判断，对公司经营进行战略指导和有效监督。《公司法》规定公司董事会可以决定由董事会成员兼任经理，导致在现实中我国公司的董事会成员分为两类：一类是兼任公司经理职务的董事；另一类是未担任公司具体职务的董事，即非执行董事。后者虽然有一定程度上的独立性，但因为有的在公司领取薪金，有的也间接在公司中行使经理的职权。所以，董事会与经理层高度重合，其角色在根本上是同一的，即事实上都是"内部董事"。这样在内部监督作用不充分甚至弱化的情况下，作为董事和经理的内部董事其权利、义务和责任就很难界定清楚，从而为董事会与经理层之间形成"合谋关系"以及经理人员滥用职权谋求私利创造了客观条件，容易导致"内部人"控制问题的出现。

（六）经理层的职权较大，义务与责任有待规范

根据现行《公司法》的规定，有限责任公司和股份有限公司的经理对董事会负责，行使下列职权：（1）支持公司的生产经营

管理工作，组织实施董事会决议；（2）组织实施公司年度经营计划和投资方案；（3）拟订公司内部管理机构设置方案；（4）拟订公司的基本管理制度；（5）制定公司的具体规章；（6）提请聘任或解聘公司副经理、财务负责人；（7）决定聘任或解聘除应由董事会决定聘任或者解聘以外的负责管理人员；（8）公司章程和董事会授予的其他职权。公司章程对经理职权另有规定的，从其规定。经理列席董事会会议。从以上规定可以看出，虽然我国法律开始突出公司章程对经理职权设置的自主性，但仍然不够彻底。法律规定显然有以下特点：一是经理职权的法定主义原则；二是经理的职权比较大；三是名义上的经理"下位"与事实上的经理"上位"的冲突。与此不同的是，西方国家在公司立法中则几乎没有对经理的职权作任何具体规定，而是将经理职权一般交由公司章程和董事会决议等决定，即不仅仅依据公司章程，还包括其他公司决议，因为公司章程需要一定的稳定性。经理职权法定主义稳定了经理层的权限，但也因此失去了董事会根据公司的运作过程、股东能力和经理能力等具体实际情况而对经理职权控制的灵活性，事实上降低了经理层的义务与责任。

（七）监事会独立性"名不符实"，职能难以很好实现

现行的《公司法》对监事会制度进行了初步规定，但法律规范还是过于概括，缺乏具体操作性，致使监事会在公司治理结构中处境比较尴尬。根据法律规定，我国公司里的监事会与董事会同属于股东大会下的两个执行机构，监事会具有与董事会平行的地位，但由于又同时规定了董事会掌握决策权，董事长实际上为公司的法定代表人，这就使得仅具有部分监督权的监事会实际上成为董事会的一个下属机构，监事会因此无权以公司名义聘请外部监督人员，也就难以对公司的运营状况和董事、高级管理人员的行为进行监督。更为重要的是，现行《公司法》规定，监事会成员由公司职工和股东代表组成，而这些人在行政关系上受制于董事会和高级管理人员；并且监事会只能提起议案，无权任免董事会和高级管理人员，也无权参与和否决董事会和高级管理人员的决策。因此，事实

上，即使董事会或者高级管理人员有"不适宜"行为，监事会也无法监督或无能力监督。而且，监事会的监督主要是以事后监督为主，容易造成既成事实的损失已无法挽回，基本上只能依靠事后补救，最终导致监事会的监督职能成为"空中楼阁"。

综上所述，由于我国现行法律制度，主要是以《公司法》为主的、对公司治理结构有相关规定的法律制度缺失，使得"内部人"控制行为的两面性中的消极方面作用突现，"内部人"控制成为公司治理结构所显现出来的主要问题，这就迫切需要我们对公司法学理论有所拓补，使之反映到法律规范的制定上，以求对该问题的解决，在理论与实践上都有新的发展。

三、国际视野下"内部人"控制行为的法律规制

在当今世界上，"内部人"控制问题已经成为世界各国公司理论研究中所共同遇到的课题。进行相关制度的设计以符合本国实际，对"内部人"加以激励和约束，已成为人们的共识。由于历史文化传统和演进过程的不同，再加上社会制度差异等原因，不同的国家采取了不同的公司治理模式，其中最具代表性的，是"英美"模式和"德日"模式（对于家族制等其他模式，由于比较特殊，一般认为其不属于现代公司治理模式，而且应用范围不是很广，因此在此不作研究）。尽管在这些国家中也同样存在"内部人"控制的问题，致使市场和公司遭到不同程度的损失，但通过研究这两种模式的不同特点，并且分析两者所暴露出来的众多问题，有利于我国在公司治理结构的制度设计上"取长补短"，对"内部人"控制问题的研究也有着很好的借鉴意义。

（一）英美市场导向型的治理模式

英美模式起源于"盎格鲁—美利坚"资本主义，总的特点是以大型流通性资本市场为基本特征，经过最近几十年的发展，公司的股权结构极为分散，个人股东和法人股东拥有的股份比例都相当小，股东权益正逐步集中到养老基金、互助基金和人寿保险等机构

投资者和其他专业管理基金投资者手里。这些机构尽管持股总量很大，但在一个特定公司中常常只有比例很小的股份，因而在公司中只有很少的发言权，不足以对经营管理者构成压力。由于"盎格鲁—美利坚"式资本主义经历过较长时间的自由发展过程，较少受政府、工会、管理机构和银行等的影响，他们与公司都只保持着较为松散的关系，对公司治理发挥的作用相当有限。在董事会制度上，英美国家通常实行单一董事会制，不设监事会，内部监督主要依靠来自公司外部的非执行董事进行，董事会由外部董事和内部董事组成，且大部分公司的外部董事多于内部董事，董事会下设若干委员会，包括审计委员会、报酬委员会、提名委员会、执行委员会和公司治理委员会等，分工负责公司有关重大决策的制定和实施。同时，公司外部存在着较高流动性的劳动力市场，尤其是较为发达的经理市场，其身价与显现出来的经营能力密切相关。由于在英国和美国资本流通活跃，证券市场发展充分，所以公司治理的有效性在很大程度上可凭借证券市场对公司经营管理者进行激励和监督。正因为有一个活跃的"公司控制市场"存在，经营者一旦管理公司不力，不仅股东会采取"有脚投票"的方式，在证券市场上抛售该公司股票，而且很可能被其他公司的股东通过并购而淘汰出局，近年来世界范围内掀起的公司并购和收购狂潮中的不少部分便是来自于此。这种来自证券市场的威胁，很自然地构成了对公司经营管理者的一种无形监督。

另外，由于近年来证券市场上不断出现造假丑闻，打击了投资者对资本市场投资的信心，布什总统、美国国会和美国财务会计准则委员会等机构提出了新的公司治理改革措施。主要包括布什总统十点计划、国会会计监管法案和《2002 年萨班斯—奥克斯利法案》（简称 SOX 法案）。[①] 改革的主要内容包括：（1）保护投资者利益，建议投资者有权获取评价公司经营业绩及公司关键性举措的信息。

<hr />

① 李永宁、杨中、王春明："公司治理：国外改革与中国实践"，载《商场现代化》2005 年第 8 期，第 7 页。

（2）强化公司高管人员责任，建立高管人员责任追究制。指出高管人员应对公司所提供财务信息的准确性、公允性及时效性提供个人承诺并对其过错承担法律责任，包括将奖金、红利和其他收益全部返还给公司。（3）强化会计监管，建立独立的公共监督机构，包括对相关中介机构的执业准则，尤其是会计机构的独立性和公允性的监督，建立审计委员会，全部由独立董事组成，强化审计的外部监管。（4）强化证券分析师的信息披露严肃性，保证信息的有用性与有效性。同时加强对证券分析师的利益冲突披露。（5）加大刑事处罚力度。

对于经营管理者的激励，英美模式在把经营管理者的收益与公司未来绩效相挂钩方面不遗余力。在给经营者的报酬中，与公司未来更大的回报相联系的部分往往占有较大比重，即以一定的价格售于经营者本公司的股票和给予未来购买股票的选择权，这样如果公司经营较好，公司绩效就会明显改善，公司股票也会随之"水涨船高"，经营管理者从而获得丰厚的报酬。这种来自证券市场的收益，目的是为了激励公司经营管理者坚持股东利益最大化的目标。

（二）德日组织控制型的治理模式

德日模式是后起工业化国家的产物，来源于"日耳曼"式资本主义，经济大权传统上高度集中于家庭、银行或者政府。这些国家一般都经历过一个相对人为的资本主义急速发展时期，受政府、工会、管理机构的影响较深，公司的股权结构较为集中，法人持股的比例相当高，而且公司与银行间的关系较为密切，经常是相互持股，债权分布相对较为集中，从融资渠道上来看，更多依赖金融机构，负债率较高，经常出现公司的投资者既是股东又是债权人的现象。其中，德国银行实行全能银行制，银行可以持有公司的股票，还可以兼做其他股东所持股票的保管人，股东可以把股票转让给银行，股东和银行的利益分配一般被事先固定下来；日本银行实行主银行制，在公司正常经营时，主银行一般不过问公司决策，但一旦公司陷入危机，主银行能够中止公司管理层的自主权，行使更直接的临时控制，在该模式下，银行在公司治理结构中发挥相当关键的作用。由于上市公司数量较少，又存在着稳定的法人交叉持股结构，造成资本流通性弱，证券市场相对不是十分活跃，有形的公司治理结构往往起着至关重要的作用。在德国，公司治理是一种双层结构的模式，即由股东代表和职工代表共同组成监事会，并且职工代表有权得到监事会成员所了解的一切信息，并参与一切决策，监事会对董事会的工作有监督建议权。董事会是公司的法人机构，负责公司的经营管理，由监事会任命董事会成员，向监事会报告和负责，向股东及其他利益相关人提供必要的信息。德国公司的管理层一般都有长期合同，即使敌意并购者通过市场接管了公司，这些合同也能阻止对管理层的迅速改组，所以，并购对于德国公司的管理层来说，威胁要比英美公司小。在日本，管理者基本上不是依靠外部经营者市场，而是基于公司内部长期的充分竞争，是经过公司内部竞争市场优胜劣汰选拔出来的，也就是通过合作中的分工竞争或岗位竞争，大多由前任经过长期考核后从公司从业人员中任命，其任命过程也需与股东协商，充分体现经营者阶层与股东的意志，其经营能力、专业知识和对公司的忠诚度是日本公司经营者选拔条件的主要标准。

股权集中、重视银行（一定程度上债权人带有股权人的性质）在公司治理结构中的重要作用是德日模式的重要特征。这种让少数股东监督公司高层在给公司带来较低成本的同时，也给公司带来了潜在的道德风险危机。20世纪90年代德国多家大公司的破产倒闭事件，及泡沫经营崩溃后，日本的一些银行、证券公司、事业公司相继发生的舞弊事件都证明了这一点。因此，为了重塑市场形象，提升公司竞争力，德国和日本都对公司治理出台了新的措施与对策。

在德国方面，主要包括政府十点计划、《德国公司治理准则》和《联邦政府改善公司治理的措施目录》。[①] 改革的内容主要包括：

---

① 李永宁、杨中、王春明："公司治理：国外改革与中国实践"，载《商场现代化》2005 年第 8 期，第 7 页。

（1）完善股东诉讼制。降低诉讼条件，改变以往股东必须符合严格的条件才可以提起诉讼及股东本人不得索要赔款，赔款完全归公司所有，造成中小股东基本无权或不愿起诉的状况，并建立股东诉讼法院审核机制，一方面控制股东滥用诉权，另一方面不论是否胜诉，股东都不负担诉讼费用，以激发股东诉讼制度功能的发挥，保护中小股东的合法权益。（2）完善信息披露义务。强调公司的重大事件管理层都须予以及时披露，防范公司管理层通过从事内部交易而损害股东利益。（3）强化审计独立性，加大处罚力度。（4）建立独立的财务监督机构，加大对中介组织的监督力度。在日本方面，最大的动作是 2001 年 4 月，日本法务省公布的有关公司治理改革的试行方案。方案的核心内容主要是对大公司的董事会进行改革。① 包括：（1）缩短董事任职期，2 年变为 1 年。（2）有义务任用 1 人以上的外部董事。（3）可以选择设立经营委员会、监事委员会、指名委员会、报酬委员会和执行董事。（4）其中监事委员会、指名委员会、报酬委员会的 3 个委员会各自必须由 3 人以上的董事组成，其中一半以上要由外部董事来担任，而且与执行董事制度必须配套设立、缺一不可。（5）如果新设监事委员会，则废除现行的监事制度。

在激励制度上，德国的管理者报酬基本上与管理者的绩效无关，也就是与公司的盈利、股价不直接挂钩，几乎不存在股票期权，强调的是员工对公司的忠诚服务，收入主要是依靠薪俸。而日本主要采用"年功序列工资"体系，日本企业的管理者的报酬取决于该管理者的工作年限、职位和成绩评定，并设立退休金这样的远期激励机制，更为关键的是，日本公司中还存在着事业型激励机制，包括职务晋升、终身雇佣、荣誉地位称号等，集综合性与社会性为一体的激励机制对管理者更容易产生长期效应，容易把企业的长期稳定发展作为个人的奋斗目标，促成了所有者与管理者的目标

---

① ［日］平田光弘："日本公司治理改革的现状与今后的方向"，载李维安：《公司治理理论与实务前沿》，中国财政经济出版社 2003 年版，第 73 页。

契合。

从以上分析可以看到，这两种模式各有优缺点。"英美"模式主要通过证券市场，采用高成本的接管方式来达到对公司"内部人"激励和监督的目的，在解决分散化的投资者控制公司方面做得比较好，但却不利于建立长期稳定的合作关系。"德日"模式则采取低成本，由银行和大股东对公司进行直接监督，这一模式在降低交易成本、提高交易效率方面比较有优势，但对非银行融资的限制，使得通过证券市场的机构投资者的交易成本明显提高，而且在解决代理问题上，则存在着较大缺陷，因为毕竟公司的命运掌握在"内部人"手中，一方面存在着信息不对称，"内部人"仍然居于优势地位；另一方面，监督者相对单一容易造成"内部人"与监督者达成共谋，从而损害其他利益相关人的合法权益。

事实上，世界上并不存在一种最优的、被普遍接受的公司治理模式，"英美"模式与"德日"模式的不同，并没有孰优孰劣的区别，因为它们都是较为符合各自国家的历史、经济、文化和社会状况的，是国情选择的结果，虽然有时会出现"偏差"，但从整体上看，在现实中还是取得了良好的效果。随着经济的发展和时代的变迁，公司内外环境都处于不断变化之中，不同的模式之间也在相互渗透，例如美国的公司治理越来越强调外部人员在解决"内部人"控制问题中的作用，也开始逐步实行职工持股计划；德国则开始授予总经理股票期权，日本开始考虑取消监事会制度等。这表明，公司治理结构的发展是一个动态的过程，也是一个相互借鉴的过程，就其本身而言，是需要随着主客观条件而不断拓展和弥补的。对于中国而言，中国的国情不同于英美，也不同于德日，中国有自己特殊的情况，这就决定了中国绝不能生搬硬套，更何况各国现行的治理模式也并不能完全解决问题，都需要在理论和实践上继续发展。因此，如何在中国的国情基础上"博采众长"，深化"内部人"控制理论，找到既抓住世界各国在解决"内部人"控制问题上的共性，又符合中国当前实际的制度性方法，是研究"内部人"控制理论的现实意义所在。

第三节　公司"内部人"控制
行为的法学分析

一、"内部人"控制行为的法学释义

内部人控制最早由日本经济学家、美国斯坦福大学教授青木昌彦先生提出。他在研究东欧和独联体国家经济体制转轨过程中的企业状况后认为，"内部人控制"看来是转轨过程中所固有的一种潜在可能的现象，是从计划经济制度的遗产中演化而来的，是指，"企业中独立于所有者（外部人）的经理人员掌握着企业的实际控制权，在公司经营过程中充分体现自身利益甚至与职工'合谋'谋取各自的利益，从而架空所有者的监督与控制"。其表现形式为内部管理人员控制或内部职工控制，也可能是两者的结合，不论形式如何，其实质都排除了所有人的外在干预。但企业内部人控制的现象却不仅仅存在于经济转型国家之中，它在世界各国的股份制实践中都有所发生，且由来已久，它是伴随着现代股份公司而滋生的一种普遍现象。在我国是这样，在前苏联解体后的独联体国家、东欧一些经济转轨国家也是这样，即使在欧美的一些发达国家，"内部人"控制也是屡见不鲜，只不过在程度上有差别而已。同样，不仅在国有公司中存在，而且在上市公司、民营企业等公司中也都同样存在"内部人"控制问题，可以说，只要存在着所有权与经营权相分离的公司，或多或少都会存在着"内部人"控制的情况。

按照青木昌彦教授的观点，"内部人"控制应该分为"法律上的内部人控制"和"事实上的内部人控制"。前者主要是指经理人员通过持有公司的股权而掌握对公司的控制权；后者是指经理人员虽然并不持有公司的股权，但在公司的资产使用、处理和收益的分配等方面实际上拥有控制权。是否就此认为，"内部人"即是指经理人员？其实不能这样简单笼统地对"内部人"下定义。因为在当前公司制发展过程中，出现了新的现象。很多公司的控股股东开始兼任董事会及经理层人员，同时为了约束高级管理人员，尤其是经理人员的个人理性，防止通过经理人员追求个人私益而侵犯股东利益，实践中，很多公司都采用了股权激励、与高级管理人员分享一定的剩余索取权等方式，使得高级管理人员也同样成为股东，导致高级管理人员角色的模糊及混同，控制权的扩张让"法律上的内部人控制"和"事实上的内部人控制"的界限有所重合，甚至出现合一的现象，使得对股东、董事和经理层之间关系的认定增加了难度。

而且，从"内部人"控制理论产生以来，就一直存在着不同的声音。首先，是对内部人的定义上存在着一定的分歧。从青木昌彦教授对"内部人"的定义来看，他明显是把所有者也就是所有权人排除在"内部人"之外，而是认为所有权人属于"外部人"，是与控制权人相对的，正是"内部人"侵害了"外部人"的利益，这就引起了一些学者的异议。有学者认为，企业的所有权人拥有产权，明明是内部人，不能划为外部人，同时"内部人"的提法也是不科学的。也有学者认为，是否为内部人，应该从企业内部是不是存在着实际上控制企业，在经营过程中是不是存在追求自身利益，并架空所有者这样一种现象加以判断。[①] 还有学者认为，只有经营者和股东才有条件、有资格称之为"内部人"，因为他们位处企业的战略管理层，拥有企业的决策权，甚至是最终否决权，而且股东和经营者也可能合谋控制企业。[②] 其次，是在何谓控制权问题上也同样存在着争议。普遍观点认为，内部人控制主要的表现形式包括了在职消费、短期行为、无视小股东的利益、不尽心尽力经营企业、造成亏损、信息披露不规范，等等，尤其是在国有企业改制

---

① 李尔华："企业'内部人'控制问题之我见"，载《北京市经济管理干部学院学报》1999年第1期，第10页。

② 杨少梅、刘冬蕾："'内部人控制'不能失控"，载《经济论坛》2003年第15期，第33页。

过程中表现得尤为明显。① 但也有学者从产权理论出发,认为控制权主要是指企业的经营权,是经营权侵犯所有者权益。②

应该说,以上学者的观点各有各的一定道理,但也各有一定的疏漏之处。考查"内部人控制"这个概念,可以明显感知,"内部人"并不是从公司的组织结构的层面去考虑的,因为假如是从该层面出发,则股东、董事、经理、监事甚至职工都处在公司的组织结构之中,则全为"内部人",因此,不能单纯从角色定位上考虑何者属于"内部人",而是应该从在公司内部关系中所起的作用来考察。

根据世界经济合作与发展组织(OECD)制定的公司治理结构的国际性标准,公司治理结构的基准是个分权制衡关系,即股东会凭借出资者所有权行使公司的最终控制权、董事会凭借法人财产权行使经营决策权、经理层凭借法人代理权行使经营指挥权、监事会凭借出资者监督权对经营管理者实施监督。现代公司制下,公司不再由股东所控制或经营,而由股东大会选举产生的董事会授权经理去经营管理,法人财产权形成以后,股东不能随便抽回投资,而只能在证券市场上通过法定程序转让股权,股东与公司的生产经营过程、资本的运作过程即与公司的核心竞争能力相脱离,原本意义上的"所有权人"便不再真正"所有"企业,而是变为"内部人"所有,命运为他人所决定,即使在掌握投票权的情况下,也只能通过选举董事会等方式间接影响公司的运营。在公司这个组织集团中,"所有权"人并不处在公司竞争力内部,即使是控股股东也更多的是行使董事或经理的职能,并不是纯粹意义上的"所有权人",所以,"所有权人"显然不能称为"内部人"。同样的,由于监事会的监督一般情况下更多的是事后监督,而且监事的监督权的

① 朱建芳、张友福:"'内部人控制'问题刍议",载《浙江大学学报》(人文社会科学版)1999 年第 6 期,第 40 页。
② 潘石:"内部人控制企业论质疑",载《当代经济研究》1998 年第 1 期,第 54页。

行使受到法律和公司章程的严格限制，考虑到企业经营活动的特殊性，监督权的对象往往是"程序"监督，而非"实质"监督，也就很难对公司的财富创造或者说增量利益的创造产生直接影响，因此，虽然监事会处于公司治理结构中的重要一环，但显然也不属于"内部人"范畴。

研究现代公司的内部关系，我们可以发现，股东大会选举产生了董事会，由其掌握法人财产权，并通过法人财产权行使经营决策权，本质上董事会和股东大会的利益是一致的，并且在很多情况下是"同一战线的"。但由于股权多寡的不同，控股股东也存在着更关注自身的利益，甚至为实现自身的私益而侵害其他中小股东利益的情况，这属于所有权人内部的博弈。而董事会的经营决策需要通过经理层去执行，这两者的利益并不完全一致，当然也存在着博弈的问题，是经营权人与所有权人的博弈，即使在监督权上同样也存在中小股东和控股股东、董事或经理间的博弈。所以在公司内部关系上，至少包含了所有权人内部、所有权人与经营权人、经营权人与监督权人等几部分关系，单纯认为"内部人"控制只是经营权与所有权之间的冲突是不合适的。探究公司的发展，公司的命运事实上掌握在拥有实际控制权的人手中，掌握了实际控制权，也就直接或间接地决定了其他的权利。一般认为，企业的所有权主要指剩余索取权和剩余控制权[①]，显然要实现这两个权利，前提条件是有"剩余"，而"剩余"产生于公司的各个环节，需要通过对企业的控制，以法人财产权为起点去让利润得到增长，使公司得以发展壮大。尽管现代公司治理结构的发展使得股东开始让渡一部分的剩余索取权，但由于往往让渡份额较少，即使损害了所有权或法人财产权，"所得"还是远超过"所失"，也就仍然存在着追求个人私益的偏好。可以说，现实中实际控制权渗入到了公司的各个方面，实际控制权包括了对企业所有权、法人财产权、经营权、监督权等其

---

① 陈娟堂："略论产权安排对企业经营绩效的影响"，载《经济与社会发展》2005 年第 7 期，第 79 页。

他权利直接或间接的事实控制。而从主体上说，控股股东、董事和经理都有可能成为"内部人"，关键是看实际控制权掌握在谁的手中、谁是实际经营管理公司的人，因此，从本质上说，"内部人"控制行为背后所体现的是实际控制权人（即实际经营公司管理的人）与纯粹所有权人（即不实际经营管理公司的投资者）之间的关系。同时，实际控制的具体表现包括对外代表公司经营实现剩余，对内直接管理、指挥公司的人财物及生产经营过程和结果，体现了对剩余的控制和掌握。

二、"内部人"控制行为的经济法学分析

现代公司治理结构设计的主要理论基础就是委托——代理理论。一般认为，公司董事会与经理人员之间的委托——代理关系不同于公司股东与董事会之间的委托——代理关系，前者是一种有偿委任的雇用，而后者则是一种信托托管关系，不是雇佣关系。[①] 但由于现代公司发展的新变化，经营管理人员在公司组织结构中所扮演的角色越来越复杂，股东、董事和经理之间的界限已经逐渐模糊。事实上，在西方发达国家，许多公司都由首席执行官（CEO）掌握控制权，比如美国的微软公司和戴尔公司，多年来，这两家公司一直在美国权威性杂志的"公司排名"中名列前茅，股票价格也在证券市场上有着优良的表现，而从性质上说，首席执行官几乎是股东、董事和经理这三种角色的结合体。所以，实际情况的改变使得无法简单的认为董事会与经理人员就是有偿委任关系及股东与董事会就是信托托管关系，这就需要我们在法理学的基础上对"内部人"控制行为进行更为深入的挖掘，对"内部人"控制行为的法律属性（尤其是部门法属性）进行进一步研究，才能做到有的放矢。

在当前市场条件下，公司（主要是上市公司）的成立及发展

---

① 高程德：《现代公司理论》，北京大学出版社 2000 年版，第 36 页。

通常是如下一个过程：投资者向公司投资，公司向投资者给付出资证明书（主要包括股票和债券），投资者拥有出资证明书的所有权后，可以对其行使独立的支配权。投资者面临着两种选择：一是在证券市场上转让投资，收回投资本身及获得收益，对于债券所有者来说，还可以一直持有债券直至公司到期还本付息，此时对于公司来说，可以享受投资者投入公司而形成的法人财产权（无论股票和债券在多个投资者间转让都不会改变公司的这种权利）；同时，公司间接向投资者支付（通过证券市场）借用资本的费用（包括股息、利息等），也就是投资者自始至终都处于单纯的证券市场上，并不参与公司内部的组织管理活动；二是投资者放弃了出让投资权而收回本金及获得收益，即放弃与公司作为债的关系，而是直接以投资的方式进入公司成为股东（对于持有可转债的投资者来说可以将债券转为公司股票）参与经营决策（包括在股东会按照同股同权原则参与决策公司的投资方向、规模、选择公司的经营管理人员、决策公司运作机制、行使监督权等）所形成的关系，也就是投资者不再仅仅处于公司外部，而是开始参与公司内部的组织管理活动。这时，股东能否按照同股同权的原则最终分得红利，就不再取决于他是否投了资和他投了多少资，也不再类似债的关系那样届时可以要求公司给付本息，而是取决于其经营决策的好坏；接着，由股东会决定董事会（在大陆法系国家还可以包括决定监事会）构成，再由董事会决定经理层，此后，公司经营管理人员就取得了实际控制权，整个公司发展的好坏，股东能否分得红利，债权人能否获得回报，将进一步取决于公司经营管理人员的经营管理活动；最后，公司股东的决策活动和经营管理人员的经营管理活动，与公司的技术人员、普通职工的活动相结合，创造出包含有增加值的产品或服务，最终在市场上进行竞争而获得交易机会和交易份额，最终通过交易行为实现其价值。

从以上的分析可以看出，公司这一明显带有社团组织性质的主体，面临着复杂的内外部环境，联系参与到法律关系中，在不同的阶段或者领域，体现不同的社会关系，也就代表了不同的法律关系，不能单纯认为其法律关系简单属于某法律部门调整，而是需要具体问题具体分析。

在公司成立的过程中，投资者与公司间通过出资证明书相连接，出资证明书（主要包括股票、债券等）是投资者投入公司的财产证明书，它体现财产归属关系，表明了投资者所拥有的所有权，并且按照同股同权的原则，各股东并无法律地位上的不平等，而只有所持股份多寡的分别，不论投资者是在证券市场上吸纳或者抛售出资证明书（主要体现了财产流转关系），还是成为股东参与到公司内部的组织关系中来，都无法改变投资者与公司之间的关系是平等主体间的财产关系。董事会由公司股东所选出来的股东组成必要的对内执行业务机关，股东将公司财产委托给董事会进行管理，董事会再通过与职业经理人签订雇佣合同来决定经理层，这个过程符合委托——代理关系，也就是"委托——代理"理论所提到的有偿委任和信任托管。而作为普通的劳动者，包括直接参与人员、技术人员、辅助人员等，则与公司订立劳动合同，这是平等主体间的一种经济关系，普通劳动者将其劳动力商品卖给公司，公司向出卖劳动力商品的个人支付工资报酬，正如马克思所说的："彼此作为身份平等的商品所有者发生关系。"[1] 因此，单纯从公司组织构成来看，股东、董事、经理、普通劳动者与公司的关系，都是从平等主体间的财产关系进入，调整的是财产间的归属与流转关系，是对财产所有权人已有利益的安排。在这个过程中，并不涉及公司利润的创造，或者说是增量利益的创造（但要实现其所有权，最终仍需依赖公司利润的创造），公司设立过程实际上属于一个规模庞大的"交易合同订立"行为，也就是企业契约理论所认为的，企业是"一组契约"，这组契约中包括了企业的要素投入者和利益相关人（提供资金的股东和债权人、提供劳务的经理和工人以及消费者和供应商等）之间的关系。[2] 从法律部门属性上来说，以上

---

① 马克思：《资本论》（第1卷），人民出版社1975年版，第190页。
② 高程德：《现代公司理论》，北京大学出版社2000年版，第47页。

这些关系当然属于传统的私法（主要是民商法）来调整。

但实际上在公司设立后，公司并不是停止下来的，它将开始着手完成它的使命，即公司内部各部门开始运转，全体成员开始合作创造剩余价值。在该过程中，公司各参加者便不再只有与公司的关系了，还有各参加者之间与公司即与他们的整体相联系的关系，因为只有公司内部的各要素所有者（不管是投入资本也好，还是投入劳动也好）分工合作，联合生产，才能创造出公司的利润（增量利益）。这种公司内部管理关系，表现为公司治理结构的设计。在这种分工合作关系（与简单的交易关系有着显著不同，因为其过程将产生新的价值）下，公司内部自然存在着一种有别于上面公司设立过程中，根据要素所有者已得利益（存量利益）所结成的交易关系的契约。而这个契约的特点就是通过公司内部各种劳动能力的结合，从而实现对增量利益的创造和分享。按照企业能力理论，在生产过程中，最重要的投入是知识，但知识是由个人掌握的，并专业化于某一特定领域，由此，知识的专业性决定了生产活动需要拥有各种不同类型知识的个人的共同协作和努力。企业效益的形成过程实质是能力和知识在企业内部社会化的过程。正是企业在能力形成、知识积聚以及成长路径上的差异很有可能导致一个企业对其他企业的竞争优势。[①] 对于公司而言，公司间竞争并不是财产多寡的竞争，而是各个公司运用财产进行财富创造能力的竞争，是不同公司内部各种参加者的劳动能力结合得好坏的竞争。资合性质在各个公司之间没有实质上的不同，惟一不同的是人的不同，这在现实生活中是可以得到求证的，因为一个公司能否盈利并不取决于这个公司财产的多寡，而是取决于该公司财产运用的优劣，包括投资决策劳动、管理劳动和直接生产劳动的质量、数量和结合的有效性，等等。而且这并不局限于人力资本，因为人力资本只不过是人的劳动能力的外在度量标准（人力资本与物质资本相对，但事实上投资者对公司投入物质资本以及未来对内部人监督等行为，同

---

① 高程德：《现代公司理论》，北京大学出版社 2000 年版，第 45 页。

样也是其投入"人力资本"的行为，隐含了劳动能力权在内，因为仍然需要消耗其体力和精力，也就是进行决策劳动，从这个意义上说，追溯于劳动能力可能更为恰当）。

从法律意义上说，公司是一个社团组织，它以人的结合为其成立的基础。尽管公司的性质具有资合性，但它始终不能脱离人而存在。在当前的市场条件下，资源的稀缺性已不在于获得"资"上，而是在于"人"上，是在高级管理人才的争夺上。可以说各公司之间的"资"具有相似性，而"人"却具有特殊性，因为劳动能力是有个体差异的，但在法律地位上，作为一项权利却是平等的，即人人都有劳动并获得回报的权利。法律是研究社会关系的，也就是人与人之间的关系。而传统公司理论更着眼于公司产权结构的研究，强调如何在所有权制度上进行安排，与之相联系的就是在法律规范上局限于传统的私法领域，这就脱离了公司发展的实质，忽视了在当前市场经济条件下，公司间的竞争事实上已演化成公司间"人"的竞争，或者说是公司间不同"人"的劳动能力的竞争，而该劳动并不仅仅包括普通意义上的生产劳动，也包括管理劳动、经营决策劳动、投资决策劳动等。而且在公司内部，由于各主体劳动能力的差异和实现回报的要求，同样也存在着争夺增量利益的冲突（包括实际控制权人与所有权人的冲突，其实也是对增量利益的争夺）。很明显，公司并不只是普遍意义上的民事合同的集合，也不只是带有行政色彩（私行政）的组织，对于股东、董事、经理和内部职工来说，公司事实上还是不同劳动能力的集合体，因为劳动才创造价值，才能获得增量利益。与其说公司治理结构是对产权制度的安排，不如说公司治理结构是对"增量利益权益"的安排，或者说是对剩余权制度的安排。而"经济法是在社会化生产为基础的市场经济中，为缓和人与人之间争夺增量利益（即剩余价值，具体表现为利润等）的冲突，规范其争夺增量利益之行为，保障增量利益的生产和再生产的一种现代法"①，因而，作为公司治理结构中的"内部人"控制行为，本质上就是要承认劳动能力权问题，而不是财产权问题，它当然归属于经济法范畴，其属性明显带有经济法的部门法性质。

三、"内部人"控制行为的法学理论拓补

考察公司的整个运营过程可以发现，公司事实上是一个各生产要素所有者在市场上自愿达成一个长期契约而形成的，本质上是一种契约组织。② 现代西方经济学把生产要素分为四类：劳动、资本、土地和企业家才能，其中，企业家是把劳动、资本和土地有机结合起来进行生产的关键。③ 在这里，是把劳动和企业家才能分列，这显然在含义上是把劳动定位于普通的生产劳动，但事实上，企业家才能也就是经营管理人员的能力，和普通劳动一样不是外化的，它也是和经营管理人员的人身不可分割的，本质上是经营管理人员的内在知识与能力反映到生产经营活动中的过程，或者说是经营管理人员的劳动能力在公司增量利益创造中的作用表现。鉴于它在公司内部组织管理关系中的重要性，企业家才能也可以认同于掌握了公司实际控制权的"内部人"的才能（主要是管理劳动），也就是说，生产要素其实可以划分为三类：劳动（包括决策劳动、管理劳动和普通劳动）、土地、资本。

由于公司属于一个契约组织，是依靠一个长期契约把劳动和资本（土地在理论上通常把其作为物质资本的构成部分之一）组织起来，或者说是一个根据物质资本和劳动力资本相结合的组织，所

---

① 陈乃新：《经济法理性论纲——以剩余价值法权化为中心》，中国检察出版社2004年版，第4页。

② 邢乐成、王军："企业的性质及其内部权利分配"，载《山东社会科学》2001年第5期，第5页。

③ 白群燕、段平利：《写给法律人的微观经济学》，法律出版社2004年版，第155页。

以研究公司内外部条件可以发现，公司事实上由三个契约组成：一个是外部契约，也就是物质资本的投资者所结成的纯粹交易契约，此契约主要是在资本市场上缔结，包括个人投资者和机构投资者；另一个是中间契约，也就是单纯物质资本的投入者和劳动能力的投入者所结成的契约，此契约依靠公司投资者和投劳者通过谈判缔结，主要以公司章程的形式体现，或者说以公司章程的出台为结果；还有一个是内部契约，也就是参与公司剩余创造、组织和实现的提供劳动（包括决策劳动、管理劳动和普通劳动）者所缔结的劳动契约，此契约是各种不同的劳动能力权经过不断相互博弈，最终达到合作与共赢的目的。考察后面两个契约，可以发现，中间契约应该包括两个部分：一是存量利益部分的安排，保证不因生产经营活动而导致存量利益的减少（尽管在市场经济条件下由于优胜劣汰不一定能实现，但这仍是公司成立的最低目标），具有民事合同的性质；二是对增量利益部分的安排，追求通过各种劳动能力权的结合来实现剩余的获得、实现与分配，具有经济法的性质。在第三个契约下，由于单纯物质资本投入者不实际经营管理公司，也就无法进入到公司内部的组织劳动中去，按照劳动价值论，其并不对剩余的创造起直接作用，因此根据"谁创造谁分享"的原则，只有劳动能力权人才有资格分享剩余，才有动力去"内部控制"公司。当然，单纯物质资本投入者如果不以股东身份参与公司创造财富的活动，那么，他也可以在与公司订立契约时要求支付对价，如还本付息，这就实际上成了公司的债权人，公司与其之间的债权债务关系由民法进行调整，而还本付息的支出是进入公司成本的，不计算入公司的利润（即不算作增量利益）。由于中间契约和内部契约的存在导致了"内部人"控制行为的出现，而要解决"内部人"控制问题切入点也就在此。我们不能要求"内部人"只为公司资产的投入者创造财富，不能不考虑"内部人"劳动创造的正当利益应予以满足。否则，必会造成"内部人"权力滥用或者"内部人"的消极。

根据公司资产由存量和增量两部分组成，推定在生产经营过程中，资本所有者以投入量的多少进行劳动，物质资本所有者和劳动能力所有者按投入比例进行公司收益的分配，物质资本所有者只能保证投入的存量利益不因公司的生产经营活动而减少，即股东权益和债权人权益不受侵害，能够得到"本金和利息"，但这并不意味着物质资本投入者就可以获得剩余权，因为只有劳动力商品才能带来剩余价值。一方面，纯粹物质资本投入者把物质资本投入公司后，其投入资本作为原材料沉淀下来，无法随便抽出和离开，这就意味着公司的利益一旦受到侵害，股东便要承担大部分后果。另一方面，劳动能力所有者（或者说是劳动力权人）以知识、技能等劳动能力作价通过谈判以劳动力成本沉淀下来，但由于劳动能力与人身不可分割，一旦劳动能力所有者离开公司（这种情况经常发生）便几乎毫无损失，由此对公司造成的损失则由股东承担，尤其是作为"内部人"，掌握了公司的实际控制权，还能利用其自身所处的信息优势地位，既可以对公司的生产经营活动包括决策、组织、人事任免等进行事前控制，也可以在事后进行控制，从而威胁到股东的最终决策权，使其发生动摇，导致控制权与所有权之间的矛盾，从主体角度来说，也就是纯粹所有权人与实际控制权人在剩余的产生、组织和分配等方面的冲突。因此，剩余价值分配能否各得其所，股东权（或者说是资本权）和剩余权能否得到保护及实现，是否体现了自由、公平与正义的法的价值，便成为衡量公司治理结构优劣的理论标准，更确切地说是涉及法学理论领域的重要标准之一。

"内部人"控制行为体现了纯粹所有权人与实际控制权人之间的法律关系。由此在法律关系中，纯粹所有权人和实际控制权人都有各自的权利义务内容，并且权利与义务是对等的。考察《公司法》的规定，对于公司注册资本的条文规定了须为实缴资本或者进行财产权转移（非货币资本），这明显与经济学上的资本概念有所区别。在经济学上的"资本"是指能带来剩余价值的价值，而剩余价值是由劳动力带来的，影射到法学理论上，剩余价值分配应体现劳动能力权人的权益，所以经济上的资本事实上还需包括劳动能力权在内，这也是与目前劳动能力权属于稀缺资源的现实相符合的。也就是说，对于纯粹所有权人来说，其拥有对公司进行资本投资，付出实缴资本的义务，其也拥有根据自己的投入资本获得收益的权利，但如果所有权人并不对自己的投入资本付出管理、监督等劳动，发挥所有权人内在的劳动能力权，所有权人便成为纯粹所有权人，其与公司间的关系便只是债的关系，即使公司获得收益，其也只能获得投入资本的利息，同时也需承担公司经营管理不善导致投入资本无法收回的风险（除非公司对其投入资本进行担保）。而对于"内部人"即实际控制权人，享有根据自身的劳动能力权，通过劳动来获得收益的权利。因为实际控制权人掌握了实际控制权，对比公司中的其他人，其拥有更高的劳动能力，并且付出了更多的劳动，自然能够获得比他人更高的收益，这也符合法所追求的公平价值。但"内部人"也须履行善管义务与注意义务，"内部人"在行使实际控制权的过程中，不得侵犯他人的合法权益，否则需承担由此带来的法律责任，而且如果不能很好履行善管义务，就会被公司和市场所淘汰，对其物质利益和个人声誉都会产生巨大影响，从而实现权责利一致。

现行的公司治理结构，包括与之配套的法律制度（主要是《公司法》），确认了股东凭借所有权人的身份对公司"所有"并获得公司利润，而其他参与者只能获得劳动力价格的制度（前面也提到过，尽管控制权人获得了一部分剩余索取权，但比例毕竟很小，而且是所有权人不得已让渡的，以求控制权人"感恩图报"，由此带来在法律制度的设计上仍尽力维护所有权人的利益，这在传统的私法领域表现得尤为明显），但在现行的经济环境下明显已经不合时宜了，因为生产要素市场已经发生了变化。具体而言，股东获得利润，其他参与者获得劳动力价格的思路隐含着一个前提，就是"资本雇佣劳动"（委托——代理理论其实也包含着这个前提，否则也就不会确认董事和经理是代理人的身份），这在过去的历史社会条件下是适用的，因为当时的生产力水平不高，并没有出现当前世界市场上闲散资金众多的情况，对资本的"需求"远大于

"供给"，资本在所有的生产要素里面自然拥有最高的市场价格，也就拥有了统治地位，而与此相对的是"人力"不稀缺；但随着知识经济的不断发展，公司的"人力"要素在现代企业里的相对地位急剧上升，纯粹的财务资本的相对重要性下降，如今的现实是，不是"消极货币"即纯粹的公司财务资本的存在，才使实际控制权的所有者"有饭吃"，而是"积极货币"的握有者——实际控制权人，保证了公司的财务资本的保值、增值和扩张，即保证纯粹所有权人的利益。也就是说，资本相对于劳动而言不再"稀缺"，现实情况是"劳动雇佣资本"。并且根据著名经济学家张维迎教授的研究成果，让最重要的、最难监督的成员拥有所有权可以使剩余索取权和控制权达到最大程度的对应，从而带来的"外部性"最小，企业总价值最大。[①] 根据该成果，显然只有把"纯粹所有权人所有公司"变为"实际控制权人所有公司"，也就是在事实上承认和法律上确认人的劳动能力权才能符合这个要求。再加上"在现代社会中，劳动是个人拥有的最主要的生产要素，每个人的劳动质量和劳动数量都不同。个人所拥有的生产要素还包括资本和土地，这些都是过去积累的结果"，[②] 在公司增量利益的分配上，当然不能完全根据"过去积累的结果"来确定报酬，这是违背法律所追求的公平与效率价值的。因此，与之相联系的是，公司内部法律关系的设计，必须追求劳动效用原则和不损害既存利益原则，建立劳动力产权机制，创设投资者、管理者和生产者的经济法权利，以确立和维护各自所应享有的剩余，增进和深化人权保护来解决"内部人"控制问题，依靠法律制度实现公司效率的提高。

---

① 　高程德：《现代公司理论》，北京大学出版社 2000 年版，第 305 页。
② 　白群燕、段平利：《写给法律人的微观经济学》，法律出版社 2004 年版，第 161 页。

第四节 "内部人"控制行为的法律制度构想

一、"内部人"激励制度的设计

法律关系是在法律调整社会关系的过程中所形成的人们之间的权利义务关系。权利与义务是一切法律规范、法律部门，甚至整个法律体系的核心内容。法的运行和操作的整个过程和机制，无论其具体形态多么复杂，但终究不过是围绕权利和义务这两个核心内容和要素而展开的。法律权利是通过法律规定对法律关系主体可以自主决定作出某种行为的许可和保障手段。而义务是义务人必要行为的尺度或范围，是指人们必须履行一定作为或不作为之法律约束。所以从某种意义上来说，权利就是对行为人的行为资格的确认与激励，而义务则是对行为人的行为不得滥用权利的约束，即行为人在行使权利的同时不能侵犯他人的合法权益，不得越雷池一步，否则便需要承担相应的法律责任。

在社会实际生活中，人们的努力与回报之间总会存在或大或小的差距。这一现象的产生，主要是制度方面的原因，即制度是否对人的行为给予激励以及激励程度的大小。激励机制提供了社会整体意义上的创新条件与动力，而隐藏在动力背后的核心是人运用劳动能力创造物质财富与精神财富的积极性、创造性和潜能性的发挥，这主要需要依靠制度来激发和保证。具体到法律制度上来说就是发挥法的指引作用，包括确定性的指引，即通过规定法律义务，要求人们作出或抑制一定的行为；不确定的指引，即通过授予法律权利，给人们创造一种选择的机会。而且在市场经济条件下，应更加有意识地发挥法的不确定的指引功能，通过法律对激励制度的规定来赋予权利，保障主体追求现实利益的正当性，体现法的价值。

由于"内部人"控制公司具有必然性，即劳动力权人控制公司是市场选择的结果，所以在肯定财产权人的权利同时，也需要肯定对公司资产进行生产经营性运用并使之保值增值的劳动力权人的权利。制度设计包括两方面内容：一是肯定"内部人"的积极作用，即肯定对"内部人"劳动力权保护的重要性，需要既有实体法层面又有程序法层面的制度设计，主要是指激励制度；二是否定"内部人"的消极作用，即否定"内部人"对自身劳动力权的滥用，这也同样需要实体法层面和程序法层面上的制度设计，主要是指制衡机制。具体对于公司的"内部人"而言，激励是对实际控制权人的正面刺激，即通过给予足够的报酬使高级管理人员自愿付出全部努力，将其劳动能力发挥到最大，承认"内部人"控制行为对增量利益获得和实现所起的重要作用，确认"内部人"的剩余权和控制权，并获得相应报酬的权利，承担相关义务和责任，以达到激励提供者（主要是股东）的利益要求。激励体系的核心：一是对高级管理人员，主要是指"内部人"的激励应能够实现公司长远发展，有效地防止短期行为，以实现企业价值最大化的目标。二是从确认劳动力权的角度出发，加强对经理人员的激励，目前主要是要改变过去薪酬结构单一、剩余分享不足、分配不太合理，从而迫切期待激励的状况。可以考虑将年薪制、职务消费、奖金、股票和股票期权等几种形式结合起来，使个人收入和公司业绩建立规范的联系，建立有效的激励机制，充分调动"内部人"的工作积极性，维护其合法权益。三是确保"内部人"可诉的权利，因为并非所有"内部人"在得不到私益时都会损害公司其他参与者或者公司的利益，相反也会存在股东为个人私益而侵犯"内部人"合法权益的可能性，这同样也需要"内部人"的合法权利有程序法上的保障和救济。

为了成功地实现上述目标，作为激励制度必须在日益复杂的经营环境中最大化地利用公司的内部资源，实施有效的激励体系，并努力降低经营成本。从总体上说，需要遵循以下几个方面：

（一）确立"内部人"凭借自己所有的劳动力权来获得收益的权利

由于"内部人"掌握了实际控制权，公司增量利益的获得主要依靠"内部人"发挥内在的劳动能力以及有效组织公司的全体成员的劳动能力并使之形成最大化的结合劳动能力来实现。因此，既然"内部人"付出了努力和劳动，其便有获得收益的权利。事实上，股东的收益也主要依靠"内部人"所掌握的控制权，因此，传统意义的劳动力价格不符合激励机制的需求，需要寻求新的突破，把根据市场的劳动力价格转移到根据劳动力权来设计薪酬体系，以强化对"内部人"的激励。

（二）激励制度的设计需要有利于公司发展和经营目标的实现

高级管理人员尤其是"内部人"的激励体系必须能够加强和巩固有助于公司战略发展和组织目标实现的活动。过去的激励体系往往把股东所追求的公司发展和经营目标"强加"到"内部人"头上，试图通过一系列制度来追求共同目标的实现，把股东利益的价值增长作为衡量"内部人"能力及收益的依据，这显然没有把"内部人"的劳动能力考虑在内，而是如同普通工人那样，只是获得其劳动力价格，不符合"内部人"拥有劳动能力权，公司发展和目标的实现主要依靠各方发挥劳动能力的现实。需要在制度上把对"内部人"的认可和报酬与公司的关键成功因素——充分发挥劳动能力权紧密联系起来。此外，由于不同的公司有不同的情况，公司经营的内外环境处于不断变化之中，"天灾"与"人祸"对公司的发展和经营目标的实现起到不同的影响，所以还需要考虑到公司经营活动和管理环境的特殊本质，采取区别对待的方针。

（三）注重对公司内部信息传导的有效性考虑

信息是决策的依据，激励体系的设计与实施应直接并便于有效沟通，从而减弱由于信息不对称而造成的影响。对于一个组织来说，信息传输是否通畅对组织效率的提高有着重要影响。"内部人"问题之所以出现，其中一个重要原因便是纯粹所有权人与实际控制权人之间的信息不对称，导致监管的成本较高。因此对于公司来说，对实际控制权人的劳动能力发挥的"测量"也需要保证信息沟通的有效性和通畅性。激励体系需要构建起有效的信息支持系统，以便及时、经济、有效地收集到足够的信息，准确地测量高级经理人的绩效并实施有效的管理流程。

（四）争取实现最大化激励内部人，提升激励效果

设计激励机制时要提供富有竞争力的一揽子报酬体系，并根据相关绩效水平作出任免决策，实施按绩效取酬制，确定富有挑战性、但具有可实现性的目标，并使劳动力权人对自己的行为及结果负责。同时在严格按照彼此认可的合同（双方可以通过谈判协商）支付报酬以外，还应该以具有激励性的报酬形式支付绝大部分报酬，并在努力激励长期行为和短期行为之间求得平衡的前提下向长期行为倾斜，以杜绝"内部人"在掌握实际控制权情况下对公司经营管理过程中的短期行为，使得公司能够实现可持续发展。

（五）随时根据经理人市场的动态调整评价和激励体系

对于激励体系的设计，尤其是需要关注正在实施的激励体系是否能在"内部人"追求自身目标和公司价值最大化之间求得平衡。由于高级管理人员的个体差异的区别，需要根据个人不同情况设计特殊的激励制度，既有一般激励机制的共性，又有适合不同"内部人"的个性。一般而言，对主体的激励机制包括两个部分：物质激励（主要指物质报酬）和精神激励（主要指精神享受、声誉和社会地位等）。尽管大部分的主体有着相同的激励效用，但具体到某一主体时还是对于不同的激励方式有着不同的偏好，这就需要在激励制度的设计上达到共性与个性的统一，双方进行谈判博弈是个比较好的方式，以利于要求的实现。

（六）保障"内部人"当自身合法权益受侵害时可提起诉讼的权利

因为仅有所有权人控制"内部人"的制度设计，这仍然体现了物质资本——所有权的思想进路。同时，"内部人"也存在着积极奉献但纯粹所有权人为私益损害"内部人"利益，使其无法获得合理收益的可能性，所以在程序法上进行救济，保障"内部人"可诉的权利也是激励制度的重要内容。

二、"内部人"控制行为的制衡制度

构建企业内部控制体系是建立完善的法人治理结构的重要举措，是建立现代企业制度、深化企业改革的重要步骤。为达到内部控制的目标，内控体系的构建应对如下几个方面作出新的调整。

（一）对《公司法》的改进

对公司的治理结构进行法律制度设计，显然以《公司法》的规定为主，因此，要对"内部人"控制行为进行制衡，主要可以通过改进纯粹所有权人与实际控制权人间的关系来实现目的。

1. 对公司股东大会的职权改进

（1）应明确规定股东大会与经营管理层的职权界限。股东大会的权利应集中在听取报告权、质询权、选任、解任公司董事人事权和重大事项决议权（包括修改公司章程、公司分立、合并、解散和清算等）；而公司的经营、投资、发行公司债券、新股发行等具体控制权由董事会和经理层行使。

（2）应保障股东的质询权。股东质询既包括股东在股东大会上请求董事会或监事会对会议事项中的有关情况进行说明的权利，也包括股东对公司日常经营的质询。可以规定董事、经理包括监事都负有说明的义务，并就书面质询不得加以拒绝，如有违反者，鼓励可以以违反法律为由提起撤销之诉、无效之诉并追究其对公司或者股东的责任。

（3）对国有及国有控股公司，可以考虑建立职工持股会制度。职工持股会制度是指由公司内部员工出资认购本公司的股份，由具备法人资格的基层工会托管运作，工会代表员工进入股东会、董事会并按股份分享红利的股权形式。实行职工持股，有利于从财产关系上确立普通劳动者的地位，有利于优化公司的资本结构，也有利于建立普通劳动者和公司的利益共同体。职工持股会制度能使分散的职工股金通过持股会的形式运作，有助于职工参与公司治理的积极性，有助于公司进入科学的、良性的民主管理的轨道。

2. 对董事会法律制度的完善

（1）在股东大会与董事会的权利配置以及公司业务执行上以实际控制权人为主。董事会享有充分的经营管理决策权，除了法律和章程规定的属于股东大会行使的权利以外，公司的所有控制权归董事会和经理层所有，或者说是归实际控制权人所有。董事会的职权不适合采取现行的列举式规定，而应考虑采取概括式规定，或者可以根据股东会与董事会之间的协商来决定，体现公司自治的原则，从而具有更强的灵活性和不同公司情况的特殊性。董事会行使对董事和经理的监督权，一些重要的事项不得单由董事长或者董事决定，而是要通过大股东、经理和监事会共同决定。对于董事会对经理层人员的任命，虽然也可以规定由董事会成员兼任经理，但董事长不能兼任经理，同时允许规定由董事长以外的专职董事或经理在对外业务中代表公司，这些都可以体现在公司章程的规定上。

（2）在董事的产生程序及组成规则上，需要规定董事候选人的提名制。具体而言即规定达到一定数额股份的股东可以提名一名董事候选人，这样有利于中小股东有针对性地提出自己的候选人，而不是在大股东或董事会提名的董事候选人中被动地作出选择。对董事选任加以限制。控股机构向公司派出股权代表人依照选举程序进入董事会，控股机构的董事长、副董事长、执行董事职务的人数不得超过两名，且控股机构的管理人员不得兼任公司经理、财务主管和董事会秘书。对于董事的卸任，也同样应保护董事的合法权利，在无正当理由在其任期届满前解任时，该董事可请求公司对因解任产生的损害进行赔偿，也可依法提起诉讼。

（3）对于董事会的议事规则和董事的责任义务上应有更为具体的规定。①应规定董事会由董事长召集，董事长、1/3以上董事、独立董事、监事和经理层都可提议召开临时董事会议，若董事长拒绝召集，其他有权召集人可自行召集。②涉及关联交易的董事应负有及时向董事会披露事实的义务，对该交易表决事项予以回避，表决时不计入董事会法定人数，否则公司有权撤销该关联交易和安排。③公司须在公司章程中明确议事规则，凡经董事会决定的事项，必须在会议召开一星期以前通知全体董事，并提供足够的资料。④董事因故不能出席董事会，不得转让其表决权，可以书面委托其他董事代为出席，但其应独立承担责任。⑤对在表决中投弃权票或者未出席董事会也未委托他人代为出席的董事不得免除责任，若是因正当理由而导致该结果，则免除其责任。对在讨论中明确提出异议但在表决中未投反对票的董事也同样不能免除责任。⑥在规定董事的忠实义务的同时，也应规定董事的善良管理义务。在强调董事对公司"足够"忠诚的前提下，也需要注重董事的"职业技能"，即董事的劳动能力强弱。⑦完善董事的个人责任。世界上大多数国家都对董事的个人责任作了较为详细的规定，不但规定了董事对公司的责任（内部责任），还规定了董事对第三人的责任（外部责任），要求董事在违反法律和公司章程或者由于过错给第三人造成损害时，应与公司一起对第三人承担连带赔偿责任。① ⑧设立董事问责制度。为保证董事会决策的科学性和效率，保证董事以忠实、勤勉和注意义务履行职责，可以探索一些新的方式，比如设立监事会执行董事问责制度，或者设立股东对董事会的集体问责制度，等等。

（4）加快建立具体的独立董事制度。独立董事是指独立于公司且不在公司内部任职的非执行董事。其与公司或公司人员没有经济的或家庭的密切关系。独立董事制度是指在公司董事会中引入相当数量和比例的独立董事，承担公司的经营决策、财务审计，监督内部人，防止合谋行为等职能。具体而言，独立董事除了具有普通董事的职能外，还可以包括：主持或参与董事会工作；提出经理人员的候选人；评价董事会和经理人员的业绩；提出董事、经理的报酬方案；公司关联交易必须由独立董事签字后才能生效；两名独立董事可提议召开临时股东会，独立董事可直接向股东会、证监会和其他相关机构报告；对董事会决议的公平性发表建议等。独立董

---

① 刘立民："完善我国公司治理结构法律制度的对策与建议"，载《行政与法》2003年第55期，第60页。

可以不受任何利益的限制而公平对待全体股东、董事和经理人员，可以做到维护全体股东和整个社会的利益。独立董事应是具有一定经营管理、法律、财务或某技术领域的专业人员，并确保有足够的时间和精力履行职责。同时须建立合理的独立董事提名、选任和卸任程序，可以考虑与董事选举的方式一样，兼顾大股东和中小股东的意见和利益，确保独立董事能够公平对待全体股东的利益，并"通过建立独立董事民事赔偿机制和职业保险制度，来保证独立董事行使权力和义务，以此有效监督公司对外信息披露情况，提高上市公司信息的透明度"。①

3. 对"内部人"控制的约束制度的完善

（1）尝试实行公司内部的担保制度。可以要求高级管理人员、人力资本投入者，尤其是内部人实行担保，或者进行人力资本回购，以实现权利与义务相统一，并体现公平。当股东把物质资本投入公司后，其就远离了自己的所有物，失去了直接控制权。而人力资本投入者则不同，其劳动能力一直控制在自己的"手里"，这就为高级管理人员侵犯股东权益创造了条件。如果公司利益遭到损失，人力资本投入者尤其是高级管理人员可以凭借自身较强的劳动能力重新获得利益，而把沉淀成本交给了股东，因此这就要求人力资本投入者对其价值进行回购，或者依据谁经营谁担保的原则，提高其失败成本。

（2）适当缩小"内部人"职权，强化"内部人"的责任与义务。在加强董事会独立性的前提下，放弃经理职权法定的立法模式，改由董事会根据公司规模、经营机构的设置、股东和董事会控制公司能力等实际情况在委任合同中灵活规定，达到双方在共同较好发挥作用基础上的制衡。在列举式的强调经理等"内部人"、"忠实义务"的同时，对"忠实义务"加以总括式的说明，尤其加强对"内部人"因故意或重大过失而导致公司、股东及利益相关

---

① 谭爱强："完善我国上市公司治理结构的思考"，载《经济师》2005 年第 5 期，第 136 页。

人损失时的个人责任的追求，如对"内部人"在职权范围内的行为造成公司违法减资、导致公司和债权人损失时，有故意或重大过失的"内部人"个人必须承担赔偿责任等。

（3）在公司内外部环境中共同营造"企业家"文化。作为社会精英的高级管理人员，尤其是"内部人"拥有公司的实际控制权应当有超越一般劳动者的觉悟和追求，因此，强化对"内部人"约束不仅是一个制度构建或重整的过程，更是一个文化与人格的重塑过程。"我们在大力推进经济发展和制度完善的同时，要有意识地创造条件，缔造企业家文化，培养商场的'文化人'。随着企业家人格和企业精神的提升，就会逐步超越单纯的个体动机和外驱依赖，是个人和企业进入一个新的可持续发展的新境界。"[1]

4. 对监事制度的加强和优化

（1）设立外部监事制度，并明确规定外部监事在监事会中的比例。在外部监事的任职资格上，除了考虑相关专业背景知识、社会阅历和社会地位外，同样应着重考虑其是否能够切实有效的履行监督职责，因为只有让监事真正参与到公司治理之中，包括内部监事和外部监事，才能更好地发挥监事在公司治理结构中的作用，才能真正对"内部人"进行有效监督，而且通过加大外部监事在监事会中的比例有利于保证监事会的独立性。

（2）在公司中可以考虑设立审计委员会。在监事会下设大部分由独立董事组成的审计委员会，配合监事会履行监督职能。审计委员会的主要职能应为日常的财务监督和风险控制。审计委员会应将在行使职权的过程中发现的问题及时通报给监事会，审计委员会与监事会是一种相互配合的关系，同时审计委员会也应吸纳外部审计师参加，以保证其监督作用的独立发挥。

（二）其他辅助措施的补充

"内部人"控制是一个长期复杂的过程，牵涉到多方面的利

---

① 赵伟："从结构到文化：经理人的激励与约束"，载李维安：《公司治理理论与实务前沿》，中国财政经济出版社2003年版，第73页。

益，需要通过公司的内外环境共同努力才能起到互相弥补的作用，所以，其他相关措施的配套设置必不可少。

1. 大力发展与公司治理相关的机构投资者

发展积极参与公司治理的机构投资者，是完善公司治理、保护中小投资者利益的有效途径。我国应在规范现有证券投资基金公司的同时，尽快发展多种类型、多种所有制的机构投资者。也可以让银行、保险公司等其他金融公司作为公司（尤其是上市公司）股东参与公司治理，发挥他们的治理功能。特别是要大力发展养老基金和保险基金投资者，实现投资结构的多元化；要通过政策特别是法律制度的调整，改变机构投资者参与公司治理的成本收益严重不对称，提高其参与治理的积极性；要积极稳妥地引进合格的境外机构投资者，不仅仅只限于国有银行改革领域，充分发挥其在我国公司治理中的作用。同时还可以增加我国股票市场的资金供应，加快我国股票市场对外开放的步伐。

2. 建立健全外部控制权市场和职业经理人市场

外部控制权市场是一种非常关键、有效的外部治理机制，是防止管理层损害股东利益的有效"武器"，是控制管理层最有效的方法之一。建立健全外部控制权市场，可以通过兼并和收购来加强对董事会成员、高级管理人员的约束。因为公司一旦经营管理不善，公司效益必将下降，在一个有效的市场上，必然表现为股票价格的不断跌落，当股价跌到一定程度时，公司就可能被收购，这样董事会和高层管理人员也将面临被替代的威胁。同样，职业经理人市场的建立，不仅会促使优秀的管理人员能够人尽其才，还会对某些管理人员的"非法"行为起到约束作用。

3. 针对上市公司，通过完善证券分析业将起到重要作用

面对我国证券分析行业从业人员专业素质不高等现实问题，我国应尽快建立证券分析师法律制度。其应从以下几个方面着手：强化证券分析师的独立性。应尽量使证券分析师与投资银行、公司管理层在证券分析报告、业务上绝对隔离，证券公司在确定分析师报酬标准时不应与投资银行交易、经纪业务收入或资产管理费挂钩；

强化证券分析师的信息披露制度。应对证券分析师与被分析的上市公司的债务关系、投资关系、个人持股情况及薪金情况作充分的信息披露；建立完备的证券分析责任制度与证券欺诈处罚制度，加强对证券行业的监管，在外部环境上对"内部人"控制行为加以约束。

（三）构建"内部人"控制行为制衡制度的合作目的

由于公司是一个具有明显合作性的组织，公司经营目标的实现需要依靠公司各成员的通力合作，因此，对"内部人"进行制衡的目的并不是单纯为了对"内部人"进行限制，而是为了更好地为成员间的合作构建制度体系，充分发挥各成员的积极性。按照博弈论的观点，博弈的双方只有进行合作才能避免出现"囚犯困境"，从而实现各自利益的最大化。从法律制度上构建"内部人"的制衡机制，把"内部人"纳入到合作的轨道上来，在法律允许的范围内开展"内部人"控制行为，以"内部人"控制行为来达到共赢的目的，是法律构建"内部人"控制行为制衡制度的终极目的所在。

第五节　结　　语

著名经济史学家诺斯和托马斯在《西方世界的兴起》一书中对西方国家的经济史进行了考察，得出了一个重要的结论："有效率的经济组织是经济增长的关键。"[①] 一直以来，人类从事经济活动的组织形式不断地深化和进化，直至形成当前以公司制为主的企业组织形式，公司被认为是最适应现代社会生产方式、生产规模和市场经济发展要求而存在的典型现代企业组织形式。在市场经济国家中，公司已成为占绝对优势的企业组织形式，在我们国家也不例

---

① ［美］道格拉斯·诺斯、罗伯特·托马斯著，厉以平等译：《西方世界的兴起》，华夏出版社1988年版，第1页。

外，"公司制度是决定公司效率，从而影响宏观经济增长的深层次原因"。[①] 对公司制度进行研究，有利于我国国有企业建立现代企业制度，有利于我国上市公司、民营企业的发展，有利于我国借鉴国外的先进经验建立符合中国国情的公司治理结构，也有利于提出中国的公司治理理论，并为国际公司治理理论的发展尽一份绵薄之力。

"在现代市场经济条件下，公司的变革与发展和公司制度（公司法）的变革与发展更为密切地联系在一起：公司的发展更多地受制于公司制度（公司法）的水平，需要更为合理的和良好适应性的公司制度（公司法）；公司制度（公司立法）必须适应公司发展的现实要求，体现出制度（法律）发展与经济、社会发展的协调。"[②] 作为现代公司制所有权与经营权相分离的必然产物的"内部人"控制，在提升公司效率的同时，若脱离公司治理结构的制衡机制，将无可避免地给公司的发展带来负效应。传统的公司相关法学理论一般建立在私法领域，也就是所有权领域，强调对股东利益的维护。但在新时期强化竞争的背景下，劳动力尤其是高级劳动力已经成为稀缺资源，所有权的维护需要建立在发挥劳动力权的基础之上，公司治理结构理论及实践的发展需要统一到劳动力权的层面上来，这也是通过法律制度构筑公司治理结构新机制的立足点。依靠建立股东、董事、高级管理人员和监事的优良的权利与义务体系，以尽量发挥"内部人"控制行为的正效应，强化公司参与者相辅相成的合作效应，为最终解决"内部人"控制问题开辟一条新的出路。

---

① 黄明：《公司制度分析：从产权结构和代理关系两方面的考察》，中国财政经济出版社 1997 年版，序言。

② 李建伟：《公司制度、公司治理与公司管理——法律在公司管理中的地位与作用》，人民法院出版社 2005 年版，第 3 页。

第六章
一人公司债权人利益保护制度

经济的发展推动着公司法律制度的发展。随着个人资本的积聚、高科技的发展以及企业集团、跨国公司拓展的需要，诱发了挑战传统公司理论的一人公司制度。一人公司制度自 20 世纪初由列支敦士登率先立法承认至今，已被英、美、德、法、日等数十国先后立法承认，[①] 仗其特有的优势得以成为经济发达国家公司立法的重点，但同时也成为各国立法的难点。综观各国立法研究，一人公司作为一种新型的公司法人形式所表现出来的有限责任与社会责任的冲突和一人公司与传统公司的产权制度及治理结构的冲突长久以来就是各国立法研究的重点，而涉及这种冲突的一人公司债权人利益保护制度即是一人公司立法的核心制度。

我国现阶段经济已经达到了一个新的水平。社会经济现状召唤我国必须突破在一人公司立法上徘徊的境况，在新的世纪应当迈出坚定而扎实的一步。2006 年 1 月 1 日，一人公司正式登上了中国法制的舞台。至此，一人公司立法的健全成为了中国亟待解决的问题。然而，一人公司立法远不是修改几条公司法规就可完成的任

---

① 王保树、崔勤之：《中国公司法》，中国工人出版社 1995 年版，第 135 页。

务，它是一项全面而复杂的系统工程，尤其是"有限责任维持和债权人利益保护"这一课题不仅在百年来困扰着国外公司立法，它也将成为我国一人公司立法的软肋。

第一节　我国一人公司债权人利益保护制度现状的反思

一、现有制度对一人公司债权人利益保护的缺陷

有限责任是一人公司的一个基本属性，也是现代公司的一个基本属性，它有效地控制了投资者的投资风险，保护了投资者的利益，极大地促进了投资者的投资欲望，因此，西方的学者们赞誉它对社会经济发展所起到的贡献超过了蒸汽机和电，是现代社会最伟大的发明之一。然而，有限责任制度对社会经济发展而言实实在在又是一柄双刃剑，其在对公司股东进行全面防护的同时，又可能由于股东优势地位的滥用而成为刺向公司债权人心脏的利剑，从根本上断绝了债权人进一步求偿的可能，破坏整个社会交易秩序的稳定。故而各国公司法立法或执行者在理论研讨中和实践运行中提出了一整套的制度来完善对债权人的保护，

在研究一人公司债权人利益保护制度时，首先应当将视角聚焦到现有公司法对债权人利益保护制度上来。从宏观上看，既有制度几乎存在于整个法律体系中，为了研究的方便，可以尝试着为之划分种类，尽管这样的分类仅仅是偏重于某一方面，不可谓全面：一种是适用于公司成立和营运过程中，重心在于加强对公司设立和营运的监控，属于事前预防，称之为事先保护制度。另一类适用于事后补救，其实现情况对公司经营效果密切相关，称之为事后保护制度。

事先保护制度主要体现在公司法的规定上，同时合同法、民法也有个别规定：（1）公司资本制度，主要指资本三原则。（2）资

金营运规制，通过限制公司资金的非经营目的用途以确保公司资产不会因违背营运宗旨行为而减少。（3）公司设立和营运过程中法定公司重大事项公示以维护交易安全。（4）越权行为规则，即高级管理人员越权行为或公司超越普通经营范围行为有效。（5）债权人的代位权与撤销权制度。（6）我国并未全面实施公司人格否认制度，但在涉及资本不充实或人格混同等情况下，相关法律或解释有相关规定。（7）破产程序中的债权人会议制度。①

通过对公司法条款的分析可以概括出事后保护制度具有以下内容：（1）公司减少注册资本时，公司合并前，公司分立前，债权人有权要求提前偿债或者提供担保制度。《公司法》第178条第2款规定："公司应当自作出减少注册资本决议之日起十日内通知债权人，并于三十日内在报纸上公告。债权人自接到通知书之日起三十日内，未接到通知书的自公告之日起四十五日内，有权要求公司清偿债务或者提供相应的担保。"《公司法》第174规定："公司合并，应当由合并各方签订合并协议，并编制资产负债表及财产清单。公司应当自作出合并决议之日起十日内通知债权人，并于三十日内在报纸上公告。债权人自接到通知书之日起三十日内，未接到通知书的自公告之日起四十五日内，可以要求公司清偿债务或者提供相应的担保。"《公司法》第176条规定："公司分立，其财产作相应的分割。公司分立，应当编制资产负债表及财产清单。公司应当自作出分立决议之日起十日内通知债权人，并于三十日内在报纸上公告。"这其中也包含债务未到清偿期，债权人有权要求公司予以清偿或提供相应的担保的含义。该制度有助于在进行重大事项变更前维护债务人现有财务状况，债权人可以依法在公司注册资本发生重大变化前采取有效的方式维护自身债权的安全。（2）确保公司资金处分合乎公司营运目标，具有效率，预防公司财务状况恶化的制度。《公司法》第149条规定："董事、高级管理人员不得有

---

① 这是破产程序中的一个制度，与国外法上的债务和解制度、公司重整制度存在一定差别。

下列行为：（一）挪用公司资金；（二）将公司资金以其个人名义或者以其他个人名义开立账户存储；（三）违反公司章程的规定，未经股东会、股东大会或者董事会同意，将公司资金借贷给他人或者以公司财产为他人提供担保；（四）违反公司章程的规定或者未经股东会、股东大会同意，与本公司订立合同或者进行交易；（五）未经股东会或者股东大会同意，利用职务便利为自己或者他人谋取属于公司的商业机会，自营或者为他人经营与所任职公司同类的业务；（六）接受他人与公司交易的佣金归为己有……"上述规定有利于防止公司资产基于非正常营运的情形而缺损，保障公司债权人的债务如期和最大化实现。（3）充实公司资本，保障公司发展壮大，设置公积金制度。《公司法》第168条规定："股份有限公司以超过股票票面金额的发行价格发行股份所得的溢价款以及国务院财政部门规定列入资本公积金的其他收入，应当列为公司资本公积金。"第169条规定："公司的公积金用于弥补公司的亏损、扩大公司生产经营或者转为增加公司资本。但是，资本公积金不得用于弥补公司的亏损。法定公积金转为资本时，所留存的该项公积金不得少于转增前公司注册资本的百分之二十五。"这一方面有利于公司发展，另一方面无疑有力地保障了公司债权人的债权实现。（4）公司破产，债权人优先于股东获得公司财产的分配。《公司法》第187条第2款规定："公司财产在分别支付清算费用、职工的工资、社会保险费用和法定补偿金，缴纳所欠税款，清偿公司债务后的剩余财产，有限责任公司按照股东的出资比例分配，股份有限公司按照股东持有的股份比例分配。"该条款及其他条款规定公司债权人在公司破产时较股东而言有优先受偿权，可避免股东先行瓜分公司优良资产，使公司债权人权利实现风险尽可能降低，保护了公司债权人的合法权益。（5）公司债权人定时请求公司还本付息，优先于公司股东享受公司盈利分配的制度。《公司法》第154条规定，"本法所称公司债券，是指公司依照法定程序发行、约定在一定期限还本付息的有价证券"。第187条规定，"清算组在清理公司财产、编制资产负债表和财产清单后，应当制订清算方案，并报股东会、股东大会或者人民法院确认。公司财产在分别支付清算费用、职工的工资、社会保险费用和法定补偿金，缴纳所欠税款，清偿公司债务后的剩余财产，有限责任公司按照股东的出资比例分配，股份有限公司按照股东持有的股份比例分配。清算期间，公司存续，但不得开展与清算无关的经营活动。公司财产在未依照前款规定清偿前，不得分配给股东"。（6）债券持有人对可转换公司债券是否转换拥有选择权。《公司法》第163条规定："发行可转换为股票的公司债券的，公司应当按照其转换办法向债券持有人换发股票，但债券持有人对转换股票或者不转换股票有选择权。"正因为公司债权人有此选择权，他可以根据公司经营实际情况依照相关规定自由决定是否将其持有的公司债券转换为股票，使得债权依债权人思量处于最大保护境地。（7）为发展公司或选择与公司适当之营业，允许公司依法持有自有股份制度。营业中，公司为了自身更好发展，在必要时应持有自己股份或改变营业，这对于债权人利益的保护同样具有现实意义。有鉴于此，法律有条件的允许公司取得自有股份就显得十分必要。《公司法》第143条规定，"公司不得收购本公司股份。但是，有下列情形之一的除外：（一）减少公司注册资本；（二）与持有本公司股份的其他公司合并；（三）将股份奖励给本公司职工；（四）股东因对股东大会作出的公司合并、分立决议持异议，要求公司收购其股份的。公司因前款第（一）项至第（三）项的原因收购本公司股份的，应当经股东大会决议。公司依照前款规定收购本公司股份后，属于第（一）项情形的，应当自收购之日起十日内注销；属于第（二）项、第（四）项情形的，应当在六个月内转让或者注销"。（8）一人公司个人财产连带责任。《公司法》第64条规定："一人有限责任公司的股东不能证明公司财产独立于股东自己财产的，应当对公司债务承担连带责任。"（9）债权人要求公司提供担保制度。包括保证、抵押、质押、留置与定金制度，主要规定在《担保法》中。（10）民事责任制度。主要指违约责任和侵权责任，《民法通则》

与《合同法》等均有规定。①

事实证明，上述制度对传统公司来说功效尽管不尽完美，但作用毋庸置疑。那么它对一人公司债权人利益保护的功用如何？我们细加分析就会发现：由于经济的发展，传统公司规模和公司资本宗旨发生了较大变动，而一人公司产权模式和资本宗旨与传统公司有很大不同，故无论是事先保护制度中的第（1）、（2）项，还是事后保护制度中的第（1）、（3）项，均不能满足一人公司债权人利益保护的需要；而且，依现有公司法规定，在一人公司组织与经营管理中，惟一股东相对于一人公司债权人来说居于完全有利的法律地位：惟一股东对公司具有绝对控制权，决定着公司营运方向和价值取向，而一人公司债权人被完全封闭在公司营运之外；惟一股东操纵一人公司，滥用公司法人人格，利用一人公司从事不正当营业、侵权或逃避债务以致公司不能履行公司责任时，惟一股东仅以其出资额为限承担有限责任，而无辜的债权人则被迫承担不利风险。② 因此，事先保护制度中的第（3）、（4）项和事后保护制度中的第（2）、（7）、（8）项在一人公司独特的治理结构中作用也很难发挥。进而言之，对一人公司来说，由于股东单一化，多数股东之间相互监督和公司内部不同机构的相互制衡不复存在，出于对个体利益无止境的追求，惟一股东在无制约的情况下极可能滥用权利。因此，在有限责任的庇护下，如果仅仅依据传统公司法理论所构架的上述制度体系来保护一人公司债权人或利益相关人的利益，那么公司债权人或相对人的利益必将极度失衡，势必损害债权人利益并危及正常的社会经济秩序，并最终损害一人公司制度本身得以存在的社会基础。于是可以这样认为一人公司制度建立的基石应是一人公司"特有"制度的强化，其核心在于债权人利益的制度保

---

① 观点（8）、（9）参见李建伟：《国有独资公司前沿问题研究》，法律出版社2002年版，第285页。

② 此观点借鉴于李建伟：《国有独资公司前沿问题研究》，法律出版社2002年版，第283页。

护。现有制度不能满足对一人公司债权人利益保护的需求，一人公司债权人利益保护机制的重构与完善是一人公司得到社会首肯和立法确认的瓶颈，此口不突破，我国一人公司立法完善无期。

二、公司法中一人公司债权人利益保护制度的评析

面对现有债权人利益保护制度对一人公司债权人利益保护的尴尬境地，我国依然将一人公司立法纳入到了立法议事日程。2003年3月"两会"期间，全国政协委员、上海市工商联合会会长任文燕提出"设立一人公司"的议案，2005年10月27日第十届全国人民代表大会常务委员会第十八次会议在修订的《公司法》中确立了一人公司制度，自2006年1月1日起该修订案施行。经查，《公司法》中对一人公司和国有独资公司的特别规制仅有14条。[①]而社会各界对于修订后的公司法中有关确立一人公司的内容评价各异。从总体看来，一人公司的确立势必对我国经济发展与社会进步起到促进作用。[②] 然而，更多的人士认为：一人公司的确立不单纯是法律上对其概念的承认，更重要的是制度上的健全。[③] 该文的肯定者、怀疑者和不乐观者都旗帜鲜明的指出：一人公司制度建立的关键在于是否有合乎法理的制度保障。

反观修订后的《中华人民共和国公司法》，其依传统公司法原

---

① 参见修订后的《中华人民共和国公司法》第 55 条、第 58 条、第 59 条、第 60 条、第 61 条、第 62 条、第 63 条、第 64 条、第 65 条、第 67 条、第 68 条、第 69 条、第 70 条、第 71 条。

② 具体包括：1. 降低了投资创业门槛。2. 规避个人投资创业风险，鼓励个人投资创业。3. 简化了注册登记程序。4. 鼓励科技发明和创新，进一步尊重知识产权的价值。5. 缓解严重的就业压力。6. 从长远来看，有助于整个社会信用的提升。7. 壮大一个中间阶层，奠定市民社会的坚定基石。

③ 张沁、罗根达、张明亮："《公司法》研究中心：公司法修改专家意见综述（一）"，载《经法网》2004 年 6 月 28 日。

理，从公司设立阶段、① 公司营运阶段、② 公司破产、解散和清算时③对一人公司债权人利益保护制度都进行了普遍性规定。

然而，由于一人公司股东控制权高度集中，惟一股东的权力在公司内部失去了外在因素的制约，一人公司很容易被惟一股东利用而成为规避法律义务的外壳，这种情形也容易导致有限责任的滥用，使惟一股东与一人公司的人格界限难以划清，并人为地造成了法律适用上的障碍，使得《公司法》中许多不同利益体间相互制衡的行为规则无从适用，原有的公司治理结构功效很难充分发挥，最为严重的是一人公司债权人利益难以得到有效维护，这将成为一人公司生存和发展的致命伤。因此，现代西方公司法一方面允许设立一人公司，另一方面又通过建立特有原则和制度来弥补一人公司可能导致的不良后果。正如一位学者所言：一人公司的实体是财产，而不是社团。法律及其章程规定的社团性的前提，作为原则，应该对其停止适用。④ 缘于此，一人公司股东在权利享有、治理结构、资本运营、财务制度等方面具有独特之处，而上述规定是基于传统公司社团性所设计的普遍性的规定，普遍性的规定必然不能解决特殊的问题，这无疑对一人公司制度的立法带来了阻碍，对一人公司发展埋下了隐患，故立法理应针对一人公司的特点采取有效的规制手段。退而言之，即使能够借鉴上述可行的规制措施，但这些规定的立法理念也是建立在传统公司的有限责任立法理念的基础之上，没有对一人公司的特性进行深入的探析，也没对一人公司进行全面和系统的规定，恐有失对一人公司定位及未来发展的全面应对，因此说，公司法修改稿有关一人公司制度的规定存在缺陷。

由上可见，我国现有法律对公司债权人利益保护的规制实为一

---

① 2004 年 7 月 5 日《中华人民共和国公司法》（修改草案）第 21 条、第 22 条、第 23 条、第 24 条、第 25 条、第 26 条、第 27 条、第 29 条。

② 2004 年 7 月 5 日《中华人民共和国公司法》（修改草案）第 186 条。

③ 同上，第 189 条、第 195 条。

④ ［日］西协敏男："一人公司与有限责任"，载《中央学院大学论丛》（第 11 卷），第 288～289 页。

个制度体系，受公司法、民法、民事诉讼法、合同法、破产法、担保法等多个部门法的调整，无论是事先保护，还是事后保护，都对保护公司债权人具有重要的意义。但不容忽视的是：传统公司的法人治理结构是以公司股东多元为基础确立的，其法律价值在于调整公司内部多元股东的利益关系。而当公司股东为一人时，公司内部股东不存在利益关系的冲突，监督与制衡，无法对惟一股东的行为进行有效的控制，一人公司法人治理结构有形同虚设的可能。而一旦公司治理结构失灵，债权人必将承受极大的债权控制与回收风险，即使公司债权人在公司濒临破产清算时享有有限受偿权及其他种种优惠，但在如此境地，其享有的权益常常得不到有效的物资保障。这样，就迫使我们不得不脱离补救性保护的思路，对一人公司债权人利益保护制度从另一个途径进行思考。故我们赞成：真正能够有效保护公司债权人的合法权益的制度，应是在公司日常经营过程中，公司债权人对公司经营的制约制度。① 因此，应该可以这么说，传统公司债权人利益保护制度的思路给了很多基础性的和适用的启示，但不能用既有的、建立在传统公司理论上的债权人利益保护制度去规制一人公司债权人利益的保护。有鉴于此，不应对一人公司债权人利益保护的整个体系进行研究，而是应把重心放在事先保护制度，即日常经营过程中债权人利益保护制度研究方面，同时也兼顾部分重要的事后保护措施。此时，有了这样一个思想：基于一人公司的资产构成和利益关系的特殊性，构建一人公司债权人利益保护制度体系时应当存在一个特有指导原则。而这样一个指导原则为何，这是在全面构建一人公司债权人利益保护制度时首先需要研究的问题。

---

① 李静冰："论公司资产的特殊性及其投资者权益保护"，载《中国法学》1995年第3期，第41页。

第二节　构建一人公司债权人利益
保护制度的法理解析

初看公司债权人利益保护制度，内容纷繁细琐，众多条款涉及公司从成立到终止的全过程，似乎凌乱错综。然而公司债权人利益保护制度并非是缺乏理论指导的技术条款的堆砌，而是存在内在的规律性。公司债权人利益保护制度的定性、定位和功能凸显着所有制度设计的追求，安全和发展是公司债权人利益保护制度所企求达致的精神意境。现代公司法的重要作用之一是为公司法上的利益主体提供法律上的保护。而一人公司债权人权益保护是一个复杂的系统性的重大工程，如果指导思想不正确，构架不好，必将对一人公司的发展产生根本性的影响，甚至将存在着一人公司本身破产的可能性。因此，在构架一人公司债权人利益保护制度之前，有必要对一人公司债权人利益保护的理论问题进行深入的探讨，寻求其理论内核，奠定其规制原则。

一、一人公司债权人利益保护的法理基础

传统公司法理念可以概括为以公司营利为本，以股东利益为重。① 这种现象根源于古典经济学派所构建的无缺陷、完全竞争性市场经济的理论之上。鼓励投资者办公司，确立营利为本，强调股东利益保护就成为了公司存在的目标。

一人公司作为一种新兴的公司制度，一方面它继承了传统公司最有价值的内核——有限责任；另一方面，它所独具的股东惟一性决定了其必将对股东利益进行无限追逐，使得一人公司极有可能突

---

① 刘俊海："强化公司的社会责任——建立我国现代企业制度的一项重要内容"，载王保树主编：《商事法论集》（第2卷），法律出版社1997年版，第62~74页。

破传统公司所依赖的利益制衡机制，三权分立的治理结构也将失去其特有的制约功效。同时，由于一人公司人格独立和股东有限责任制度在观念和制度上的绝对化，可能使得一人公司从产生那天起，一方面成为了社会经济发展的强有力的催化剂，极大地提高了社会经济效益，但另一方面，它甚至会以牺牲一定的社会正义为代价换取其经济目的的实现，即通过增加债权人的风险，减弱债权人的优势地位来相应降低投资人的风险。这种缺陷主要表现在以下几个方面：首先，对债权人有失公平。有限责任制度将惟一股东意识到的投资风险限制在其出资范围内，并可能将其中一部分转嫁给一人公司外部的债权人，使惟一股东享有的权利与承担的风险失去均衡。债权人作为一人公司重要的外部利害关系人，通常无权介入公司内部的管理过程，甚至可能对公司内部管理一无所知，缺乏保护自己的积极手段。这势必对债权人有失公平。其次，为惟一股东谋取法外利益创造机会。惟一股东可能迫使一人公司从事有利于自己的不正当交易，致使公司债权人蒙受经济损失。最后，为恶意侵权提供了规避条件。任何不特定的当事人均可能因一人公司的侵权行为而成为非自愿债权人，他们在与一人公司的"交易"中缺乏保护自己的积极措施，有限责任制度常常使受害人得不到足额赔偿，外化了一部分因一人公司的冒险行为造成的损失，而一人公司及其惟一股东从中受益，却将损失转嫁给非自愿债权人，使风险与利益相一致的法律原则遭到破坏。于是，一位经济学者针对传统公司中这样一种对自由原则滥用的情况，结合传统公司理论所提及的公司两大基石：有限责任、开办公司的基本权利，又提出了公司的第三大基石：自由以及自由所产生的一个变形了的后果——社会责任。① 并据此提出公司社会责任理论，要求公司不能仅以最大限度地为股东的营利或赚钱作为自己的惟一存在目的，而应当最大限度地增进股东利益之外的其他所有社会利益。这种社会利益包括雇员利益、消

---

① ［英］伊凡·亚历山大：《真正的资本主义》，新华出版社2000年版，第102页。

费者利益、债权人利益、中小竞争者利益、当地社区利益、环境利益、社会弱者利益及整个社会公共利益等内容。[1] 利益相关者共同治理公司，成为公司治理结构的主流看法，[2] 这也为一人公司的规制提供了有益的思路。那就是，一人公司法人治理结构中必须注重利益相关者的参与和相应的外界监督，以确实保护利益相关者的利益。这种体现多边治理理论的利益相关者参与制度正日益得到认同与重视。[3] 这其中债权人利益是最直接的、又影响最广泛的利益。可以看出，一人公司债权人利益的保护是一人公司强化社会责任的主要内容之一，在当今可谓"公司经济"的社会里，一人公司债权人利益保护制度的确立，可以解决一人公司经济力量壮大所带来的许多社会问题，有利于社会和经济秩序的稳定。

二、一人公司债权人利益保护制度需全面构架的理论分析

现代企业制度主要包括产权制度和治理结构两个方面，产权制度与治理制度并非完全独立，互不相干，而是相辅相成的两个范畴。从法理上说，公司法人是公司资本的人格代表，是以公司资本的存在与营运作为物质前提的。事实上，公司资本营运过程反映了人与人之间依托于资本之上的往来关系。资本离开了人的活动就不能自动运转，所以公司必须有健全的组织机构，否则，公司中的各个利益主体就无法运转，公司法人就不能存活，这就决定了公司法人治理结构在公司制度中处于中心位置。同时也不难看出，公司法人治理结构是法人产权制度在公司内部关系的具体化。广义地讲，它涉及公司出资人与经营者以及全体员工等各个利益主体之间的关

---

① 刘俊海："公司的社会责任"，载王保树主编：《商事法专题研究文库》，法律出版社 1999 年版，第 6~7 页。

② 马俊驹、聂德宗："公司法人治理结构的比较与重构"，载王保树主编：《商事法论集》，法律出版社 2000 年版，第 144~146 页。

③ 马俊驹、聂德宗："公司法人治理结构的比较与重构"，载王保树主编：《商事法论集》，法律出版社 2000 年版，第 141~173 页。

系，涉及公司内部的所有组织制度、管理制度、激励制度和监督制度等。现代企业制度的核心是法人产权制度，某种意义上可以说，一个公司有什么样的产权结构，就决定了它会有什么样的法人治理结构。法人治理结构必须与法人产权制度相适应，这就是法人治理结构建设中的一个最基本原则。概括起来讲，可以认为现代企业制度有两大最基本的特征，即产权结构的多元化和公司治理结构的法人性（独立性），而产权结构的多元化构成了公司治理结构的法人性的基础。或者说，在产权问题与公司治理结构的两者关系中，产权问题是起基础和决定作用的。近四百年的公司演变史及现行公司制度实践无不证实了这一点。①

传统的公司组织结构模式是在三权分立，分权制衡的政治思想的影响下产生的，股东会、董事会和监事会三种机构相互制衡，相互监督，组成了普通的有限责任公司和股份有限公司的核心系统。股东会成为公司的决策机关，董事会成为公司的执行机关，监事会成为了公司的监督机关，由此实现股东"投资与经营"的分离。而且，公司法理念固守社团性也是基于"股东中心主义"，谋求复数股东间相互制衡的功能。反过来，三权分立又能较好的平衡公司股东与公司债权人之间的利益关系。归根到底，公司的机关运作及权限分配的法律逻辑是从满足股东有限责任的需要出发，通过"投资与经营分离"的模式实行对公司财产客观性、中立性的运营和维持三大机构之间的相互牵制，最终均衡的实现全体股东、公司债权人以及作为社会性存在的企业自体等所有利害关系人的利益。②

这一点也正是审视一人公司法人制度的起点。在一人公司情况下，应当看到，一人公司的产权结构和传统公司的产权结构是有本

---

① 梅慎实：《现代公司机关权力构造论（修订本）》，中国政法大学出版社2001年版，第572页；叶祥松：《国有公司产权关系和治理结构》，经济管理出版社2000年版，第198页。

② 吴日焕译：《韩国公司法》，中国政法大学出版社2000年版，第338页。

质的区别：一人公司的出资单一，其全部出资来自单独股东；而传统公司源于对公司的社团化理论的考虑，呈现出资多元化的表象，其出资来自多数股东。基于法人治理结构须与法人产权制度相适应的结论，我们认为：由于产权单一性，一人公司的产权结构对保证企业产权独立而言存在根本缺陷，因此，它很难做到产权独立。换句话说，即在一人公司这一制度框架内，不存在规范公司治理结构的最优选择，只能求得公司治理相对独立性的次优选择，或者说，在一人公司的法人治理上，不存在现代公司法人治理结构意义上的完全科学性，其科学性主要表现于法人治理效力的强弱。

在一人公司中，惟一股东往往既是董事又是监事，还是经理，甚至有些一人公司连监事会的形式都不存在，[①] 这为惟一股东不受限制的进行种种不利于债权人的活动提供了可能，公司的常态运行机制产生了致命的缺失。而且，股东会形式化和董事会中心主义的盛行使得传统理念中的治理结构无论对于传统公司而言还是一人公司而言都不能使公司盈利和社会增值价值目标同时实现。对于此，有学者提出了"利益相关者的企业理论"：企业本身是一些不同资源（物力、人力资源）所有者组成的联合体，各种要素所有者之所以自愿走到一起来组成企业，是想通过企业这种组织形式来共同协作，创造出一种比任何单个生产要素的所有者"单干"更高的效率。因此，企业本质是各种利益相关者组成的偶合体。一人公司中存在各种利益群体，各利益相关者存在着不同的价值目标，故适当兼顾各利益相关者利益，可令其相互制约，保持企业发展的利益平衡，也有助于实现公司预期的价值目标。对一人公司而言，债权人利益是公司人力、物力要素的重要组成部分，因此，如何解决一人公司债权人利益保护问题，对于完善和发展一人公司制度具有重要意义。

---

① 如我国 1994 年《公司法》的国有独资公司无须设立监事会。

三、一人公司债权人利益保护的核心原则

在大陆法系传统公司法理论中，资本原则的目的在于保障公司设立时资本的真实可靠，使公司形成稳定的财产基础和健全的财务机制，防止公司滥设，从而保障公司制度的稳定发展和正常经营，正如王泰铨先生所言："对外关系而言，资本总额为公司债务之惟一担保。"因而，"资本应加以确定，以昭明信"。

故有学者认为，公司资本制度不仅为现代公司人格的独立奠定了基础，而且为资本信用原则的确立提供了安全垫（equity cushion）。通常，将公司的注册资本看做是公司对外交易的最低担保，即股份公司的对外交易的信用基础。由此可见，公司资本制度与信用及其体系具有密切联系。通过分析，发现资本制度中蕴涵了信用观念，而信用观念所折射的或者反映的正是商法的精神——效率和安全。

如上所述，一人公司的对外责任能力很大程度上取决于公司财产的多少，故要求一人公司在其存续过程中，至少应当保持与资本额相当的财产。一般而言，在一人公司成立之时，公司资本即代表了公司的实有财产，但这一财产并非恒量，将可能随着公司经营的盈余、亏损或财产本身的无形损耗而在价值量上发生变动，从而可能对债权人利益构成威胁。并且，一人公司的产权基础的特殊性极有可能使传统公司治理结构的功效失灵，导致资本流失，所以，自公司成立后和解散前皆应力求保有相当于公司资本的现实资产。在此，也不应忽视这样一个事实：公司是诸多利益的整合体，维护个体利益的最大化在于实现整体利益的最大化，而出现上述理想境界的最佳办法是资本增值。从而可以认为：资本维持是一人公司债权人权益保护的基础，资本增值是一人公司债权人权益保护的最强有力的保障。正如英国学者所说："如果把与经营活动相关的公共利益等同于社会整体财富的最大化，那么结论便是，为了服务于公共利益，公司就应当要求追逐营利最大化目标；营利最大化应当是指

导经营者自由决策、公司行使社会决策权的惟一标准。"① 故而，在构架一人公司债权人利益保护制度时，一方面要坚持资本的理性维持，另一方面也要积极顺应经济发展的规律，注入时代的因子以实现资本增值。可以说，一人公司的资本维持与增值是一人公司债权人利益保护制度的基础，同时也可以说，资本维持与增值是一人公司债权人利益保护制度的构架原则。

正如前章所言，一人公司债权人利益保护立法远不是修改几条公司法规就可完成的任务，它是一项全面而复杂的系统工程，它不单单是由几个既有的制度简单的组合就可完善，还需要有注入了时代特色，可用区别于传统公司的理论作为指导，并着重从资本维持和增值的理念出发，从加强事先保护措施的角度来构架。综合上文所述，一人公司债权人利益保护制度的理论定位已经完成，一人公司债权人利益保护制度也将围绕着这样一个定位来建设。

第三节　一人公司债权人利益保护制度的构架

一、一人公司的资本规制

大多数大陆法系的公司法学者认为，公司存在的根基之一在于它有独立的财产，而"资本三原则"就是维系这种根基的原则。概言之，"资本三原则"就是资本确定原则、资本维持原则和资本不变原则。资本三原则是在对既维持公司股东的有限责任，又保护债权人债权的双重追求进行综合度量后产生的制度安排，它们的目的在于以公司稳定可信的资本构架公司进行商业交易的信用基础，故王泰铨有语"故公司自设立中、设立后，以至解散前，皆应力求保有相当于资本之现实财产，始能保护交易大众和投资股东，并维护公司信用以保持公司于不坠"。易言之，如果有意或无意造成

---

① J. E. Parkinson: Corporate Power and Responsibility: Issues in the Theory of Company Law, Oxford University Press, First Edition (London, 1993), p. 41.

公司资本的不实和被侵犯，则会导致欺骗公众和危害社会交易安全的结果。① 因此，资本三原则自诞生以来，一直在资本制度的规范设计中居于枢纽地位，对健全公司财务、保障公司债权人利益发挥了巨大的作用，素来被理论界视为大陆法系国家公司法的三项经典原则，公司资本制度设计之圭臬。但有学者认为：随着知识经济时代的到来和融资技术的更新，资本的理性投资功能增强，担保功能锐减，资本三原则理论的历史局限也日渐显现，其在债权人保障机制体系中的核心保障功能地位已发生动摇。为此，在构架一人公司债权人利益保护制度时有必要对其加以全面分析，使其顺应时代的发展。

（一）加强一人公司资本金制度

严格资本准入制度的目的在于禁止滥设一人公司，即严格一人公司的设立条件，以防止因滥设而危及他人利益。在世界上只有列支敦士登和日本等极少数国家允许自然人一人设立股份有限公司。② 法国《商事公司法》第 36 - 2 条规定，一个自然人不得设立多个一人公司，一个有限责任公司也不得成为一人公司的股东。③ 欧洲共同体关于一人公司的第 12 号指令亦对此作出了弹性规范，即为避免一人公司产生连锁形式，流于泛滥，各成员国可依其国内法对自然人或法人为多数一人公司之惟一股东的问题作出规定。④ 另外，还有的国家对一人公司的设立，采取规定公司资本金的最低限额的办法来确保公司有必要的财产作为对债权人的担保，并强调惟一股东应负的充实资本责任。如德国在修改法律允许自然人一人设立有限公司的同时，将公司股本的最低限额由 2 万马克提高到 5 万马克，且一人公司的股东必须就尚未履行的金钱出资提供担保，

---

① 范健、蒋大兴：《公司法论》，南京大学出版社 1997 年版，第 336 页。
② 史际春：《公司法教程》，中国政法大学出版社 1995 年版，第 39 页。
③ 卞耀武：《当代外国公司法》，法律出版社 1995 年版，第 385 页。
④ 王泰铨："欧洲公司法导论"，载《台大法学论丛》第 25（1）期，转引自范健、蒋大兴：《公司法论》，南京大学出版社 1997 年版，第 578 ~ 579 页。

才能允许公司设立；日本于 1985 年承认一人公司合法性的同时，也在商法和有限公司法中规定了最低注册资本金制，规定有限公司的最低资本金为 300 万日元。但对上述资本制和最低注册资本额的确定有不同意见，具体将在"修正最低注册资本制度"一段中详细阐述。

根据世界各国的一人公司立法实践及我国的公司法现状，我国宜将一人公司限定在有限责任范围内，并可在较一般公司低的注册资本的基础上加强对最低资本金制的监管。但由于同一人在经营复数的不同业务时设立复数的一人公司在现实上具有必要性，因此我国《公司法》第 59 条第 2 款规定："一个自然人只能投资设立一个一人有限责任公司。该一人有限责任公司不能投资设立新的一人有限责任公司。"该规定违反了营业自由或企业活动的自由。此外，还由于企业主可以与其他的名义股东一起设立拟制性公司，并将该公司作为一人公司的单独股东，因此容易回避规制，并且这种规制助长了拟制性公司的设立，因此，我们对"一个自然人不得设立多个一人公司"规定的实效性存在质疑。而且，虽然该规制对象被限定为自然人，但并不能排除大企业为了将其机构部门法人化而利用这种一人公司制度的可能性，因此，我国也不应断然认可"该一人有限责任公司不能投资设立新的一人有限责任公司"的观点。

（二）修正一人公司最低注册资本制度

资本确定原则的目的在于保障公司设立时资本的真实可靠，使公司形成稳定的财产基础和健全的财务机制，防止公司滥设，从而保障公司制度的稳定发展和正常经营。因此，我国原有公司法不仅严守资本确定原则，还确立了严格的确定资本制：不但指公司成立时应缴足资本总额，而且在公司成立后还应维持与资本相应的财产，资本的变化也应经过法定程序。[①] 这要求公司的注册资本不得

---

① 孔祥俊：《公司法要论》，人民法院出版社 1997 年版，第 222 页。

低于法律规定的最低限额，需把注册资本记载于公司章程，资本应在公司成立时认足、募足，但现有公司法对公司成立时必须缴足资本变成了认缴资本，其具体表现：根据公司法的规定，有限责任公司和股份有限公司注册资本不得低于法定最低资本额，① 有限责任公司的章程应载明公司的注册资本、股东的出资方式和出资额及出资时间，② 股份有限公司的章程应载明公司的股份总额，每股金额和注册资本，③ 注册资本均应在公司设立时认缴。④ 对此，我们研究认为：（1）公司资本确定原则增加了公司设立的困难，这对一人公司来说是必要的。一人公司吸引投资者的魅力很大程度上在于有限责任和运营信用，但由于一人公司投资者单一，有权利集中之嫌，因而在一定程度上，充实的资金构成了公司承担有限责任和运营信用的基础，故在一人公司设立之时强调资本确定对于形成一人公司信用和保护债权人而言实为必要。（2）对一人公司实行资本确定原则并不必然会导致公司资本闲置和浪费，减损资本功用。这涉及最低资本制度的问题。基于当代个人资本相对于工业革命初期和发展期间充足的现状，个人进行相关投资经营已不困难，并且由于有限责任公司、股份有限公司和其他公司形式的存在，聚集资本不必成为一人公司所追求的功用，故此，一人公司最低注册资本额没有必要太高，这和知识经济产业也不存在矛盾。这种针对不同性质营业公司适用不同最低出资额，降低最低资本额的立法倾向在我国公司法中已有体现。⑤ 又一人公司在确立最低资本金后，其初步信用即已建立，公司营业中理应按公司发展壮大的现状来确定其信用规模并修改公司注册资本。简言之，合适的最低资本额有利于一人公司的市场准入，而是否以增加注册资本方式来提升公司信用是

---

① 《公司法》第 26 条、第 81 条。
② 《公司法》第 25 条第（三）项、第（五）项。
③ 《公司法》第 82 条第（四）项。
④ 《公司法》第 28 条、第 84 条、第 94 条、第 95 条。
⑤ 如《公司法》第 59 条已规定：一人有限责任公司的注册资本最低限额为人民币 10 万元。股东应当一次足额缴纳公司章程规定的出资额。

公司营运和管理的问题，不应用立法加以干涉，更不能据此得出"对一人公司实行资本确定原则必然会导致公司资本闲置和浪费，减损资本功用"的结论。（3）施行资本确定原则确实会产生公司资本增减繁琐的后果，但由于股东为一人，一人公司增资程序不如一般公司复杂，所以一人公司可通过相对简单的增资程序增资，这种繁琐的效果可以减轻到最低程度，并且这种效果由于具有公示的功效，故对于保护债权人权益具有很大的功用。综上所述，资本确定原则可能会对某些公司形式产生或多或少的不利影响，但对于一人公司而言，实为百利而少弊，资本确定原则切实可行。关于一人公司的资本确定原则运用概括如下：（1）降低注册资本额，但资本应当一次认缴；（2）一人公司可通过相对简单的增资程序提高自己的信用等级；（3）资本确定原则有利于一人公司的发展和债权人利益保护。

至此，如果要为资本确定在一人公司法律规定中的地位下个定义的话，那就是：资本确定原则在一人公司中应解释为公司设立时应在章程中载明公司的资本总额，并由出资人缴足，否则公司不能成立。对此，可能有学者会认为，由于公司在市场上交易的多元性，注册资本充实对于保护债权人权益实在有限，也不能提升公司的信用。此说从绝对的债权保护角度而言确有其道理，但要强调的是法律规制的目的不在于确保目的绝对实现，而在于使目的尽可能地实现。可以这样认为：任何一个制度的构建不可能绝对实现它所要构建的目的，不能因为它的非绝对有效性就否认其存在的价值，就目前而言，资本确定原则对一人公司债权人权益保护来说是一项有效和可行的规制原则。

关于一人公司注册资本出资形式，应以稳定的并能被普遍受偿或认可的方式出现，如货币或实价的土地使用权，而工业产权、专利技术、商标或其他智慧财产等抽象价值体原则上应加以严格的估价限制后方能成为注册资本的出资方式。因为稳定的并能被普遍受偿或认可的注册资金是保障债权人权益的基础，是交易相对方与该公司进行交易的信用底线。而对交易第三人来说，因其注册资本是充实的，故负债经营亦无损其交易安全。[①] 更重要的是，一人公司的一元产权结构使得其出资行为不像在一般有限责任公司或股份有限公司那样，每个股东的出资行为不仅在外部受到法律的规制，在公司内部还受到其他股东或认股人的监督。因此，法律只有通过从外部强化一人公司出资人的严格出资义务来保障一人公司资本的确定与真实。我国公司法对有关资本方式作出了相关规定。[②] 该规定无疑对试图进入高科技及其他高技术性产业的个人提供了便利，但如果要确保他们健康有序的发展，仅仅靠把他们带进市场是行不通的，还要提供给他们一个可信的身份，而这样的信用来源于确实的出资。法国在此作了很好的建设性规定：在有限公司设立之际现物出资的场合，股东必须全体一致地从由会计监查人地方登记委员会制作的会计监查人名簿或由法院制作的鉴定人名簿所登记的人员中选任出资检查人（投资评估员）。基于出资检查人的报告书所确定的现物出资的评估额应记载在章程里，在 5 年时间内所有的股东必须在现物出资的评估额度内对第三人承担连带责任（第 40 条）。但是，为了精简设立程序，法律准许在各现物出资的价额未超过 5 万法郎且现物出资的合计额未超过资本的 1/2 时，经全体股东的同意可以不选任出资检查人进行评估（第 40 条第 2 款）。关于一人公司设立之际的现物出资的评估，与上述普通的有限公司采取了同一的规制，该法律第 40 条第 3 款规定："公司由一人设立时，由单独股东选任出资检查人。但是在满足了前项规定条件时，则不必选任出资检查人进行评估。"[③] 我国在对一人公司现物及技术出资进行规制时可参考上述规定。那种以立法方式把一人公司带入市场然

---

① 范健、蒋大兴：《公司法论》（上卷），南京大学出版社 1997 年版，第 545 页。
② 《中华人民共和国公司法》第 27 条、第 29 条。
③ 此段法国法律资料没有特别明示法律名称，所注的条文都是 1966 年颁布的《法国商事公司法》的条文数。

后以信用度不能确定而把其作为异类看待,① 声称听由与之交易者自谋风险的做法是不稳妥的，没有尽到立法者应有的职责。同时，有必要进一步明确规定验资机构对债权人和投资者的民事责任：验资机构出具虚假验资证明给一人公司债权人、其他利害关系人造成损失的，应在其证明金额内承担连带民事赔偿责任。

（三）严格一人公司资本维持制度

公司资本是公司从事经营活动和获取信用的基础，尤其是在一人公司的场合中，公司的资本极易流失使得成立后的公司存在成为空壳的可能性，所以公司营业后，资本金额既已变为财产，公司仍应保有与资本额相当的财产以作为对债权人的担保。资本维持原则要求公司应当保持与其资本额相当的财产，其主旨在于以具体的财产充实抽象资本，防止公司资本遭到股东或管理者的无谓侵蚀，在公司存续期间尤其重要的就是不允许公司股东把已缴付的资本收回。作为这一原则的具体体现，我国《公司法》第 36 条就规定："公司成立后，股东不得抽逃出资。"该原则同时也有助于防止股东对盈利分配的过高要求，确保公司本身业务活动的正常开展。

依资本维持原则法理，有如下内容适用于一人公司：

1. 惟一股东不得抽回投资。

资本维持原则要求在公司存续期间尤其重要的就是不允许公司股东把已缴付的出资资本收回。有关一人公司相关规定认为，可以借鉴公司法关于国有独资公司的规定。《公司法》第 36 条规定，股东在公司登记后，不得抽回出资。然而，遗憾的是在《公司法》中对于国有独资公司的股东抽逃出资的应承担什么责任没有明确规定。《深圳经济特区国有独资有限公司条例》第 12 条对上述问题

---

① 王磊于 2004 年 8 月 19 日在《新浪网》撰文《〈公司法〉修改重在激发公司主体活力》称：2004 年 7 月的《中华人民共和国公司法》（修改草案）第 22 条的立法目的之一是强调此有限责任公司是 "1 人" 公司，认为此对一人公司有歧视之嫌疑。

作了一定程度上的回答。① 进一步认为，应明确惟一股东违反《公司法》第 34 条和第 93 条抽回出资或股本的民事侵权责任：一人公司有权向抽回出资或股本的惟一股东提起财产返还和损害赔偿之诉；若一人公司怠于提起诉讼，利益相关者可提起代表诉讼。

2. 法定公积金及亏损或无盈利时不得分配股利制度。

法定公积金为公司资本储备，其主要用途在于弥补公司的亏损、扩大公司生产经营和转增公司资本；股利则是基于公司盈利的基础上对投资者的回报。《公司法》第 167 条规定，公司分配当年税后利润时，应当提取利润的 10% 列入公司法定公积金。公司法定公积金累计额为公司注册资本的 50% 以上的，可以不再提取。各国（地区）公司法也普遍规定，公司缴纳所得税后的利润，须先用于弥补公司的亏损，在弥补亏损及提取法定公积金和公益金之前，不得分配股息和红利。一人公司相关立法可以参照上述进行，而对于任意公积金，由于一人公司只有股东一人，故可由股东决定是否提取任意公积金。对于违反上述规定情形，《公司法》规定了责任承担方式：《公司法》第 167 条规定，股东会或者董事会违反规定在公司弥补亏损和提取法定公积金、法定公益金之前向股东分配利润的，必须将违反规定分配的利润退还给公司；《公司法》第 113 条规定，董事会的决议违反法律、行政法规或者公司章程，致使公司遭受严重损失的，参与决议的董事对公司负赔偿责任。然而，在一人公司中，公司很难对其决策机关行使追偿权，故该诉权的行使应被赋予因该事由而遭受直接损失的另一方主体——利益相关者，他们在得知以上情形发生后的一定期限内，应有权向相关人员或机关行使诉权。

3. 禁止一人公司不合理处分其财产，防止公司财产状况恶化。

---

① 《深圳经济特区国有独资有限公司条例》第 12 条规定：股东在国有独资有限公司登记后，不得抽回出资。股东抽逃出资的，应当对国有独资有限公司债务承担连带责任。

（四）强化一人公司资本不变制度

传统公司法严格遵循资本确定原则的立法例，一般坚持资本不变原则。资本不变原则规定，公司资本必须在公司章程中予以载明，未经股东大会修改章程并经法定程序，公司资本不得随意增减，其目的在于一方面为了适应市场经济要求公司适时增减资本的客观需要，另一方面为了防止公司总额的任意减少，保护债权人利益。对一人公司而言，一人公司产权结构的单一必然会导致其治理结构异化，但无论如何，一人公司资本变更必须经过严格的法定程序方能进行。我国公司法也明确了公司减少注册资本的程序及减少注册资本时债权人有权提前请求变更资本的公司清偿债务的制度。

在一人公司资本制度方面，应该在一人公司资本减少程序、股东违法的责任承担方面加强规制以加强对债权人利益的保护，维护交易的安全。但也要认识到：一人公司债权人利益保障机制是一个有机体系，资本三原则所能发挥的保障功能在当今社会有其局限性，各国公司法对公司债权人的保护已从抽象的资本维持转向为对一人公司及惟一股东不当利益输送行为的规制，开始注重全面的具体制度构架和发挥债权人的积极参与性，以求对债权人以更真实的保障。

二、一人公司行为规制

（一）一人公司转投资的规制

一人公司转投资，是指一人公司对其他公司、企业或经济组织进行真实有效出资的民事法律行为，即公司以现金、实物、无形资产或者购买股票、债券等有价证券的方式向其他单位的投资。立法发展至今，对转投资的界定渐趋宽松，只要是公司为获取能够产生收益的财产、资产或权益而依法投资于他公司、企业或经济组织的行为均属于这一概念范畴。[①] 一人公司转投资行为对于鼓励企业经

[①] 施天涛：《关联企业法律问题研究》，法律出版社 1998 年版，第 105 页。

营多元化与自由化、增加投资渠道、有效运用资本有着积极意义，它已成为企业间相互联合的一种特别重要的手段。但转投资亦有流弊，主要表现为：（1）虚增资本与实质性减资。（2）在相互转投资情形下，高级管理者可能利用转投资控制本公司决策机关。（3）转投资行为形成的子公司常被母公司用来作为违法和规避法律行为的工具。其中，（1）、（3）两项将直接损害债权人利益，而（2）项则损害惟一股东利益。故《公司法》第15条规定："公司可以向其他企业投资；但是，除法律另有规定外，不得成为对所投资企业的债务承担连带责任的出资人。"由此条规定可以看出：

1. 在转投资形式方面法律的限制不全面。该条的规定与《公司法》第3条、第4条关于投资和股东责任的立法理念是一致的，因此，可以推导出《公司法》此处规定的转投资，仅指股权投资而不包括债权投资，这就意味着我国《公司法》对转投资行为所设置的限制仅仅针对股权形式的转投资而不针对债权形式的转投资，[①] 即债权形式的转投资（如买卖债券）不受限制。然而事实上，债权投资中公司成为债权人，享受债权人的权益，也担负一定的债权无法实现的风险，尽管两者的法律意义不同，但均负有权利无法实现的风险，据此，应对债权投资进行限制。

2. 有人对原公司法相关条款对转投资限额的规定提出异议，认为转投资限额的计算方法存在技术问题："公司净资产"为公司总资产减去公司负债，[②] 是一变量，它随着公司资本、盈亏公积、资本公积、未分配之利润股息和损益等而经常发生变动，难以掌握，把它确定为转投资限制的数据标准实在不易把握。因此，以何时之公司净资产作为基数来计算累计投资额，是一个产生于立法中

---

① 欧阳明程、王鑫："公司转投资的法律问题"，载《山东法学》1995年第2期，第28页。

② 卞耀武：《中华人民共和国公司法百问解答》，人民日报出版社1994年版，第24页。

而又难以从立法中得到答案的问题。①

故在现行公司法中，立法者从促进资本运营的视角出发对转投资限制制度进行了大刀阔斧的修改，删去了限额部分，添加了"但是，除法律另有规定外，不得成为对所投资企业的债务承担连带责任的出资人"。我们认为，在其他制度不健全时不应对限制转投资制度进行大规模的修改，并应同时强调加强一人公司对其他公司融资借贷的监管。

有学者从该条推导出公司法并未明确禁止公司可以作为合伙人。他们引用了方流芳教授对原公司法相关条款的阐述"在《民法通则》第五十二条未经修改而公司法又未明文禁止公司作为合伙人的情况下，推定公司法存有禁止公司为合伙人的意图是言而无据的"。② 我们认为，基于"但是，除法律另有规定外，不得成为对所投资企业的债务承担连带责任的出资人"一段文字，公司法在一定程度上禁止了公司成为合伙人。我们亦赞同郭峰的观点，③ 一人公司理应如此。

（二）一人公司越权行为规制

按照传统公司法理论，公司为盈利法人，其能力要受其目的事业范围的限制，因而，公司应当在其目的事业范围内才能生效，任何超越公司能力之外的交易无效，甚至该项交易为全体股东同意也无效。据此理论，公司不因越权行为而对第三人承担责任，即使第三人由此遭受损失，也只能自食其果。因为第三人被认为有义务在交易之前了解公司章程和经营目的，否则就是他自己的过错。④ 原

---

① 方流芳："关于公司行为能力的几个法律问题"，载《比较法研究》1994 年第 3 期，第 343 页。

② 方流芳："关于公司行为能力的几个法律问题"，载《比较法研究》1994 年第 4 期，第 344～346 页。

③ 郭峰等编选：《公司法发展与完善学术观点概览》，中国人民大学法学院 2000 年版，第 91 页。

④ 凌相权："试论对公司越权交易的法律对策"，载《政法论坛》1993 年第 3 期，第 68 页。

英国公司法严格认定公司只能在其章程所规定的经营目的范围内活动，如超出此范围（例如订立合同），其行为无效（无权利能力）。对此种越权行为，公司自己不能追认，对方也不能请求执行，即使公司愿意追认也不都行之有效。但是随着经济的发展，这种严格限制公司能力的办法已不能适应时代的需要，于是，在大陆法系公司法中，绝大部分国家采取了欧共体1968年关于公司法的第一号指令中的第9（1）条的规定。根据该条，任何由公司的机关实施的行为对公司具有约束力，即便这些行为不在公司的目的性条款所规定的范围内；如果能证明对方当事人知道或不可能不知道此种行为超出了公司目的性条款所规定的范围，公司足以逃避自己的责任，但公司章程的披露本身不能成为此种事实的足够证明。1972年，英国也采纳了《欧洲共同体法》的意见。美国和德国公司法走得更远，根据这两个国家的公司法，公司董事的行为即便超出公司的权利范围，仍对公司有约束力，不得因为公司欠缺权利能力而对其行为予以攻击。在我国，尽管，我国《民法通则》第42条规定，企业法人应当在核准登记的经营范围内从事经营活动。企业法人超出登记机关核准登记的经营范围从事经营活动的行为，是无民事行为能力人所实施的行为；又根据《民法通则》第58条第（一）项规定，无民事行为能力人所实施行为应为绝对无效的民事行为，从行为开始时就没有法律约束力。且《公司法》明文规定，公司的经营范围由公司章程规定，并依法登记。但我国《合同法》第50条规定，法人或者其他组织的法定代表人、负责人超越权限订立的合同，除相对人知道或者应当知道其超越权限的以外，该代表行为有效。1999年12月1日最高人民法院通过的《关于适用〈中华人民共和国合同法〉若干问题的解释（一）》第10条规定，当事人超越经营范围订立合同，人民法院不因此认定合同无效，但违反国家限制经营、特许经营以及法律、行政法规禁止经营规定的除外。由此得出：公司越权行为之无效已被相对无效和有效所取代，成为公司法上的一大发展趋势。因此，有学者指出，企业法人一般性权利能力之享有和越权行为有效原则之确立使企业法人对第三人而言享有完全的不受限制的权利能力，它可以像自然人那样从事任何商业活动，进行任何一种商事行为而无视其章程规定的目的性和经营范围之存在。①

对于越权行为效力变化的现状，其产生发展的根源在于立法者对商业自由的崇敬和市场对交易稳定的需要。但各国在重视上述这两种情况之余并没有放弃维护交易安全和保护债权人利益的价值取向，各种相关制度的建立，如深石原则、② 董事、监事责任追索制就是明证。随着经济和法制的发展，确实没有必要固守于严格的越权行为原则，但并不能因此而全盘否认越权原则。③ 遗憾的是，我国相关立法既没有英美"深石原则"和"揭开公司面纱"等制度，也没有欧洲的"董事、监事责任追索制度"，却在公司法没任何修改的情况下，在合同法中全盘否认了越权行为原则，这不可不谓突然。公司法为了交易安全和债权人利益的保护，不能容忍公司进行承担连带责任的投资，那么怎能允许经营百货的公司去投资期货？故在我国公司法维护交易安全和保护债权人利益未全面构架起来之前，不应轻易的全盘否认越权行为原则，即使相关制度完善了，对该原则也应采取扬弃的态度。而对于一人公司立法来说，由于其公司资本构成的特殊性，就更应加强对其投资方向的监控，如何确定越权行为原则的效力对之而言具有切实可行的意义。

（三）一人公司不正当关联交易规制

在现代市场经济中，企业为了在市场中取得优势和扩大经营规模，往往通过相互之间的投资联合组成各种联合企业，并通过关联企业之间的不同分工来降低产品的交易成本，获得高技术，提高产

---

① 张民安："论企业法人民事权利能力之性质"，载《法制与社会发展》1997年第5期，第13页。

② 深石原则（deep-rock doctrine），即母公司对子公司的债权，在子公司支付不能或宣告破产时不能与其他债权人共同参加分配，或者分配的顺序应次于其他债权人。参见陈现杰："公司人格否认法理评述"，载《外国法译评》1996年第3期。

③ 构建在相关立法比较健全基础上的欧共体1968年关于公司法的第一号指令中的有关规定相对清晰地反映了这种立法思想。

品研发能力，提高产品市场占有率和知名度。公司的关联交易一方面无疑具有促进公司规模、提高市场竞争力、减低交易费用等功能；但另一方面，由于关联者之间存在着控制与被控制关系，因而在关联者之间就会突破一般商业条件的约束，这些不仅会损害某一公司的利益，而且会损害公司债权人利益。有鉴于此，法律必须对不正当关联交易予以严格的限制。

关于一人公司不正当关联交易行为，我们认为须从以下四个相互联系的构成要件来认识：

1. 我国财政部曾在 1997 年 5 月 22 日颁布的《企业会计准则——关联方关系及其交易的披露》中对关联方进行过定义：在企业财务和经营决策中，如果一方有能力直接或间接控制、共同控制另一方或对另一方施加重大影响，则视其为关联方；如果两方或多方受同一方控制，也将其视为关联方。而本文关联方主要指一人公司的出资人或出资人下属的其他公司，另一方为一人公司。广义地讲，与一人公司有关的关联交易行为主体有多种组合，包括出资人与一人公司之间，出资人的其他下属公司与一人公司之间，一人公司与其下属公司，一人公司的各个下属公司之间等。

2. 出资人决定一人公司与其关联公司为不正当关联交易行为时主观上存在故意，且以谋取狭隘私利为目的。公司因受出资人的支配作用，在不正当关联交易行为中违背了自己的真实意愿。

3. 一人公司在出资人不利益支配下与关联公司进行了交易行为。我国财政部《企业会计准则——关联方关系及其交易的披露》第 8 条将关联交易表述为"关联方之间发生转移资源或义务的事项，而不论是否收取价款"。换言之，关联交易是指企业与其关联人之间设立、变更或终止民事权利义务，而不论其权利义务是否对价的行为。这种交易行为，可以是经营性行为，如商品购销、担保的提供等，也可以是投资性行为。

4. 一人公司受出资人的不利益支配而为不正当关联交易行为，直接损害了一人公司及其他利益相关者的现实及预期利益。

从根本上讲，这种行为使公平这一法律价值严重受损。从实证分析角度，我国一人公司的不正当关联交易行为将主要存在以下几种形式：

1. 无形资产的使用和买卖中的关联交易。关联人向一人公司收取过高无形资产使用费，而无偿或低价使用一人公司无形资产。

2. 一人公司为出资人及出资人的关联交易公司提供担保。

3. 一人公司与关联公司进行资金融通。一人公司与关联方之间的资金融通是双向的，即有一人公司向关联方提供资金，也有关联方向一人公司提供资金，不过前者占主要比例，对债权人也可能产生损害。

4. 出资人及其关联公司的债务由一人公司的债权充抵。从实际结果看，这种变相的融资方式侵害了一人公司债权人在一人公司的应得利益。

5. 出资人直接侵占一人公司的资金或贷款。这种债的抵销行为几近于公然掠夺一人公司的独立法人财产。

6. 出资人掠夺一人公司的利润。

7. 费用负担方面的关联交易。惟一股东、董事、经理为了有利害关系的公司或个人的生存和发展，让公司承担各种费用。

8. 资产重组中的关联交易。重组中将一人公司的优良资产与其他关联公司的劣质资产置换，或者以高价购买面临破产的关联公司。

9. 资产租赁中的关联交易。一人公司与关联人违背对价而建立租赁关系，公司低价将最优质的部分资产租赁给关联人，或者以高价租赁关联人的不良资产。

10. 一人公司与出资人及出资人的关联公司进行资产转卖，包括个别实物资产（如具体的设备）买卖、股权及期权的买卖，也包括整个企业之间的购并。在出资人的支配下，这些转卖的价格及条件都可能对一人公司构成不利益。

11. 一人公司委托关联人进行风险投资。关联人利用一人公司资金投资，赢利则享有利润分成，亏损则不承担责任。

由上可见，出资人为谋取私利而滥用控制权，是促成为一人公司不正当关联交易行为的基本原因。如果说有限责任公司或股份有限公司的控股股东通过滥用表决权或控制表决权，较易于实施不正当交易行为，从而侵害公司其他股东及债权人利益的话，那么一人公司的出资人由于对公司具有独自掌控权，因此其实施与该公司之间的不正当关联交易行为，就显得更加容易和隐蔽了。所以，有理由从保护公司债权人利益的角度，对一人公司的不正当关联交易行为予以更多的关注。我们把它置于我国现实背景下进行分析发现，目前不正当关联交易的形成不仅受自身治理结构的制约，而且与我国公司立法的缺陷直接相关。[1]

治理结构的制约因素：其一，一人公司资本产权单一，传统治理结构异化，治理结构功用失灵；其二，一人公司只有一名股东，这样，股东通过其在公司内的代言人（董事、经理）仅以自己的意志就可达成双方交易。

立法缺陷：其一，我国公司法尽管在一人公司的一节中规定了个人财产连带责任，但由于其局限性，仍可视为依循传统公司法上的绝对公司人格独立原则和股东有限责任原则。然而，当惟一股东滥用控制权而迫使一人公司违背自己的意志而行为时，或惟一股东人格与一人公司人格合一时，确立公司法人独立原则就会和股东有限责任相悖。在不正当关联交易中，绝对公司的人格独立原则和股东有限责任原则，成为滥用支配力的控制股东的保护伞，隔绝了利益受损的第三人继续追偿的途径。对此，我国公司法未对国外立法中否认公司独立人格制度加以全面有效的借鉴。其二，我国在公司控制权的分配上，坚持"股东中心主义"，将控制权全给了出资人，以至于在不正当关联交易中，惟一出资人可以为所欲为，公司其他利益相关者缺乏特殊的权利进行预防和救济。

综合上述讨论，建议从以下几方面对一人公司关联交易进行

---

① 郭峰等编著：《公司法发展与完善学术观点概览》，中国人民大学法学院 2000年版，第 292 页。

监控：

1. 一人公司惟一股东对公司其他利益相关者的诚信义务。

2. 必须经过申报、公告和董事会批准。

3. 在关联交易表决中，惟一股东应回避。尽管目前这一规定仅适用于上市公司，非上市公司不适用，但鉴于其他形式公司也同样存在关联交易，应把此规定作为规范所有公司关联交易的普通条款。而且，一人公司一般认为不设立股东会，一般重大事项由董事会决定，而股东仍有可能成为董事会成员，因此，该法理可以适用于一人公司。

4. 调整董事、经理、监事的任职、兼职，以减少关联交易的发生。改变目前公司董事会、监事会的构成及职权分配。在董事会、监事会中引进债权人代表，并赋予独立董事或监事会在经营决策中对关联交易和财务制度进行监督的权利，严格按总经理由董事会聘任产生的制度执行。这样，在一人公司法人治理内部形成抗衡出资人强行缔结不正当关联交易的力量和机制。

5. 一人公司与出资人之间的关联交易应以书面方式记载，并禁止个别关联交易。我国已有地方性法规规定关联交易必须以书面形式记载。[①] 这有利于公司债权人在日后查证关联交易记录，防止股东逃避责任。

6. 限制股东对一人公司的优先受偿权。[②]

7. 信息要充分披露，完善关联交易披露的会计准则，由财务人员负责对关联交易财务记录进行登记和备案。

8. 规范市场中介，发挥中介机构的监督作用。关联交易中最关键的因素是关联交易的价格、资金占用费、资产评估价格等价格因素。而这些信息的最终披露需要通过注册会计师等社会中介机构

[①] 《深圳经济特区国有独资有限公司条例》第14条规定："股东与国有独资有限公司的交易，应记载于公司的议事录或其他书面形式。禁止股东代表所设立的国有独资有限公司与股东本人进行交易。"

[②] 《深圳经济特区国有独资有限公司条例》第16条规定："股东对国有独资有限公司享有的债权，不得优先于其他债权人受偿。"

的审计。把好审计、资产评估等社会中介性工作这一关，确保信息披露的真实性、合法性及完整性。

9. 最重要的是，在公司法中引入一人公司法人人格否认制度。据此，法院在审理关联公司案件时，为保护一人公司债权人的利益，可使一人公司的股东对公司债务直接负责补偿或赔偿，而不以出资额为限。

（四）特殊情形下要求个人承担责任

一人公司发展迅速的根源在于股东有限责任原则的驱动，作为最大的受益者，惟一股东往往在利益驱动之下，以公司为幌子，以自己完全控制公司的经营管理为手段，混淆个人财产与公司财产的界限，做出损害债权人等利害关系人的行为，从而背离公司法人制度的宗旨。因此，在需要时有必要引进公司法人人格否认制度，以实现公司效益、公平、正义的目标。

自 1905 年美国开创公司法人人格否认制度的先例以来，许多国家在实践中均采用了该制度以对有限责任滥用情形进行规制，并在学理上展开全面研究，各国立法特别注重将其运用于一人公司债权人利益保护领域。一些国家规定，在某些特殊情形下，一人公司股东负个人责任。最为明显者为意大利，它虽允许一人公司的存在，但其民法典却规定，如果一人单独持有了股份有限公司的所有股份，而公司丧失了偿付能力，那么此人就应从自己获得所有股份时起对公司的债务承担个人责任。[①] 这实际在某种程度上否定了一人公司的法律地位，仅仅是对一人公司在形式上的承认。卢森堡《商事公司法》规定，一人公司的股东同时又是公司董事时，应对公司债务承担个人责任。[②] 在法国，当公司滥用有限责任的特权时，法院要求惟一的所有者对公司债务负完全责任。在减少资本而向一人股份有限公司支付股利的情况下，当所有者不能承担责任

---

① 梅因哈特：《欧洲十二国公司法》，兰州大学出版社 1988 年版，第 256 页，转引自范健、蒋大兴：《公司法论》（上卷），南京大学出版社 1997 年版，第 579 页。

② 同上。

时，管理委员会和监事会成员需对此种债务负责。而且，当惟一的所有者引起管理委员会对公司事务的错误行为时，他亦应对公司承担责任。此外，判例法也确定了许多惟一股东承担个人责任的例外情况：如对第三人之间不适当的契约关系、欺诈、滥用法律特权、不当管理等。[①] 上述特殊情形下要求股东个人承担责任的制度在法学界被称之为公司法人人格否认法理。

公司法人人格否认法理，在英美法系和大陆法系的称谓有异：英美法系称为"揭开公司的面纱（Lifting the Veil of Incorporation）"。"揭开公司的面纱"就是指为了阻止公司独立人格的滥用和保护债权人利益及社会公共利益，就具体法律关系中的特定事实，否定公司与其背后的股东各自的独立人格及股东的有限责任，责令公司的股东（包括自然人股东和法人股东）对公司债权人或公共利益直接负责，以实现公平、正义目标之要求而设置的一种法律措施。[②]"揭开公司的面纱"的内容主要考虑两项内容，即"确定某个公司与其成员为同一人格和确认某个集团公司为一个单纯的商业实体"。在大陆法系中称为"直索责任"，指"法人在法律上之独立性排除，假设其独立人格不存在之情形，法律政策上采纳直索理论乃是为了排除法人权利之不良后果"。[③] 它们称呼不同但目的一致，它们共同主张：在法人人格已变得徒具形式，或者为回避法律适用而被滥用时，对法人人格的认可，并不符合赋予法人人格本来目的，于是就产生了否定法人人格的必要性。[④] 随着社会生活的发展，法院在实践中逐渐意识到"法人人格"常常被公司的股东利用来进行各种不正当行为，而掩盖股东的个人行为，并保护股东免受债权人的追索，因此在特殊情况下应否认法人人格并加以适用。

---

① Tony Orhnial：Limited Liability and Corporation, Croom Helm（1982）. p. 164.

② 朱慈蕴：《公司法人格否认法理研究》，法律出版社 1998 年版，第 75 页。

③ 孔祥俊：《公司法要论》，人民法院出版社 1997 年版，第 270 页。

④ 南振兴、郭登科："法人人格否认制度"，载《法学评论》1999 年第 2 期，第 89 页。

在我国，最高人民法院《关于企业开办的其他企业被撤销或者歇业后民事责任承担问题的批复》以及最高人民法院在《关于破产债权能否与未到位的注册资金抵销问题的复函》就针对虚假出资等出资不足情形采用了突破有限责任的规定。但认为对法人人格否认的适用不能太过于宽泛，而要根据其法理，界定其明确的适用范围加以合理适用，否则有法人人格虚化之嫌，世界各国除美国外的司法实践也反映了这样一个适用理念。① 故我们认为对一人公司法人人格否认应审慎对待，对公司法人人格形骸化的判断应严格考虑如下因素：惟一股东全部或大部分控制公司的经营权、决策权、人事权等；惟一股东与公司之业务、财产、场所、会计记录等相互混同；公司的业务经常以股东名义进行；公司惟一股东不按公司法或章程召开董事会等；公司资本显著不足，即是惟一股东无充足资本就从事营业，根本无法负担公司经营风险和公司债务；利用一人公司形态回避法律义务；利用一人公司实行法律所禁止其本身所实施的行为或竞业禁止行为等；利用一人公司形态回避契约义务或与公司本身极不相称的风险，股东却享有权益；利用一人公司为欺诈债权行为；违背其他法定或章程规定损害公司利益为相关人谋取利益其他情形。② 如果一人公司确实存在上述情况，法院才得对

---

① 作为判例法体系代表国家的美国是将维护和实现公平正义的法理念作为适用的一般法律依据，而不局限于任何固有理由和适用范围，在合同、侵权、纳税等领域均有有关该制度的判例。而大陆法系国家的德国和日本在适用上却采取较为谨慎的态度：它们倾向于限制、缩小该制度的适用范围，主张如果能在合同、侵权等现行法律制度中解决问题则尽量不适用该制度，即使适用，也以"实定法"上的"禁止权利滥用"、"诚实信用"等原则作为法律依据，并力图将该制度的适用类型化。日本学者曾就公司法人格否认法理说："关于这一法理的适用范围，多数人认为它是基于正义、衡平的理念，作为例外的判例法理而存在的……"参见［日］森木滋著，李凌燕译："法人人格的否认"，载《外国法译评》1994 年第 3 期。

② 参见张民安："论公司法的公司人格否认理论"，载《广东社会法学》1997 年第 5 期；范健、蒋大兴：《公司法论（上卷）》，南京大学出版社 1997 年版，第 318 ~ 320 页；孔祥俊：《公司法要论》，人民法院出版社 1997 年版，第 214 ~ 216 页。

其考虑适用法律人格否认法理。① 至于惟一股东是否存在滥用的故意，由于利益受损方举证不易，因此在所不问，即只要存在客观情形，则可适用法人人格否定。

对滥用公司独立人格和股东有限责任者追究责任的方法有三种观点：第一种观点认为，否认公司法人人格之结果就是权利人对公司背后的股东（即公司人格之滥用者）追究直接的、无限的责任，至于被否认法人人格的涉案公司并无责任可言。② 实质上，这一观点之核心强调的是对公司背后"股东"的有限责任予以否认，代之以无限责任。第二种观点认为，公司法人人格否认是无视公司的独立人格，而将公司与其背后股东的人格视为一体，因而，此说也可以被认为是追究公司和其背后股东的共同责任。③ 第三种观点认为，在承认公司法人人格独立性的前提下，公司法人人格否认实际上是强调公司背后股东的第二次的资本填充义务，或者说是资本充实责任的补充。④ 第一种观点意味着支配股东要承担无限责任，第三种观点却强调支配股东的资本填充义务，并非股东真正承担无限责任。而第二种观点从公司与其背后者共同的连带的责任，可以推出公司支配股东的责任也是无限的，但它强调的是支配股东和公司之间的连带责任。这种连带责任论在公司法人人格否认法理责任承担方面与其他两说存在实质性的差别。因为根据第一种观点和第三种观点，只能是对具体个案中公司背后的滥用公司独立人格和有限责任原则的股东追究责任，但却无法适用相反的场合：滥用公司法人人格和股东有限责任原则的现象十分复杂，并不都是股东利用空

---

① 值得注意的是，对于"资本不足"和"公司人格滥用"两种情况，德国并未直接采用"直索责任"，而是采用一些"替代方法"加以处理，如：适用合同责任、适用被规避的法条、视为权利滥用直接否定成员的权利等，体现了其主张应限制该制度适用范围的立场。

② 此观点为美国判例法之流行观点，其许多判例都以此说为根据。

③ 〔日〕田中诚二：《全订会社法详论（上卷）》，劲草书房1993年版，第110～111页。

④ 〔日〕大山俊彦："株式会社的法人人格否认与取引上的责任归属"，载《金融商事判例》1997年第165期，第4页。

壳公司谋取股东自身之利益的情况，而许多一人公司通常也处于一种公司就是股东（此处股东也有可能是公司法人），股东就是公司的关系之中。在财产相互转移以逃脱债务或处罚的情况下，如果只有追究公司背后股东的责任这一种方式，有时就难以"矫正"公司债权人与公司股东利益失衡之关系。而第二种观点将此责任定位于将该公司与其背后股东的人格视为一体，这样，被否认法人人格的公司相对人既可以追究公司（因为公司即是股东）的责任，也可以追究公司背后滥用者的责任，以充分保护公司债权人之利益或社会公共之利益。所以，我们赞同第二种观点。[1]

公司法人人格否认制度无疑对约束惟一股东滥用权利，保护一人公司和债权人起到了举足轻重的作用，但其并非一人公司债权人利益保护的灵丹妙药：揭开公司面纱理论有一定的局限性，不是令人满意的法律理论；[2] 并且，尽管在适当情况下刺破法人面纱是市场经济的内在要求，但它仅仅是一种事后的补救措施，且没有确立统一的适用标准和要件。因此，在我国司法制度基本得到完善、司法水平有本质性提高之前，不应把刺破法人面纱或否认法人人格理解为法官的自由裁量权，由其根据自身价值判断来决定法人及其出资者或股东能否享有的责任；[3] 而且，系统性的问题须由系统性的方案解决，而不能仅仅依靠单一的办法。因此，法人人格否认法理一方面应该慎用，另一方面，其在一人公司和债权人利益保护体系中也仅仅可以作为解决途径之一。

（五）一人公司决策人员非法融资的规制

任何一种公司形式中，董事、经理具有管理和决策职能，这种职能极易使董事、经理在公司中形成内部人控制的局面，他们可以

---

[1] 朱慈蕴："公司法人人格否认法理与一人公司的规制"，载《法学评论》1998 年第 5 期，第 59 ~ 64 页。

[2] 石静遐："母公司对破产子公司的债务责任——关于'揭开公司面纱'理论的探讨"，载《法学评论》1998 年第 3 期，第 53 ~ 60 页。

[3] 史际春：《国有企业法论》，中国法制出版社 1997 年版，第 239 ~ 240 页。

利用经营自主权来争取公司的利益，但他们也可以用来为自己及亲属谋取个人利益，其中非法融资给公司及债权人带来的损失最明显和直接，因而公司法禁止董事、经理未经公司许可将公司资金借贷给他人。该条款的法理迎合了一人公司立法的需要，亦可适用于一人公司。然而，遗憾的是，公司法对于借贷出去的资金不能收回时决策人员是否应对债权人承担民事责任没有明确规定，只在第153条规定了股东权益救济途径。我们建议作如下规定：公司决策人员违反前项规定时，应与借用人连带负返还责任；如公司受有损害者，亦应由其负损害赔偿责任。

（六）一人公司担保制度

从担保法司法实践看，公司对外担保是普遍的，实践证明，一律禁止公司担保不利于经济发展。但公司一旦成为担保人后，公司的财产就会被用来清偿第三人的债务，即清偿被担保人的债务而不是清偿公司本身的债务，这无疑增加了股东和债权人的风险，与公司营利法人的本质也不相符。同时，由于一人公司产权结构单一导致治理结构异化，董事、经理等高级管理人员更容易形成内部人控制，因而，从理论上讲，董事、经理等高级管理人员以公司资产为其他个人债务人提供担保的可能性要大于其他公司形态。所以，基于以上因素考虑，有理由对一人公司对外担保的限制予以更多的关注。

我国《公司法》就对外担保作了规定。其立法目的引申到一人公司立法研究中来就是防止一人公司董事、经理等高级管理人员图私人之利，滥用权利，以公司资产为利害关系人的债务提供担保。我们认为该规定存在一定缺陷，没有限制公司本身的担保行为能力。因而，公司对外担保的范围应限于与一人公司业务有关的并且有益于公司的债务，在程序上一般应由公司决策机关作出特别决议；对于超出一定数额的债务担保法律可以作出一定形式的限制。

我国深圳特区的有关条例即对此作了相关规定。[①]

上述规定对确保担保安全起到或将起到一定作用，但存在这样一个冲突：《公司法》相关规定的立法目的是保障公司资产和相关者利益不受管理者的非法侵犯，而最高人民法院《关于适用〈中华人民共和国担保法〉若干问题的解释》却要求担保人（受害公司）为此承担连带赔偿责任。这与"违法者承担责任"的法理不符，也会对利益相关人权益产生不利的影响。因此，法律规定应在加强保护善意债权人利益的同时，确立非法担保责任的最终责任归属制度。

（七）财务、审计制度

财务会计制度是一个企业能否健康发展和一个社会能否稳定的基础，而一人公司因为股东只有一人，财务会计人员的任免都由股东决定，故财务状况令人担忧。因此，对一人公司的财务进行特别监督，是各国普遍采取的措施。在美国，即使是规模最小的一人公司，也必须保存备忘录、年度财务报告和税务缴款单，以供检查。在澳大利亚，专门设立了私人会计公司，负责对一人公司的财务进行监督。为确保交易安全，欧洲共同体第 12 号指令对一人公司也实行严格会计程序及公开揭示登记资料之制度。[②] 我们认为，要把财务制度作为控制一人公司资产流向的主要手段，可以采取如下措施：（1）规定债权人有权对无力清偿其债务的公司申请财务审计；（2）规定与债务人公司发生交易往来的当事人有配合财务审计的法律义务；（3）在缺少完整财务记录、财务账册虚假情况下，无法确定和说明公司资产去向的责任人应当承担具体的法律责任；（4）受理和处理公司债务纠纷的司法或行政机关应在财务保全、财务审计和财产追索方面作出相应的、简捷高效的程序安排并采取

---

① 《深圳经济特区国有独资有限公司条例》第 30 条规定："国有独资有限公司未经国家授权的国有资产管理部门或国有资产运营机构批准，不得为任何人或者组织提供债务担保。"

② 王泰铨："欧洲公司法导论"，载《台大法学论丛》1995 年，第 292 页。

有力的措施。

对于财务人员而言，目前我国在约束其职业道德方面有了一定的经验：上海市率先实行的会计人员统一管理制度，即大凡要进入上海市各企事业单位做会计的人员，都要由上海市统一招聘，然后由各单位录用，一旦该会计有做假账之行为，将被列入不称职会计人员黑名单，逐出上海市，永远不得在上海市从事会计职业。这项制度有力地打击了做假账之风，维护了国家利益，也保护了债权人利益。认为这项制度可为一人公司财务制度所借鉴。

英国 1985 年公司法在第 7 编及第 11 编的第 5 章中规定了审计及审计人，这些规定现在依然有效。为贯彻欧洲共同体公司法第 8 号指令有关公司审计人资格的规定，1989 年公司法不仅对第 5 章的条文进行了修订，而且在其第 2 编中新增了从第 24 条到第 54 条的 30 个条文，明确规定了公司审计人的积极和消极资格。法国《商事公司法》针对有限责任公司和股份有限公司建立了相当完善而严格的审计制度，对审计人员的资格也作出了严格规定：法国公司法中就规定，资产负债总额或增值税外营业额或公司职工平均人数中两项指标达到法律确定的数额时，公司必须至少任命一名审计员，负责审计公司的经营报告、财产清单和账目等有关财务资料、审查资产减少的理由和条件。公司的审计员不得从经理、惟一股东及他们的配偶、直系尊亲属、直系卑亲属和直至第四亲等旁系亲属，包括第四亲等的旁系亲属中指定。我国也可参照上述制度。

第四节　结　　语

各国立法上对一人公司的承认，也是对惟一投资者追求有限责任利益的最大承认。但当惟一股东及高级管理者滥用权利做任何损害一人公司独立人格和有限责任的事情时，也就是对一人公司制度本身的最大损害和动摇，法律有义务也有能力来构架一人公司的保护体系。

　　规范惟一股东和高级管理者的行为，以确保一人公司及债权人利益的安全与稳定，这既是建设社会主义法治的需要，也是社会经济秩序稳定的保障之一，更是一人公司健全与发展的基础。

主要参考文献

一、著作类

1. 梁慧星：《中国物权法研究（上）》，法律出版社 1998 年版。

2. 夏勇：《人权概念起源》（修订版），中国政法大学出版社 2002 年版。

3. 张文显：《法哲学范畴研究》（修订版），中国政法大学出版社 2001 年版。

4. 林岗、张宇：《马克思主义与制度分析》，经济科学出版社 2001 年版。

5. 干保树、崔勤之：《中国公司法》，中国工人出版社 1995 年版。

6. 史际春：《国有企业法论》，中国法制出版社 1995 年版。

7. 童之伟：《法权与实权》，山东人民出版社 2001 年版。

8. 程燎原、王人博：《赢得神圣——权利及其救济通论》，山东人民出版社 1993 年版。

9. 高德步：《产权与增长：论法律制度的效率》，中国人民大学出版社 1999 年版。

10. 沈宗灵：《法理学》，北京大学出版社 2000 年版。

11. 文正邦：《当代法哲学研究与探索》，法律出版社 1995

年版。

12. 李友根：《人力资本出资问题研究》，中国人民大学出版社 2004 年版。

13. 贾红梅、郑冲：《德国股份公司法》，法律出版社 1999 年版。

14. 刘俊海：《欧盟公司法指令全译》，法律出版社 2000 年版。

15. 王保树：《商事法论文集》（第 1 卷），法律出版社 1997 年版。

16. 卞耀武：《当代外国公司法》，法律出版社 1995 年版。

17. 史际春：《企业和公司法》，中国人民大学出版社 2000 年版。

18. 江平：《民商法学大辞典》，南京大学出版社 1998 年版。

19. 马克昌：《比较民法学》，武汉大学出版社 1998 年版。

20. 周林彬：《法律经济学论纲》，北京大学出版社 1998 年版。

21. 蒋大兴：《公司法的展开与评判》，法律出版社 2001 年版。

22. 张维迎：《企业理论与中国企业改革》，北京大学出版社 1999 年版。

23. 王红一：《公司法结构和功能法社会学分析——公司立法问题研究》，北京大学出版社 2002 年版。

24. 江平主编：《新编公司法教程》，法律出版社 1994 年版。

25. 梁慧星主编：《民商法论丛》（第 6 卷），法律出版社 1997 年版。

26. 徐燕：《公司法原理》，法律出版社 1997 年版。

27. 季卫东：《法治秩序的建构》，中国政法大学出版社 1999 年版。

28. 毛亚敏：《公司法比较研究》，中国法制出版社 2001 年版。

29. 漆多俊等：《市场经济企业立法观——企业、市场、国家与法律》，武汉大学出版社 2000 年版。

30. 赵震江：《法律社会学》，北京大学出版社 1998 年版。

31. 蒋大兴：《公司法的展开与评判——方法、判例、制度》，法律出版社 2001 年版。

32. 刘俊海：《公司的社会责任》，法律出版社 1999 年版。

33. 王跃生：《没有规矩不成方圆——新制度经济学漫话》，生活·读书·新知三联书店 2000 年版。

34. 阿恩特：《经济发展思想史》，商务印书馆 1999 年版。

35. 卓泽渊：《法的价值总论》，人民出版社 1999 年版。

36. 刘得宽：《民法诸问题与新发展》，中国政法大学出版社 2002 年版。

37. 沈四宝：《西方国家公司法概论》，北京大学出版社 1988 年版。

38. 王天鸿：《一人公司制度的比较研究》，法律出版社 2003 年版。

39. 王保树：《中国商事法》，人民法院出版社 2001 年版。

40. 王保树、崔勤之：《中国公司法原论》，社会科学文献出版社 2000 年版。

41. 黄速建：《公司论》，中国人民大学出版社 1989 年版。

42. 全国人大财经委：《合伙企业法、独资企业法热点问题研究》，人民法院出版社 1996 年版。

43. 甘华明等：《世界主要国家和地区公司法》，中国经济出版社 1989 年版。

44. 马俊驹、余延满：《民法原论》，法律出版社 1998 年版。

45. 孔祥俊：《公司法要论》，人民法院出版社 1997 年版。

46. 朱慈蕴：《公司法人格否认法理研究》，法律出版社 1998 年版。

47. 江平：《法人制度论》，中国政法大学出版社 1994 年版。

48. 甘培忠：《企业与公司法学》，北京大学出版社 1998 年版。

49. 王利明：《民商法理论与实践》，吉林人民出版社 1996 年版。

50. 佟柔：《论国家所有权》，中国政法大学出版社 1987 年版。

51. 唐广良等：《民商法原理之四》，中国政法大学出版社

1999 年版。

52. 刘俊海：《股份有限公司股东权保护》，法律出版社 1997 年版。

53. 马俊驹：《现代企业法律制度研究》，法律出版社 2000 年版。

54. 高程德主编：《现代公司理论》，北京大学出版社 2000 年版。

55. 史际春、温晔、邓峰：《企业公司法》，中国人民大学出版社 2001 年版。

56. 吴冬梅：《公司治理结构运行与模式》，经济管理出版社 2001 年版。

57. 于东智：《转轨经济中的上市公司治理》，中国人民大学出版社 2002 年版。

58. 梅慎实：《现代公司治理结构规范运作论》，中国法制出版社 2002 年版。

59. 吴志攀主编：《公司治理与资本市场监管》，北京大学出版社 2003 年版。

60. 吴晓求：《中国上市公司：资本结构与公司治理》，中国人民大学出版社 2003 年版。

61. 官欣荣：《独立董事制度与公司治理：法理和实践》，中国检察出版社 2004 年版。

62. 白群燕、段平利主编：《写给法律人的微观经济学》，法律出版社 2004 年版。

63. 李建伟：《公司制度、公司治理与公司管理——法律在公司管理中的地位与作用》，人民法院出版社 2005 年版。

64. ［法］卢梭著，何兆武译：《社会契约论》，商务印书馆 1978 年版。

65. ［法］阿莱克西·雅克曼、居伊·施朗斯著，宁泉译：《经济法》，商务印书馆 1997 年版。

66. ［美］丁·范伯格：《自由、权利和社会正义》，贵州人民出版社 1998 年版。

67. ［美］麦克尼尔：《新社会契约论》，中国政法大学出版社 1998 年版。

68. ［法］皮埃尔·勒鲁：《论平等》，商务印书馆 1998 年版。

69. ［美］博登海默著，邓正来等译：《法理学——法律哲学与法律方法》，中国政法大学出版社 1999 年版。

70. ［德］拉德布鲁赫著，米健等译：《法学导论》，中国大百科全书出版社 1997 年版。

71. ［德］腾尼斯：《共同体与社会》，商务印书馆 1999 年版。

72. ［美］伯纳德·施瓦茨：《美国法律史》，中国政法大学出版社 1989 年版。

73. ［美］米尔顿·弗里德曼著，张瑞玉译：《资本主义与自由》，商务印书馆 1986 年版。

74. ［德］柯武刚、史漫飞：《制度经济学》，商务印书馆 2002 年版。

75. ［美］曼瑟尔·奥尔森：《集体行动的逻辑》，上海三联书店、上海人民出版社 1995 年版。

76. ［美］西奥多·舒尔茨著，吴珠华等译：《论人力资本投资》（中译本），中国经济出版社 1987 年版。

77. ［美］庞德著，沈宗灵、董世忠译：《通过法律的社会控制法律的任务》，商务印书馆 1984 年版。

78. ［德］黑格尔：《法哲学原理》，商务印书馆 1965 年版。

79. ［美］科恩：《论民主》，商务印书馆 1988 年版。

80. ［苏］列宁：《列宁全集》（第 2 卷），人民出版社 1984 年版。

81. ［加］布莱恩·R. 柴芬斯：《公司法：理论、结构和运作》，法律出版社 2001 年版。

82. ［美］科斯：《财产权利与制度变迁》，上海三联书店 1994 年版。

83. ［德］马克斯·韦伯：《新教伦理与资本主义精神》，陕西

主要参考文献 | 281

师范大学出版社 2002 年版。

84. ［美］伯利：《没有财产的权利》，商务印书馆 1962 年版。

85. ［苏］弗莱西茨：《为垄断资本服务的资产阶级民法》，中国人民大学出版社 1956 年版。

86. ［美］罗伯特·考特、托马斯·尤伦著，张军等译：《法和经济学》，上海三联书店、上海人民出版社 1994 年版。

87. ［美］理查德·A. 波斯纳著，蒋兆康译：《法律的经济分析》，中国大百科全书出版社 1997 年版。

88. ［英］弗里德里希·冯·哈耶克著，邓正来等译：《法律、立法与自由》（第 1 卷），中国大百科全书出版社 2000 年版。

89. ［美］理查德·A. 波斯纳著，苏力译：《超越法律》，中国政法大学出版社 2001 年版。

90. Henry Campbell Black：Black's Law Dictionary，West Publishing Co. , 1999.

91. Romano, Roberta, Foundations of Corporate Law, Law Press,2005.

二、论文类

1. 王涌："一人公司导论"，载《法律科学》1997 年第 4 期。

2. 高海峰："传统公司法中一人公司立法问题探析"，载《北方论丛》1992 年第 6 期。

3. 刘平："一人公司制度的法律思考"，载《当代法学》2002 年第 1 期。

4. 黄虹霞："由公司之意义浅谈一人公司之立法拟议"，载《万国法律》2001 年第 2 期。

5. 严海良："一人公司法人的法理学分析"，载《常熟高专学报》2002 年第 3 期。

6. 杨伏英："一人公司设立条件的研究"，载《南京航空航天大学学报》2002 年第 4 期。

7. 苏一星："关于我国'一人公司'的立法思考"，载《经济法学》、《劳动法学》2003 年第 2 期。

8. 马跃进："股份合作企业不是独立的企业法律形态"，载《政法论坛》1997 年第 2 期。

9. 沈四宝、王俊："试论英美法'刺破公司面纱'的法律原则"，载《经济贸易大学学报》1992 年第 4 期。

10. 张忠军："论公司有限责任制"，载《宁夏社会科学》1995 年第 4 期。

11. 蒲志仲："论社会主义国有经济与公共经济的区别——兼论社会主义国有经济的改革与调整"，载《理论导刊》1998 年第 9 期。

12. 梁增昌、张改梅："论西方国有企业制度的发展趋向"，载《法律科学》1991 年第 5 期。

13. 石劲磊："论股权的法律保护"，载《法律科学》1997 年第 1 期。

14. 林晓镍："股份买取请求权初探"，载《法学杂志》1999 年第 6 期。

15. 朱效平："完善人力资本制度的法律探讨"，载《山东省工会管理学院学报》2002 年第 2 期。

16. 庄莉、陆雄文："职工持股和管理层持股"，载《经济理论与经济管理》2000 年第 3 期。

17. 王晋斌、李振仲："内部职工持股计划与企业绩效"，载《经济研究》1998 年第 3 期。

18. 苏民："国家经贸委主任李荣融：促进中小型企业健康快速发展"，载《经济日报》2001 年 10 月 20 日。

19. 郭敏、屈艳芳："人力资本的特性及其经济价值的实现"，载《财政研究》1996 年第 6 期。

20. 蒋大兴："人力资本出资观念障碍及其立法政策"，载《法学》2001 年第 3 期。

21. 周其仁："市场里的企业：一个人力资本与非人力资本的特别合约"，载《经济研究》1996 年第 6 期。

22. 朱建芳、张友福："'内部人控制'问题刍议"，载《浙江大学学报》（人文社会科学版）1999 年第 6 期。

23. 王勇："公司治理结构法律化的理论逻辑"载《西北师大学报》（社会科学版）2000 年第 1 期。

24. 赵本光："公司代理成本与内部人控制问题"，载《财会研究》2000 年第 8 期。

25. 张明霞："公司治理结构的法律规制"，载《经济问题》2001 年第 1 期。

26. 邓云贵："论公司'内部人控制'之法律治理"，载《当代法学》2002 年第 2 期。

27. 陈希晖、邢祥娟："确立劳动力资本，防范'内部人控制'"，载《科学管理研究》2003 年第 3 期。

28. 刘涛："从'内部人控制'问题谈我国现行公司法的完善"，载《经济师》2003 年第 6 期。

29. 刘立民："完善我国公司治理结构法律制度的对策与建议"，载《行政与法》2003 年第 55 期。

30. 孙天法："内部人控制的形式、危害与解决措施"，载《中国工业经济》2003 年第 7 期。

31. 徐丽萍、陈道江："我国企业内部人控制的理论分析及对策研究"，载《山东经济》2003 年第 1 期。

32. 黄红星："论公司治理结构的法律规制"，载《广西社会科学》2003 年第 5 期。

33. 沈乐平："公司治理结构的法律透析"，载《经济问题》2003 年第 1 期。

34. 孙国峰："内部人控制问题是问题吗？——对公司治理理论有关内部人控制问题的质疑"，载《生产力研究》2004 年第 5 期。

35. 邓峰："作为社团的法人：重构公司理论的一个框架"，载《中外法学》2004 年第 6 期。

36. 陈继明："'内部人控制'与经济绩效"，载《现代管理科学》2004 年第 1 期。

37. 李昌庚："国企改革的另类思考：公司治理结构的法律分析"，载《前沿》2004年第6期。

38. 鲍盛祥："国际视角下的内部人控制"，载《现代管理科学》2005年第2期。

39. 肖作平："上市公司的内部治理结构特征"，载《改革》2005年第3期。

40. 谭爱强："完善我国上市公司治理结构的思考"，载《经济师》2005年第5期。

41. 曹金融、王建明："我国上市公司内部人控制问题透析"，载《经济师》2005年第4期。

42. 王宗军、吴庆红、肖德云："析公司治理中的有效监督主体"，载《华中科技大学学报》（社会科学版）2005年第1期。

43. 葛凌："公司治理模式的国际比较及启示"，载《企业研究》2005年第6期。

后 记

　　人类历史长河，浩瀚万千，个体之人，劳动力应为其生存之源，劳动力权实为其发展之本，这是人之"两大要件"。人类社会，没有劳动，就没有创造，亦没有源远流长的历史文明，赋予人对其"劳动创造财富"并享有之的权利，实乃社会之进化、人权之深化的要求，也是个人幸福之能事，人的全面发展之旨归。

　　对于处于市场经济浪潮中的公司而言，其出现至今已有悠久历史，其制度的变迁更是几经发展，并不断向前推进。公司制度的优化是一个多学科共同促进的结果，而作为现代法学理论，尤其是经济法学学科，更是应该在其中起到重大作用。事实上，从经济法学的角度来研究公司制度，我们已研究多年，也发表了不少相关的学术文章，但却总缺乏一个系统化的理论研究成果，成为一直的遗憾。直到近期，经过多方面的努力，在2005年底《公司法》进行新的修改后的这个良好机遇，在一些优秀的硕士论文的基础上，我们终于捧出了这个作品，以求对公司制度的研究、对公司法的完善有所裨益，更是希望此书能够对中国公司的发展和拓展起到一定的作用。若能如此，则足以自慰。

　　感谢参与本书写作的各位撰稿人，本书的六个部分，第一章由法学博士陈乃新教授执笔，第二章由贺代贵（湘潭大学商学院博士研究生，长沙市社科联副主席）执笔，第三章由刘俊硕士执笔，

第四章由刘漪博士执笔，第五章由姜剑峰硕士执笔，第六章由邓毅沣（中南林业科技大学，高层次人才引进项目资助）硕士执笔。以上各位撰稿人为此书的写作花费了大量的时间与精力，陈乃新、姜剑峰两人除参著外，还做了本书的编辑、审稿等许多工作，此作品才能得以顺利出版。同时我们要感谢那些从本书开始起草直到最终出版的过程中，为之提供了无私资助或帮助的人士，这是集体共同努力的结晶。

由于能力和时间有限，书中难免会存在一些不足与疏漏，还请各位读者不吝批评指正，在此提前谢过。合上此稿，心中依然深感遗憾，总觉得行文过程中仍有许多问题的探究还不够透彻。公司制度的研究是一个永恒的话题。"路漫漫其修远兮，吾将上下而求索！"

陈乃新　姜剑峰
2007 年 4 月